세종혁신학교 4년의 기록

행복도시 세종,
혁신교육으로
디자인하다

세종혁신학교 4년의 기록

행복도시 세종,
혁신교육으로
디자인하다

초판 1쇄 인쇄 2018년 10월 22일
초판 1쇄 발행 2018년 10월 26일

지은이 곽순일·김용균·김은숙·김형규·박진희·손균욱·예현주
        유우석·윤정하·이원기·임혜진·정회택·최성미·황용주
펴낸이 김승희
펴낸곳 도서출판 살림터

기획 정광일
편집 조현주
북디자인 꼬리별

인쇄·제본 (주)현문
종이 월드페이퍼(주)

주소 서울시 양천구 목동동로 293, 22층 2215-1호
전화 02-3141-6553
팩스 02-3141-6555
출판등록 2008년 3월 18일 제313-1990-12호
이메일 gwang80@hanmail.net
블로그 http://blog.naver.com/dkffk1020

ISBN 979-11-5930-077-6 03370

이 도서의 국립중앙도서관 출판예정도서목록(CIP)은
서지정보유통지원시스템 홈페이지(http://seoji.nl.go.kr)와
국가자료공동목록시스템(http://www.nl.go.kr/kolisnet)에서 이용하실 수 있습니다.
(CIP제어번호: CIP2018033635)

세종혁신학교 4년의 기록

행복도시 세종,
혁신교육으로
디자인하다

곽순일 · 김용균 · 김은숙 · 김형규 · 박진희 · 예현주 · 유우석
윤정하 · 이원기 · 임혜진 · 손균욱 · 정회택 · 최성미 · 황용주
지음

살림터

혁신학교, 그 아름다운 도전

혁신학교는 선생님들의 열망이 씨앗이 되고 땀과 눈물을 거름 삼아 피어난 꽃입니다. 낡은 교육을 바꿔보겠다는 오래된 열망은 세종에서도 싹을 틔웠습니다. 꽃을 피우기까지 말로 다 못할 어려움이 있었을 것입니다. 많이 아파하고 많이 흔들렸을 것입니다. 가늠하지 못할 만큼 많은 땀과 눈물을 흘렸을 것입니다.

2014년 7월 교육감으로 취임하면서 '새로운 학교·행복한 아이들'이라는 꿈을 함께 이루자고 했습니다. 배우고 가르치는 일에 충실한 '새로운 학교'를 만들어 '행복한 아이들'로 자라도록 하겠다는 뜻입니다. 그 세종 교육의 꿈을 먼저 보여줄 본보기로 혁신학교를 운영하기로 했습니다. 2015년 3월, 다섯 학교가 혁신학교로 첫 출발을 했습니다. 부푼 희망으로 가슴 벅찬 일이었습니다.

그러나 가는 길은 순조롭지 않았습니다. 함께 마음을 모으고 힘을 다할 사람이 많지 않았습니다. 학교는 학교대로 교육청은 교육청대로 시시때때로 벌어지는 온갖 일에 힘을 뺐습니다. 그야말로 달리는 자동차를 멈추지 않고 바퀴를 갈아 끼우는 것만큼 어려운 과정이 이어졌습니다. 교육청에서는 혁신학교를 가장 중요한 정책 과제로 올려놓고도 제대로 돕지 못했습니다.

4년이 지났습니다. 그사이 혁신학교는 유치원에서 고등학교까지 14개로 늘어났습니다. 시작한 지 얼마 지나지 않은 학교는 여전히 아파하고 흔들리고 있지만 먼저 시작한 학교는 자리를 잡아가고 있습니다. 사람도 늘어났고 사람들 사이의 연결망도 넓어졌습니다. 이끄는 사람들의 역량도 매우 높아졌습니다. 혁신학교가 새로운 학교의 본보기로 제 역할을 다하고 있습니다.

열네 학교 열네 빛깔의 아름다운 꽃이 피었습니다. 오로지 아이들을 생각하며 학교를 바꾸겠다는 열정으로 온갖 어려움을 헤쳐온 선생님들이 땀과 눈물로 이루어낸 일입니다. 이 책은 그 땀과 눈물의 기록입니다. 새로운 교육을 꿈꾸는 이들이 길을 찾도록 도와줄 앞선 이들의 발자국입니다.

어떤 사람들은 특별한 사람들의 열정과 헌신을 앞세우는 혁신학교는 성공할 수 없다고 합니다. 맞는 말입니다. 그러나 중심에 선 사람들의 열정과 헌신 없이는 시작도 할 수 없습니다. 모든 학교가 다 다른 조건이기에 어느 한 학교의 실천을 그대로 베껴서 할 수도 없습니다. 한 학교 한 학교에서 눈물의 도전을 감행했던 선생님들 한 분 한 분이 정말 고맙습니다. 선생님들이 희망을 만들었습니다.

학교를 바꾸고 교육을 바꿔 아이들의 미래를 열기 위한 선생님들의 발걸음은 계속될 것입니다. 같은 곳을 바라보고 함께 가는 동지로서 선생님들의 아름다운 도전을 응원합니다.

2018년 10월
세종특별자치시 교육감 최교진

세종혁신학교 4년의 기록, 함께합시다

이른 아침, 동녘 하늘에 조각조각 흩어진 구름이 보입니다. 바람도 제법 선선하게 불어옵니다. 바야흐로 가을이 오나 봅니다.

불과 얼마 전까지만 해도 폭염이라는 말에 딱 어울리는 무더위에 속수무책으로 비지땀을 흘렸는데 이제 폭염이라는 말도 저만치 멀어졌습니다.

세종시는 행복도시를 표방하며 누구나 살고 싶은 도시로, 금강이 흐르고 녹지공간이 많은 새로 지은 아파트와 자전거로 시내를 관통할 수 있는 잘 설계된 깨끗하고 아름다운 도시로 완성되어가고 있습니다. 물론 구석구석 살펴보면 좁은 도로에, 주차 공간 부족에 문제점도 많지만요.

새로운 도시에 외형적 환경과 첨단 교육 기자재를 잘 갖추어 세계 어디에 내놔도 뒤떨어지지 않는 학교가 많이 지어졌지만, 공교육 내실화에 대한 갈망은 그에 못지않게 점점 더 커져갔습니다.

2014년 진보 교육감의 당선으로 세종에 혁신교육의 씨앗이 뿌려지고 이제 4년이 되었습니다.

혁신학교에 대한 우려가 컸습니다. 잘 몰랐기 때문이지요. 반면 기대도 그만큼 컸습니다. 많은 선생님들이 혁신학교에 대해 자발적으로 공부하기 시작했기 때문이지요. 관련 도서를 읽고 연수를 듣고, 실제 운영하고 있는 학교를 방문하여 조금씩 알게 되면서 관심 있는 선생님들이 모이기 시작했습니다.

공모를 하거나 지정되거나 하여 혁신학교를 운영한 지 이제 4년.

지난여름, 무지막지했던 폭염도 길게는 4년, 짧게는 6개월 동안의 혁신학교의 삶을 기록했던 선생님들의 열정을 꺾지는 못한 것 같습니다. 고생들 하셨습니다.

혁신학교를 운영하고 있는 14개의 유치원과 초·중·고 학교들의 모습과 상황은 닮은 듯 닮지 않았고 비슷한 듯하면서도 달랐습니다.

교육의 본질이야 어느 학교나 유치원인들 다를까마는 학교마다 주변 환경이나 구성원들은 모두 다르므로 철학도 다르고 여건도 다르며 풀어내는 방식도 달라 학교마다 읽는 재미가 쏠쏠했습니다. 원고를 넘기며 잔잔한 감동도 받고 슬며시 웃음이 나오기도 했고, 처한 상황에 안타까워도 하고 새로운 도전에 힘들었던 이야기에는 마음이 먹먹하기도 했습니다. 독일의 선진 유치원을 탐방하기 위해 백방으로 노력하고 더욱이 자비로 다녀온 그 열정에 마음으로 박수를 보내드렸습니다. 모두들 정말 바쁘게 그리고 치열할 정도로 열심히 살았구나 하는 생각이 들었습니다.

먼저 많은 분들이 혁신이라는 이름에 대한 거부감에서 출발하여 '뭔가 달라지겠지' 하는 기대로 바뀌며 구성원들과 갈등하고 고민하고 좌절도 하다가 다시 힘을 내는 이야기를 구석구석 읽으면서 공감하고 감동을 얻게 될 것이라 믿습니다. 아이, 교사, 학부모 모두 같이 성장하는 이야기에 흐뭇하시리라 믿습니다.

교사나 학부모도 아이들과 마찬가지로 꿈을 꾸며, 칭찬을 먹고 성장한다는 것을 다시 한 번 깨닫게 됩니다. 세종의 혁신학교는 진행형입니다. 혁신학교는 교사의 노력과 열정만으로는 부족합니다. 격려와 용기를 북돋워주시고 우리 사회의 인식과 시스템도 함께 변화하고 문화가 바뀌도록 노력하면 뿌려진 씨앗이 싹을 틔워 꽃을 피우고 열매를 맺을 거라고 믿습니다.

'빨리 가려면 혼자 가고 멀리 가려면 함께 가라'는 말이 있습니다.

이제 4년을 보내며 혁신학교 1기를 마무리하는 학교도 있고 첫발을 내디딘 학교도 있습니다. 모두 함께합시다.

2018년 10월
소담초등학교 교장 황미애

세종혁신학교 4년의 기록을 펴내며

4년은 길다. 2015년 3월, 5개교가 혁신학교로서 첫발을 뗐다. 2014년 2학기부터 많은 선생님들이 부지런히 활동했지만 이것이 공식적인 '혁신학교'로서의 첫발임은 틀림없다. 이때는 기대와 우려가 공존했다. 지금까지 경험상 새로운 이름을 갖는다는 것은 '또 다른 업무'가 생기는 것임은 누구나 아는 불편한 진실이었다.

'행복', '꿈' 등 아무리 좋은 이름도 선생님들에게 또 다른 요구를 하는 것이 대부분이었다. 그것이 학교 본연의, 혹은 교사로서 자부심을 느낄 수 있는 일이라면 다행이지만, 실제로는 '보기 좋은 문서'를 만드는 힘 빠지는 일들이었다.

'혁신학교는 다르다'고 했다. 정말일까? 기존의 허울 좋은 이름만 가진 여러 교육정책들과 다를까? 혹은 다를 수 있을까? 말 그대로 기대와 우려였다. 그래도 위안이 되는 것은 4년이라는 기간이었다.

"당장 혹은 나중이라도 특별한 성과를 바라지 않습니다. 4년이라는 시간 동안 천천히 하시면 됩니다."

4년은 아주 긴 시간인 줄 알았다. 4년은 짧다. 4년이 흘렀다. 그동안 혁신학교는 5개교에서 14개교로, 유치원부터 고등학교까지 운영되고 있다. 2년 차에 이루어지는 중간평가가 10개교에서 실시되었고, 처음 시작했던 5개교는 올해 종합평가까지 끝났다. 처음 혁신학교를 시작했던 사람들이 나오기도 하고, 새로운 사람들이 들어가기도 했다.

사람들이 오고가는 동안 여러 이야기가 만들어졌다. 그중에는 손뼉 치고 축하해야 하는 일도, 서로 상처를 주고받는 일도 있었다. 그 과정의 중심에는 '교육은 무엇인가?', '학교와 교사의 역할은 무엇인가?', '우리 아이들을 어떻게 바라볼 것인가?' 하는 논의가 있었다. 이러한 논의를 하기에 4년은 짧다. 그래서 여전히 진행 중이다.

결국 사람이다. 불가능할 것이라는 수많은 이유보다 가능할 것이라는 작은 희망을 보고 간 사람들이 있다. 드러나지 않지만 각자의 일을 하며 고군분투한 사람들이 곳곳에 있다. 조금이라도 변화를 가져왔다는 것은 많은 사람들이 한 발자국 움직였다는 뜻이다. 그 한 걸음의 무게가 어마어마함을 알고 있다. 오죽하면 이 책을 낸 사람들이 공통적으로 한 말이 있다.

"이 글은 현재 혁신부장의 눈으로 본 학교 이야기일 뿐이며, 많은 이야기 중에 극히 일부분에 불과하다."

실제 이 기록은 혁신학교 4년의 기록 중 일부분이며, 현장에는 이것으로 담을 수 없는 치열함이 있다. 그것이 기록으로 나오고, 공유되어 퍼즐 조각처럼 맞춰지길 바란다. 물론 이 기록 또한 하나의 퍼즐 조각이다.

또다시 4년을 기약하며 고군분투한 모든 이들에게 행복이 가득하길 빈다.

2018년 10월
글쓴이 일동

차례 --

1부

세종시의 교육,
혁신교육으로 디자인하다

세종,
행복도시의 여백 그리고 아름다움

세종시를 행복도시라고 말한다. 행복. 이 단어는 외형상 두 글자의 조합이지만 속살을 들여다보면 그 해석이 녹녹지 않다. 위키백과에 따르면 "행복은 자신이 원하는 욕구와 욕망이 충족되어 만족하거나 즐거움을 느끼는 상태, 불안감을 느끼지 않고 안심하거나 또는 희망을 그리는 상태에서의 좋은 감정으로 심리적인 상태 및 이성적 경지"를 의미한다.

이 정의를 빌리자면 행복도시는 "자신의 욕구와 욕망이 충족되는 만족하는 삶을 살 수 있는 곳"을 추구하는 도시를 뜻한다. 단편적 삶에서 일정 성취를 이루어 욕구와 욕망이 충족될 수는 있지만, 전체적인 삶을 놓고 봤을 때 행복한 삶이라 자부하기란 쉽지 않다. 역설적으로 그런 삶을 살기는 어렵다. 우리가 추구하는 행복의 완성태를 경험한다는 것은 행복으로서의 가치를 상실하는 일이기 때문이다.

이런 고매한 고민도 필요 없이 세종시의 행복도시는 행정중심복합도시의 줄임말에 불과하다. 즉 '행정중심'의 '행' 자와 '복합도시'의 '복' 자다. 물론 줄임말 속에 '행복'의 중의적인 의미를 담긴 했지만, 원뜻이 '행정중심복합도시'임을 알게 되면 전혀 다른 말이 된다. 행정 중심과 행복, 이 어울리지 않는 단어의 조합이라니.

행복도시는 2002년 대선 공약으로 세종시가 시작되어, 우여곡절을 겪은 끝에 2012년 7월 '세종특별자치시'라는 이름을 걸고 인구 채 10만 명이 되지 않는 가장 작은 규모로 전국 열일곱 번째 광역자치단체로 출범하였다.

계획에 의하면 2030년까지 10만 명의 인구를 50만 명 이상으로, 유·초·중·고는 20개교 내외에서 170개교 내외가 되어 규모 면에서 5~10배 가까이 늘어날 것으로 보인다. 그에 따라 관공서와 주거지, 상가, 문화시설도 같이 확장될 것이다. 이는 큰 도화지에 다시 그림을 그리는 것과 같다.

여기에는 행정중심복합도시답게 행정이 골격이 될 것이다. 도로, 건물, 학교 등의 위치가 정해지고, 시민들의 의견을 반영한다고 하지만 결국 행정전문가의 몫이 큰 비중을 차지할 것이다. 아직 살지 말지도 모르는, 미래의 세종시민이 참여할 수도 없을뿐더러 지금의 세종시민의 의견을 모으고 모두의 합의를 끌어낸다는 것은 거의 불가능한 일이다.

행정중심복합도시가 곧 행복도시를 의미하지는 않는다. 행정중심복합도시라는 말은 세종시가 행정의 중심이 되는 도시를 말할 뿐 그 자체가 행복을 가져다주는 것은 아니다. 그렇다고 행정중심복합도시를 설계하는 전문가를 탓할 수도 없다. 그들도 최선을 다할 것이다. 그림을 촘촘히 설계할 것이다.

그럼에도 행정중심복합도시를 행복도시라고 명명한 것에 대해 재해석은 할 수 있다. 그것이 바로 여백이기 때문이다. 도화지 속의 빈 공간이 공간으로서의 여백이라면, 행정중심복합도시와 행복도시의 간극이 바로 여백이기 때문이다.

행복도시로서 세종의 새로운 정의가 필요하다. 이것은 행정중심복합도시를 설계한 뛰어난 행정가가 내릴 수 있는 것도 아니고, 고위 관료가 세울 수 있는 것도 아니다.

어떤 정의가 필요한가. 앞서 얘기한 행복의 정의에서 개인을 세종으로 바꾸어보자.

"행복은 세종시가 원하는 욕구와 욕망이 충족되어 만족하거나 즐거움을 느끼는 상태, 불안감을 느끼지 않고 안심하거나 또는 희망을 그리는 상태에서의 좋은 감정으로 심리적인 상태 및 이성적 경지를 의미한다."

행복도시로서 세종시는 어떠해야 하는가? 집값이 치솟고, 유명 학원이나 누구나 알 만한 유명 체인점 등이 난립하는 곳이어야 할까. 내가 살고 있는 곳의 집값이 올라가고 내 아이가 다닐 유명 학원이 있는 곳일까. 개개인의 욕망은 다를 수 있지만 공통적으로 안전하고 따뜻하며 풍요로운 삶을 누릴 수 있는 곳이었으면 하는 바람은 비슷할 것이다.

공공의 가치와 개인의 가치는 늘 비슷하면서도 간극이 존재한다. 머리와 가슴처럼 가까운 듯 매우 멀다. 그럼에도 공공의 가치와 개인의 가치를 비슷하게 맞추어가는 것, 이것이 곧 세종시가 행복도시로서의 위상을 갖게 되는 것이다. 세종시에 살고 있는 사람이 '세종시는 이런 곳이야'라고 공통적으로 말할 수 있다면 그것이 행복도시의 정의일 것이다. 그리고 그 정의가 사회가 지향하는 가치와 개인이 지향하는 가치가 비슷하다면 그것이 애초 꿈꾸던 세종의 모습이 아닐까.

누가 정의를 내리는가.

공공의 가치와 개인의 가치의 간극을 좁히고자 실천하는 사람이다. 그것은 예술, 문화, 교육을 포함한 전반에 걸쳐 진행되어야 하며, 그 중심은 그 안에서 살아 숨 쉬는 사람들이다.

이 책에 글을 쓴 사람들은 교육에 관련된 사람이며, 그들은 공공의 가치와 개인의 가치를 일치시키고자 노력하는 사람들이다. 여기서 논하는 이야기들은 완성태가 아니지만, 적어도 완성태로 가고자 하는 사람들의 과정상 기록임은 자부할 수 있다.

혁신학교의 출발

　2014년 6월 4일에 지방선거가 실시되었다. 2012년 7월에 출범한 세종시에서는 2012년 민선 1기에 이어 2년 만에 민선 2기 지자체 선거가 진행되었다. 혁신학교를 핵심 공약으로 내건 최교진 교육감이 당선되었다. 4월 16일에 발생한 세월호 참사에 대한 추모 열기가 높았고 또한 구조에 전혀 대처하지 못한 정부에 대한 울분, 지금까지의 교육에 대한 반성이 곳곳에서 일어났다. 이는 혁신교육의 필요성을 더 요구하는 계기가 되었다. 당선 후 공약을 재검토하며 비전과 지표의 선정 작업을 하였다. 그 결과 세종특별자치시 교육의 비전은 '새로운 학교 행복한 아이들'이었고, 지표는 '생각하는 사람 참여하는 시민'으로 결정되었다. 새로 만들어지는 도시 세종의 내용이나 형식에도 '새로운 학교'는 꼭 맞춤이었다. 교육 지표는 '민주공화국의 시민으로 성장'의 가치를 담고자 하였다.

　교육 비전과 교육 지표 해설서는 추후 논의를 거치면서 세종시 학력관을 수립하는 데 근거가 되었다. 해설서 또한 수정을 거쳐 다듬는 작업이 진행되었다.

● 새로운 학교 행복한 아이들

학교는 교육 지표를 달성하기 위한 교육과정을 충실히 실행하여야 한다. 그리고 학생의 건강한 성장발달을 돕고 자극하는 교육 공간과 조직으로 변해야 한다. 학교는 학생이 존중받고 교사가 존경받는 민주적이고 혁신적인 문화를 만들어야 한다.

이러한 열린 사고가 가능한 학교에서는 구성원 상호 간에 배려와 존중을 통해 소통과 공감이 가능하다. 이것이 곧 새로운 학교이자, 시민사회로 가는 길목이다.

학생 중심 학교, 혁신학교, 캠퍼스 고등학교, 수요맞춤형 전문계 고등학교 등을 통해 새로운 모형을 구현하여 한국 교육의 미래를 적극적으로 개척한다.

세종시 학생들이 새로운 학교에서 배우고 생활하는 가운데 진정한 행복을 누리게 하고자 하는 것이다. 행복은 고달픔, 난관, 실패, 좌절이 없는 상태를 의미하지 않는다.

아이들은 성장하고 발달하는 가운데 기쁨과 행복뿐 아니라 혼란과 고난을 경험할 수도 있다. 이 과정에서 교직원, 학교, 학부모와 지역사회는 아이들이 겪는 여러 가지 어려움을 스스로 극복하고 독립된 인격으로 성장할 수 있도록 그 여유를 즐길 수 있어야 한다.

아이들이 행복하기 위해서는 시험과 성적에 대한 과도한 압박감, 권위주의적 문화 속에서 경험하는 심리적 억압, 과열된 경쟁과 차별로 인한 정신적, 신체적 고통으로부터 벗어나야 하나 또한 성장하는 아이들은 섬세하며 그들의 소리에 귀 기울여야 한다.

아이들이 배려와 존중, 소통과 공감이 있는 새로운 학교에서 배움과 함께 행복을 마음껏 누리는 것이 세종 교육의 비전이다

이러한 인간으로서의 개인과 민주공화국의 일원으로서 시민을 양성하는 것이 세종 교육의 지표이다.

● 생각하는 사람 참여하는 시민

생각하는 사람은 더불어 사는 사회에서 모든 개인의 성장을 의미한다. 신체적으로 건강하게 발달하고, 올바른 가치와 규범을 삶 속에서 익혀야 한다. 또한 지적 역량을 확장하고 도덕적으로 높은 이상을 지향해야 하며 정신적으로는 건전하고 건강해야 한다. 생각하는 사람은 자신의 자율성을 높이는 동시에 자신의 삶에 대한 책임감을 가져야 한다.

생각하는 사람은 과거의 지혜를 배우고 새로운 세계와 미래에 도전하며, 새로운 것을 탐험하고 창조한다. 무엇보다도 자신의 신체적, 지적, 정서적, 사회적 성장의 과정을 되돌아볼 줄 알아야 한다. 또한 자신의 역량, 한계, 경험, 좌절, 체험의 성과를 소중하게 여긴다. 그리고 반성하고 성찰하려는 의지, 능력과 태도를 갖춘 자이다. 생각하는 사람은 다른 사람을 존중한다. 다른 사람의 처지, 상황, 문화, 견해를 이해하며 존중할 줄 알아야 한다. 또한 다른 사람들과 협력하고 협동할 수 있어야 한다.

생각하는 사람은 자연을 체험함으로써 그 존귀함을 알아야 한다. 또한 생각하는 사람은 자연과 교류를 통하여 자연을 실천적으로 소중하게 여긴다. 생각하는 사람은 과정의 지혜를 배우고 낯선 세계와 미래에 도전하며 새로운 것을 탐험하고 창조한다. 깊은 성찰은 인류가 누적해온 과학적 지식과 인문학적 지성에 기초하며 이를 확장하여 심화하는 데 기여한다.

참여하는 시민은 우리 사회의 역사, 문화, 전통, 정체성, 그리고 주권을 존중한다. 또한 공정한 시장경제의 활동을 존중하며, 민주적 질서를 수호하고 공동체 구성원과 인류의 복지에 기여한다. 참여하는 시민은 자유의지에 따라 시민사회 활동과 민주주의 공화국 정치에 참여한다. 그 과정에서 자신이 자유과 권리를 주장하는 동시에, 타인의 자유와 권리를 존중하며 사회의 공공성을 확장하고 신뢰를 두텁게 하기 위해 책임을 다한다. 참여하는 시민은 개인의 자유와 평등, 사회에 존재하는 여러 형태의 이익, 다양한 문화, 사회의 가치와 규범을 존중하고 배려한다.

참여하는 시민은 민주주의를 근간으로 하는 자유롭고 정의로운 대한민국 민주공화국의 시민이다. 더불어 공동체를 좋은 사회로 만들기 위해 동참하고 성찰하며 반성하고 책임지는 시민이다.

출범 전 세종시는 충남의 연기군 전체, 충북 청원군의 일부 면, 충남 공주시의 일부 면이 편입되었기 때문에 출범 직후에도 전체적인 문화는 충남의 일부분으로 인식되었다. 지금은 다른 시도에서 들어온 사람들이 많지만 당시만 해도 그 충남 연기군에 거주하던 사람이 고스란히 세종시민이 되었고, 문화 또한 그러했다.

이미 수도권, 호남권을 중심으로 혁신학교가 운영되고 확산되고 있었지만 충청권은 '혁신학교' 자체가 생소한 단어였다. 극히 일부의 교사들만이 '혁신학교'의 존재를 알았을 뿐이다.

이런 상황에서 혁신학교를 표방한 교육감의 당선은 학교현장에 신선한 충격이었다. 물리적인 충격보다는 '뭔가 달라지겠지' 하는 기대와 불안이 함께한 충격이었다. 지역 언론에서는 교육감의 첫 결재 문서가 혁신학교 연수 계획안이라는 기사가 쏟아져 나왔다. 우려와 기대 속에 혁신학교는 남의 이야기가 아니라 현실이 되었다.

'찾아가는 혁신학교 연수'는 혁신학교를 알리는 홍보 차원에서 가장 먼저 실시한 정책이었다. 신청한 학교에 대해서 강사를 섭외하여 연수를 실시하는 형식이었다. 약 70%의 학교가 신청했으며, 그 학교들에서 2~3시간 정도 '혁신학교의 이해'라는 연수가 진행되었다. 그러나 짧은 연수 후의 뒷이야기가 많았다. 일단 어떤 프로그램인지에 대한 설명이 부족했다. 각종 대회 폐지, 학교 전체 행사 폐지 등 파격적인 교육과정 운영 사례를 듣고 그렇게도 운영할 수 있구나 하는 기대와 우려에다, 교사들이 협력해서 만든 교육과정은 불가피한 경우를 제외하고는 교장도 함부로 건드리지 않는다는 사례를 듣고는 교장을 허깨비로 세우는 것이 아닌가 하는 것 등등 학교현장에서 받아들이기가 쉽기 않았다. 그런에두 북구하고 혁신학교라는 이름을 세종시 학교 곳곳에 알리게 되었다.

이러한 과정에서 '혁신학교'라는 이름에 대한 설왕설래가 있었다. '가죽을 벗긴다'라는 뜻을 지닌 '혁신'이란 말에 거부감이 있었다. 그 것은 지금까지 교육이 잘못되었다는 뜻인가에 대한 반대 의견이었다. 논의 과정에서 다른 시도와 같이 '행복', '공감' 등의 부드러운 이름으로 정하자는 논의도 있었으나 고유명사가 된 '혁신학교'로 명명하였다. '혁신'이라는 의지의 표현이었다.

곧 바로 혁신학교를 추진하기 위해 TF를 구성하였다. TF 활동은 2015년 혁신학교를 준비하기 위한 팀이었다. 그 팀을 중심으로 각종 연수를 진행했고, 실질적인 움직임을 위해 초등, 중등 혁신학교연구회를 꾸렸다.

2014년 하반기에 2015년 혁신학교를 운영할 학교를 공모하였다. 그 결과 초등 4개교, 중학교 2개교가 지원했고, 심사 결과 연서초, 연동초, 미르초, 도담중이 최종 선정되었다. 연서초와 미르초에는 교육감 당선 이전부터 조금씩 혁신학교를 준비한 교사들이 있었다. 하지만 책으로만 공부했을 뿐 어떻게 실천할 것인가에 대한 논의가 구체적으로 진행되지는 못했다. 그럼에도 그 교사들의 움직임은 의미 있는 실천이었다.

연동초와 도담중은 예상치 못한 신청이었고, 선정이었다. 연동초와 도담중의 활동이 외부로 드러나지 않았기 때문이다. 심사위원의 총평에 의하면 연동초는 오롯이 세종시 이전의 연기군 교사들의 움직임이었고, 도담중은 중학교로서 도전이 새로웠고, 또한 같은 지역에서 신청을 했다는 것은 고무적인 사건이었다.

세종시는 매년 10개의 학교가 신설되고 있다. 매년 다르긴 하지만 많을 때는 30개 정도의 학교가 신설되기도 한다. 그래서 혁신학교를 공부한 교사, 다른 시도에서 혁신학교를 경험하거나 관심이 있던 교사들의 공간을 만들었다. 온빛초였다. 온빛초는 심사를 통한 혁신학교 선정이 아니라 지정형 혁신학교로서 개교와 동시에 혁신학교로 운영되는 학교였다.

이렇게 2015년에 혁신학교 5개교가 학교 혁신의 모델 학교로서 배를 띄울 준비를 했다. 충청권(세종, 충남, 충북)이 이와 비슷한 상황이었을 것이다. 이런 공감대 속에서 세종, 충남, 충북에서 선정된 혁신학교 공동 연수를 3박 4일 동안 천안 상록리조트에서 진행하였다. 기본적으로 교원 5명, 학부모 2명이 참석 대상이었다.

"오늘 연수를 들으면서 눈물 날 뻔했어요. 새로운 도전을 하는 선생님들이잖아요. 많은 학교가 어려워하는데 그중에서 용기 있는 선생님, 그 선생님이 속한 학교가 우리 학교라는 것이 자랑스러워요. 명량대첩에 나서는 이순신 장군처럼요."

첫날 연수를 들은 학부모 중 한 분은 당시 화제가 되었던 영화 〈명량〉에 빗대어 혁신학교를 하려고 나서는 선생님들을 격려해주었다.

혁신을 지원하라

세종시교육청은 혁신학교를 중심으로 학교 혁신을 지원하기 위한 채비를 하였다. 먼저 학교혁신과 내에 학교혁신지원센터와 연수센터가 만들어졌다. 학교혁신과 내에서 혁신교육에 대한 정책을 수립, 지원하기 위한 학교혁신지원센터와 관련된 연수를 운영하기 위한 연수센터를 만들었다.

당시만 해도 세종시교육청은 독립적인 교육청으로 작동을 하기엔 규모가 작았고, 사람도 절대적으로 부족했다. 지방 교육청을 운영하기 위한 경험도 부족했다. 교육부에서 내려오는 사업과 그에 따른 공문을 처리하기에도 급급했다. 지금은 교육자치를 얘기하지만 당시에는 교육자치는 구호로만 존재할 뿐 그만 한 여력이 없었다.

예를 들어 교육부에서 시행을 권장(?)하는 연구학교를 최소한으로 수용을 한다고 해도 다른 시도와 비율로 보면 압도적으로 높았다. 수치상으로 보면 2014년 2학기 47개교의 초·중·고 학교 중 22개가 연구학교였다. 비율상 40%가 넘었다. 다른 시도의 10~20%에 비해 매우 높았다. 연구학교를 하지 않는 학교, 혹은 교원(교장 또는 업무 담당자)은 무능력자였다. 그러나 연구학교는 막 그대로 연구하고 적용해보는 학교여야 하는데, 실상은 그러지 못한 경우가 많았다. 또 각종 대회,

공모사업 등은 다른 시도에 비해 적은 편일지 모르지만 적은 학교 수로는 감당하기 벅찬 일이었다. 교육청에서도 부족한 인력으로 그 많은 연구학교, 각종 대회를 담당하는 것은 말 그대로 행정업무 처리만 하기에도 일손이 부족한 상태였다.

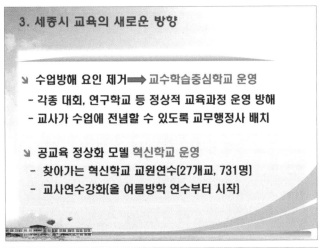

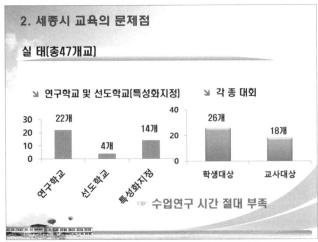

제2대 세종특별자치시교육감 인수위원회 자료

업무 경감은 사실상 불가능했다. 업무를 줄이기는 고사하고 늘어나지 않으면 다행이었다. 하지만 일은 점점 불어났다. 지난 일도 모두 안고 갔다. 모두 다 같이 동시에 '그만'하지 않는 이상 멈출 수 없었다.

'교수학습중심학교', '업무 합리화', '학교 본연의 역할' 등의 이름을 달고 불가능할 것 같은 업무를 줄이고자 하는 노력이 진행되었다. 교육청 단위에서 전국대회가 있는 대회를 제외하고 각종 대회를 폐지했다. 연구학교를 줄였다. 선도 학교, 거점학교 등으로 운영교가 줄었다. 교무행정사를 채용하여 교무행정업무를 지원했다.

폐지해야 할 일과 통합할 일, 이관할 일에 대한 논의가 진행되었다. 이른바 업무 조정이 이루어진 것이다. 그 과정에서 많은 논쟁이 오갔다. 그리고 논쟁만 있을 뿐 실제로 업무가 경감되는가 하는 의문도 있었다.

교무업무전담팀을 구성하여 운영하는 학교도 있었다. 수업, 상담, 생활지도 등 학년(급)의 교육과정 외의 일을 전담팀을 꾸려 운영하는 방식이었다. 혁신학교에서는 교육청 대회가 폐지되면서 이와 관련된 대회가 줄었다. 아예 교내 대회 자체가 없어진 학교도 있었다.

이에 대한 반발 또한 만만치 않았다. 경쟁을 통한 성장은 서로의 이해관계가 복잡하게 얽혀 있는 것이기도 했다. 교육청은 학교 경쟁을 시키고, 교장은 교사 경쟁을 시키고, 교사는 학생을 경쟁시키는 모습이었다. 예를 들면 1인당 도서 대출 권수를 학교 평가 지표에 넣는다. 학교의 평균이 나오기 때문에 교육청은 금방 순위를 매긴다. 학교에서는 대출 권수를 높이라는 압력이 들어오고, 교사는 아이들에게 최대한 대출 권수(?)를 올릴 묘안을 찾아 알려준다. 즉 이렇게 순위를 매기고 최우수 학교는 야간이(?) 상금과 표창으로 학교 운영을 잘한다는 딱지를 붙여준다.

그런데 이러한 운영에 익숙하거나 이것으로 많은 실적을 쌓은 사람에게는 새로운 체계가 지금까지의 노력을 부정하는 것이기 때문에 쉽게 인정하지 못했다. 또 불이익을 볼 수도 있고, 어쩌면 시대에 따르지 못하는 사람이 될 수도 있다는 생각도 있었다. 학교 본연의 역할, 학교 혁신이라는 새로운 질서를 마련하려다 보니 기존 질서와의 혼란으로 인한 갈등도 생겼고, 동시에 새로운 질서의 초석을 다지고자 노력하는 사람도 공존했다.

　혁신학교의 출발은 기대와 우려가 공존하는 시간이었다. 다른 시도의 성공 사례에 대한 연수와 워크숍을 진행했지만 실제 운영은 현실이었다.

2부

세종시 학교 이야기

첫 번째 마당

공모형과 지정형 혁신학교의 공존

● 공모형
미르초등학교(2015년 지정)
도담중학교(2015년 지정)
조치원여자중학교(2016년 지정)

● 지정형
온빛초등학교(2015년 지정)
대평초등학교(2018년 지정)

2014년도에 개교한 미르초등학교는
'즐거운 배움 함께 나아가는 우리'라는 비전 아래
학생은 스스로 삶을 살아갈 수 있는 힘을 기르고
교사는 학생들과 함께 배우고 성장하며
학부모는 나무가 아닌 숲을 보며 지지해주는
모두가 넓고 깊은 배움으로 성장하는 학교입니다.

미르초등학교(2015년 공모 지정 운영)

함께 걸으며 성장해온
미르초 혁신 이야기

황용주

1. 2014년 개교 학교에서의 적응 과정

2014년 2월 초, 미르초등학교는 한솔초등학교에서 분리되는 학교였다. 그래서 개교 준비를 한솔초등학교에서 했다. 미르초에 처음 가 보았을 때는 곳곳에 완성되지 않은 시설에, 공사하다 남은 물건들이 여기저기 널려 있어 과연 3월 1일에 개교할 수 있을지 의문이 들 정도였다.

걱정과 달리 넓은 복도와 함께 새롭게 단장되어 예쁜 미르초등학교에서 새로운 생활을 시작하게 되었다. 무엇보다 개교 학교임에도 빠르게 자리를 잡을 수 있었던 것은 부지런함을 타고난 교장 선생님과 한솔초에서 분리 개교하여 새로운 학교를 만들어보고 싶은 선생님들의 간절한 마음이 담겨 있었기 때문이었을 것이다.

새로운 도시인 세종시의 시민은 연기군 군민들을 흡수하고, 중앙부처 이전 기관 종사자들의 가족들로 대부분 이루어졌다. 신설 학교인 미르초의 교사들은 대부분 이전 기관 종사자의 배우자로서 전국 각지에서 모인 교직 경험이 많은 교사들이었다.

그동안 경험했던 교사회의는 부장 중심의 top-down 방식이었는데,

미르초는 전달 사항에 대해 교사들의 의견을 수렴했고, 그 과정에서 비판적인 의사 표현을 스스럼없이 했다. 교장 선생님은 늘 안건에 대한 선생님들의 생각을 이끌어내 자유롭게 표현할 수 있도록 분위기를 만들어주었다. 가끔 저렇게 표현하는 건 좀 지나치다는 생각이 들었던 적도 있었다. 학교 결정 사항에 대해 교사들의 의견을 수렴하고 반영하는 민주적인 학교문화가 자리를 잡아갔다. 교사회의 방식에 대한 편견이 점점 줄어들었다.

익숙하지 않았던 회의 분위기만큼이나 세종시가 어색했던 내게 2014년은 학년의 학급을 맡으며 오롯이 학생과 학부모들의 지지로 함께한 시간이었다. 동학년 선생님들도 부러워할 만큼 학생들과 교감이 잘 이루어졌고, 한 개를 가르쳐주면 두 개, 세 개를 척척 해내는 학생들이라 교사로서 행복했다. 그런데 마음 한구석에서 우리 반 학생들과 우리 학부모님만 잘하면 된다는 생각을 넘어 동학년 선생님들과 함께 해보고 싶은 마음이 점점 커졌다. 뭔가 새로운 것을 해보고 싶은 마음이 들었던 건 어쩌면 내게 그만큼 여유가 있었고, 학교 분위기가 무엇이든 한번 도전해봐도 좋겠다 싶을 만큼 무르익지 않았나 싶다.

그렇게 나는 적응하기 시작하였고, 미르초는 관리자뿐만 아니라 교사들이 함께 하나씩 결정하고 실천하며 민주적인 학교를 만들어 갔다.

2. 혁신학교 지정 운영에 대한 치열한 찬반 논쟁

미르초가 혁신학교로 지정되고서 '2014년 개교 때부터 다져져 있던 민주적인 학교문화가 빛을 발하기 시작했다'라는 생각이 든다. 많은 혁신학교가 다모임 운영 방식, 의사결정 과정 등 민주적으로 학교를 운영하기 위해 많은 진통부터 겪고 시작하는 데 비해 미르초는 달랐다.

교장 선생님의 학교 운영 방식 및 철학이 기존에 경험했던 학교와는 달랐는데, 그것은 교장 선생님의 교사, 학생, 학부모에 대한 민주적인 학교경영 철학 덕분이었다. 경험을 통해 배워서 터득한 학교 운영 방식이 아니라 애초에 지녔던 철학이 자연히 빛을 발했을 뿐이다.

그래서 혁신학교로 지정 운영에 대한 의견이 분분하였다. 우리 학교는 혁신학교만큼이나 잘 운영되고 민주적 학교문화가 장착되어 있는데 굳이 혁신학교라는 이름이 꼭 필요하냐! 결국 일만 많아지고 힘들어지지 않겠냐는 부정적인 시각도 있었다.

혁신학교는 '민주적인 학교문화'만이 아니라 '자율과 협력의 생활공동체', '전문적학습공동체', '창의적 교육과정' 운영을 통해 교육의 본질을 회복하자는 것이다. 그 당시에는 민주적인 학교문화에만 꽂혀서 지금도 충분하다고 여겨 반대하거나 부정적인 시각이 있었다. 서로를 설득하고 이해시키는 협의 과정과 찬·반의 의사결정 과정을 거쳐 찬성표가 조금 더 많이 나와서 아슬아슬하게 혁신학교 지정 운영에 대한 합의가 이루어졌다.

3. 2015년 혁신학교의 싹 틔우기

생뚱맞지만 내가 꿈꾸는 학교는 학생, 학부모, 교사의 어떤 모습을 담은 학교일까?

'학생이 배움의 중심이고 행복해하며 성장할 수 있는 학교.'

'학부모가 한 학생의 부모이기 이전에 모든 아이들이 내 아이 같기를 바라는 학교.'

'나의 부족함을 내 옆의 선생님이 채워주고 내 옆의 부족함을 내가 채워 서로가 행복하게 함께 성장할 수 있는 학교.'

이러한 개인적인 바람을 담고 있다.

미르초 선생님들이 꿈꾸는 희망을 담아 "즐거운 배움, 함께 나아가는 우리"라는 가장 큰 비전을 세웠다. 이 비전은 우리가 길을 잃고 헤매거나 좌초할 때 갈 길을 찾을 수 있도록 해주는 미르 교사들의 등대이기도 하다.

미르 혁신학교 1년은 학교라는 큰 테두리 안에서 진정 괜찮은 학교의 틀을 만들어가는 과정이었다. 혁신학교 싹 틔우기를 위한 시스템을 갖추기 시작했다.

첫째, 교직원의 의견을 모아 학교철학과 비전 세우기를 통해 구성원이 꿈꾸는 학교의 모습, 교사의 모습, 학생의 모습을 갖추어 단단히 뿌리내릴 수 있도록 하였다.

둘째, 교사가 수업에 몰입하고 교사로서 보람과 전문성을 갖출 수 있도록 교육과정 지원 중심, 교무행정 지원 시스템을 운영하였다. 행정 업무가 줄어든 학교 시스템을 만들어냄으로써 교육과정 운영과 수업에 대한 이야기들이 교사들의 대화의 중심이 되기 시작했고, 이것이 교사들의 일상과 문화로 자리 잡기를 바랐다.

셋째, 작은 학교Small school 운영을 도입, 시행하며 학년교육과정 중심의 교육활동 기초를 전개하였다. 1년 차의 가장 큰 목표는 미르초등학교의 창의적 교육과정의 틀을 만들기 위한 기초 작업이었다.

이런 노력들이 하나씩 틀을 갖추기 시작했다. 그중 기억에 남는 것은 학년부장 구성 방법이었다.

2015년 미르초의 학년부장 선출은 희망자와 동료 교사의 교황 선출 방식으로 결정되었다. 외적으로 보면 너무나도 민주적인 절차였지만 그 속에서 마음의 상처를 받는 사람들이 생겼다. 희망하였으나 동료 교사의 표를 받지 못한 분도 있었고, 비록 동료 교사의 표를 받았지만 기존 학년부장에게 미안한 감정으로 서로에게 상처가 되기도 하였다. 이를 통해 비록 민주적인 절차와 방법으로 선출 방식을 결정했을지언정 서로에게 상처와 아픔을 남긴 것은 또 다른 갈등의 시발점이 아닌지 생각해보게 되었다.

학년 구성은 좀 더 파격적으로 하였다. 맘에 맞는 사람들이 함께 구성할 수 있도록 열어놓았는데, 그 당시에는 친한 동료들과 함께할 수 있어서 좋았지만 지금 돌이켜보면 또 다른 부작용도 남아 있다. 친한 동료들로 학년이 구성되니 학년 이기주의가 기본적으로 깔리게 되고, 학년을 뛰어넘어 학교 차원의 결정 사항을 합의하는 데 커다란 걸림돌이 되기도 하였다. 하지만 이런 상처와 치유의 과정, 시행착오들이 있었기에 4년 차인 현재의 미르초가 있지 않나 싶다.

혁신학교 1년 차에 나는 학년부장으로서 맡은 소임, 스몰스쿨 운영을 원활히 하기 위해 귀를 열어두고 우리 학년이 잘 굴러갈 수 있기만을 위해 노력하였다. 학교 전체를 넓고 크게 보기보다는 내 학년에 매몰되어 학년을 운영하기에 급급하였다. 내가 평소에 생각해왔던 대로 학년을 이끌어가는 것이 아니라 어깨동무하며 함께 걸어갈 수 있는 부장이 되려고 노력했지만 경험이 부족해 마음처럼 쉽지가 않았다. 지금 생각해보면 동료 교사들의 지지와 함께 서로 고민을 나누다 보니 기능했던 것 같다.

또한 스몰스쿨이라는 이름 아래 학년에서 자유롭게 교육과정을 운영하라고 하여 막막했던 기억도 있다. 규제와 잘 짜인 테두리 안에서 학년교육과정을 운영하는 것에 익숙해 있었다.

처음에는 자율과 책임이 한꺼번에 주어졌기에 어찌해야 할지를 몰랐지만 그 중심에는 "즐거운 배움, 함께 나아가는 우리"의 등대가 있었고, 학생 중심이어야 한다는 것을 알았기 때문에 어려움도 넘길 수 있었다. 무엇보다 함께하는 동료 교사가 있었다.

혁신학교 1년 차 학년부장으로서, 좌충우돌 여러 가지 일들이 있었지만 목표로 삼았던 것은 '귀를 넓게 여는 대신 입은 적게 열기'라는 마음먹기를 실천하는 한 해였다.

4. 2016년 혁신학교 2년 차, 혁신학교 가지 뻗기

1년 차에 하드웨어적인 틀을 만들었다면 2년 차에는 학년 중심의 스몰스쿨small school 내실화(교과, 평가, 창의적 체험활동, 체험학습, 생활공동체, 예산 편성의 정착)와 우리가 꿈꿔왔던 교육의 본질을 찾아가는 소프트웨어적인 면의 혁신을 위해 노력하였다.

창의적 교육과정 운영을 위해 1년 차 교육과정들을 학년에서 조금씩 손보는 과정을 진행하면서 교육과정이 조금 더 단단해졌다.

미르교사회는 우리 학교를 졸업하는 학생들에게는 꼭 경험할 수 있는 기회를 주고 싶다는 생각에서 미르만의 창의적 교육과정 운영을 논의하였다. 그중 첫 번째가 '온책 읽기를 통한 독서교육'이다. 독서교육 안 하는 학교가 어디 있겠나 싶겠지만, 미르의 독서교육은 학년이 올라갈수록 온책 읽기를 통한 배움에 깊이가 있으며, 교육과정 안에서 독서교육을 할 수 있도록 구성하였다.

두 번째는 학년별 '1인 1악기 연주를 통한 심미적 감수성을 키우기'
이다. 첫해에 운영을 해보고 교육과정평가회에서 3주체(교사, 학생, 학
부모)의 의견을 반영해 현재는 학년군별로 1~2학년은 오카리나, 3~4
학년은 리코더, 5~6학년은 통기타로 감수성 교육을 하고 있다.

세 번째는 세계민주시민으로서의 자질을 갖출 수 있도록 민주시민
교육에 중점을 두고 교육과정을 운영하고 있다. 학년별로 중점 가치를
정하여 학년에서 민주시민의 자질을 갖출 수 있도록 운영하였다.

업무전담팀 소속 교사들도 교사로서의 만족감을 느끼며 지속적으
로 학교 운영에 대한 지원 역할을 할 수 있는 동력이 필요하였다. 학
년 교사들은 업무전담팀에 어려움을 호소하기도 하면서 업무전담 교
사들의 수고로움을 위로하고 어려움을 나눌 수 있는 분위기가 참 좋
았다. 서로의 어려움을 털어놓고 조율해갈 수 있는 동료성이 바탕이
되었다. 수업에 대한 분배도 전담 시수에 대한 양보도 이루어졌는데,
고학년이 저·중학년에 비해 힘듦을 이해하고 전담을 고학년에 양보할
수 있는 넓은 마음이야말로 그 어떤 학교 혁신보다 훌륭하다고 말하
고 싶다.

혁신학교는 교육과정이나 시스템의 혁신도 중요하지만 학교라는 큰
테두리 안에 있는 동료로서 마음을 헤아려가며 보듬어주는 동료성,
즉 관계의 혁신이 가장 중요한 부분이라는 것을 느꼈다.

새 학년도 교육과정은 매년 평가회를 통해 성찰과 반성의 시간을
가지며 3주체의 의견을 반영하고 수정·보완하여 미르만의 창의적 교
육과정을 위해 끊임없이 노력하고 있다.

5. 2017년 혁신학교 3년 차, 창의적 교육과정 꽃피우기
-부장교사의 역할과 갈등 해결을 위한 노력

혁신학교 3년 차에는 교육과정 재구성을 통한 수업 혁신이 요구되었다. 먼저 수업공개보다는 수업을 바라보는 관점에 대한 조율이 필요하였다. 혁신학교 1~2년 차에는 동료 수업공개에 대한 방법 및 공동 수업안을 위한 공동 고민, 동료성에 기반을 두어 집단지성을 발휘하였다. 3년 차에는 교육과정을 새롭게 보고 해석하는 교육과정 재구성과 이를 통한 수업과의 연계에 대한 고민들이 나타나기 시작했다. 수업을 변화시키기 위해서 교육과정 재구성을 한 것이 아니라 교육과정에 대한 이해를 기반으로 수업을 전개하다 보니 수업 방법과 수업을 보는 변화된 눈이 필요하였다.

기존에는 지식 전달 위주 교육을 통한 교사 중심의 수업 기술에 초점이 맞추어졌다. 이제 수업의 중심에 학생이 있고 모두가 평등하게 배우고 협력하는 모둠활동을 이끌며 그 배움을 통해 학생들 스스로 세상이나 아이들의 삶과 연결해나가야 한다고 생각했다. 그러다 보니 자연스럽게 학생이 중심이 되었고, 어떤 경우에 학생들이 배움에 몰입하고 또 배움이 주춤한지를 관찰하기 시작했으며, 그럴 때 교사가 해 줘야 할 일은 무엇일까를 고민하였다.

처음부터 이런 고민들을 모든 선생님들이 함께 시작한 것은 아니다. 업무전담팀을 구성한 부장들은 2년 동안은 업무를 전담하면서 교사들이 수업에 몰입할 수 있도록 지원하였다. 그러면서 자연스럽게 학년을 바라보는 시야보다는 학교 전체를 볼 수 있는 좀 더 넓은 시야를 지니게 되었다.

그런 시점에 나는 업무부장을 맡게 되었다. 관리자가 요구하는 부장의 역할, 일반 교사들이 요구하는 부장의 역할, 혁신학교에서의 부장의 역할에 대해 고민하게 되었다. 그러고 나서 업무부장으로서 학년 교사들이 수업에 몰입할 수 있도록 지원해주면서 학년에서 보이지 않는 부분을 서로 공유할 수 있도록 해야 한다고 스스로 결론을 내었다.

학년 선생님 중에는 군이 학년별로 수업공개 및 나눔을 통해 잘하고 있는데 전체적인 공개 및 나눔이 꼭 필요한가라는 입장도 있었다. 그래서 수업 보는 눈을 좀 넓히고 나눠 보자에 의미를 두고, 학년에 매몰되기보다는 미르 전체 보기를 해보자고 치열하게 서로를 설득하였다. 1학기 내내 동료 수업공개에 대한 조율이 힘들어 갈등의 씨앗이 되기도 하였다.

사물이나 현상은 다양하고 복잡한데, 오직 자신의 이해만 고려하여 단순화해서 보면 사실과는 그만큼 멀어질 수밖에 없다. 그때 우리는 투쟁의 정글에서 서로 다투려고만 할 뿐 이해하거나 조율하려 하지 않았던 것 같다. 그렇다면 갈등을 줄이는 방법은 무엇일까? 협의와 합의 문화 속에 갈등 해결을 위한 방법을 모색하고 노력해야 했다.

미르 3년 차, 수업 혁신을 위한 변화가 완벽하게 이루어졌다고 말할 수는 없다. 그렇지만 교사들의 수업을 보는 눈에 커다란 변화가 생겼다. 학생을 중심에 두고, 학생들의 모둠활동과 학생들이 나누는 대화를 밀착 관찰하며 학생들이 스스로 문제를 고민하고 탐색하고 해결해 가는 과정으로서의 학생중심수업, 학생의 배움중심수업에 대한 합의가 이루어졌다. 확실한 건 미르 교사들은 수업 혁신을 위해 지금도 한 걸음씩 나아가고 있다는 것이다.

6. 2018년 혁신학교 4년 차, 혁신학교 열매 맺기
   -꽃은 오랜 기간 준비하고 때를 맞아 피어난다

혁신학교 4년 차가 되면 주변에서는 많은 변화와 성과를 기대하기 마련이라 혁신학교에 근무하는 교사로서 커다란 부담감이 아닐 수 없다. 너무 급히 가려 하고 빨리 성과를 내려는 조급함이 우리 교육현장을 힘들게 하고 있지는 않은지 반성하게 된다.

4년 동안의 노력으로 학교 혁신이 이루어진다면 얼마나 좋을까! 눈에 보이지 않을 만큼 조금씩 천천히 변화하는 것이 학교현장이다. 미르 교육 또한 혁신학교를 시작하기 전보다 민주적인 학교 운영을 기본으로 교사들의 학습공동체가 일상화되고, 3주체 및 지역사회가 자율과 협력의 생활공동체로 자리 잡았으며, 미르만의 창의적 교육과정을 운영하고 있다. 그중 가장 큰 변화는 학교교육의 본질인 교육과정 재구성을 통한 수업의 변화, 수업의 변화와 맞물린 평가의 변화이다. 교육과정-수업-평가의 일체화가 교육의 일상으로 자리 잡아가고 있다.

꽃이 피려면 따뜻한 햇살과 충분한 바람과 비와 자연의 힘이 필요하듯이, 교육과정-수업-평가의 일체화가 일상이 되는 데는 많은 시간이 필요했다. 무수한 갈등의 씨앗과 어려움, 고난이 있었지만 그럼에도 불구하고 꽃은 피고 열매를 맺는다.

미르 교사들이 고민하고 또 성찰하며 열매 맺은 일상화된 미르 교육의 일부분을 소개한다.

함께 Win-Win 프로젝트

1. 프로젝트 개관

이 프로젝트는 사회 '3. 우리 경제의 성장과 발전 단원'과 '4-1 경제 성장의 그림자', 국어, 미술을 중심으로 시장경제체제의 기본 원리에 기초하여 우리 경제의 성장 과정과 경제 주체들의 역할을 이해하고 다른 나라와의 경제적 상호 의존 관계를 파악하는 능력을 기르기 위해 설정되었다. 이를 위해 시장경제체제의 기본 원리인 자유와 경쟁의 의미를 알고 여러 경제 지표와 통계 자료를 통해 우리나라 경제의 성장 과정을 이해하게 된다. 또한 우리 경제가 다른 나라와 상호 의존하면서 경쟁하는 관계에 있음을 파악하고 국제 경쟁력을 키울 방안을 모색한다.

4학년 2학기 행복한 경제 프로젝트에서 만 원의 행복, 나눔까지 실천한 경험을 바탕으로 '함께 Win-Win 프로젝트' 수업은 우리 사회가 선택한 경제체제뿐만 아니라 다른 나라에서 운영되고 있는 경제체제를 교실 속에서 간접 체험해봄으로써 우리 경제의 장점과 단점, 나아가 우리 경제가 나아가야 할 방향을 생각해보게 할 것이다.

2주 동안의 평등마을과 자유마을을 경험해보는 교실 속 마을 활동을 통해 경제와 관련된 어려운 개념을 이해하고, 그 속에서 경제체제의 차이와 경제가 포함하고 있는 '임금, 노동, 세금, 국가, 복지' 등의 개념에 대해 체득할 것이라 생각한다. 경제 수업을 진행하며 경제의 개념, 우리나라 경제를 이끄는 사람들, 다른 나라와의 관계에 대해 알아보며 자유와 경쟁, 상생과 협력의 가치를 깨닫도록 지도해나갈 것이다.

2. 성취기준 및 세종형 학력 분석

과목·단원	교육과정 성취기준	세종형 학력
3. 우리 경제의 성장과 발전 4. 우리 사회의 과제와 문화의 발전 ❶ 경제 성장의 그림자	– 다양한 경제활동의 사례를 통해 우리 경제의 주요 특징이 자유와 경쟁에 있음을 이해할 수 있다. – 여러 가지 경제 정보 자료(예: 통계, 사진, 각종 지표 등)를 통해 우리 경제의 성장 과정과 그 특징을 파악할 수 있다. – 경제 성장 과정에서 정부, 기업가, 근로자가 수행한 역할을 이해하고 그 중요성을 설명할 수 있다. – 우리나라가 국제 거래를 통해 다른 나라와 경제적으로 상호 의존하면서 서로 경쟁하는 관계에 있음을 이해할 수 있다. – 국제 경쟁력 증진이 중요한 까닭을 알고, 국제 경쟁력 증진을 위해 노력해야 할 일을 찾을 수 있다. – 경제 성장 과정에서 나타나는 여러 문제(예: 빈부 격차, 노사 갈등, 자원 고갈 등)를 확인하고, 이에 대한 해결 방법을 모색할 수 있다.	창의적 사고 능력 자기주도적 학습 능력 자율적 행동 능력
국어 10. 글쓰기의 과정	– 쓰기의 주요 과정에 대해 알 수 있다. – 쓰기의 계획하기 과정을 이해하고 목적, 주제, 독자 등에 따라 쓰기를 계획할 수 있다. – 쓰기의 내용 생성하기 과정을 이해하고 주제에 알맞게 생성한 내용을 정리할 수 있다. – 쓰기의 과정에 따라 한 편의 글을 쓸 수 있다. – 비속어 사용의 문제점을 설명할 수 있다. – 일상생활에서 비속어를 사용하지 않고 말할 수 있다. – 공식적·비공식적 상황에서 언어 예절을 지켜 품위 있게 말할 수 있다.	도덕 능력 공동체 능력 민주시민 능력
미술 8. 만들기 나라로	– 평면, 입체, 영상 등 다양한 표현 형식의 특징을 안다. – 평면, 입체, 영상 등의 다양한 표현 효과를 활용할 수 있다. – 여러 가지 재료와 용구, 표현 방법, 표현 과정 등을 알고, 활용할 수 있다.	심미적 감성 능력

3. 프로젝트 운영 마인드맵

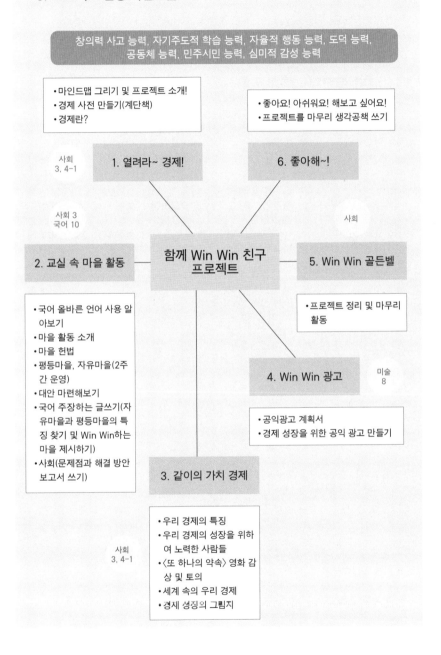

창의력 사고 능력, 자기주도적 학습 능력, 자율적 행동 능력, 도덕 능력,
공동체 능력, 민주시민 능력, 심미적 감성 능력

• 마인드맵 그리기 및 프로젝트 소개!
• 경제 사전 만들기(계단책)
• 경제란?

• 좋아요! 아쉬워요! 해보고 싶어요!
• 프로젝트를 마무리 생각공책 쓰기

사회
3, 4-1

1. 열려라~ 경제!

6. 좋아해~!

사회 3
국어 10

사회

2. 교실 속 마을 활동

함께 Win Win 친구
프로젝트

5. Win Win 골든벨

• 국어 올바른 언어 사용 알
아보기
• 마을 활동 소개
• 마을 헌법
• 평등마을, 자유마을(2주
간 운영)
• 대안 마련해보기
• 국어 주장하는 글쓰기(자
유마을과 평등마을의 특
징 찾기 및 Win Win하는
마을 제시하기)
• 사회(문제점과 해결 방안
보고서 쓰기)

• 프로젝트 정리 및 마무리
활동

4. Win Win 광고

미술
8

• 공익광고 계획서
• 경제 성장을 위한 공익 광고 만들기

3. 같이의 가치 경제

사회
3, 4-1

• 우리 경제의 특징
• 우리 경제의 성장을 위하
여 노력한 사람들
• 〈또 하나의 약속〉 영화 감
상 및 토의
• 세계 속의 우리 경제
• 경제 성장의 그림지

4. 프로젝트 세부 운영 계획

함께 Win-Win 프로젝트			기간	2018. 4. 6~4. 27.
경제체제의 자유와 경쟁에 대해 이해하고, 상생과 협력의 가치를 알 수 있다.			관련 과목	사회, 국어, 미술
1. 목표/ 기준 도달해야 할 목표, 기준은?	2. 활동 어떤 활동을 할 것인가?	3. 날짜	4. 산출/결과물 목표 도달의 증거는?	5. 발표 및 평가 어떻게 평가할까?
사회 −다양한 경제활동의 사례를 통해 우리 경제의 주요 특징이 자유와 경쟁에 있음을 이해할 수 있다. 국어 −비속어 사용의 문제점을 설명할 수 있다. −일상생활에서 비속어를 사용하지 않고 말할 수 있다. −공식적·비공식적 상황에서 언어 예절을 지켜 품위 있게 말할 수 있다.	교실 □ 프로젝트 개관 및 마인드맵 그리기 □ 교과서 훑어보고 경제 계단책 만들기 □ 올바른 언어 사용에 대해 알아보기 □ 마을 활동, 마을 헌법, 평등마을 준비 (일주일간)	4. 6	□ 국어사전, 계단책 □ PPT, 각종 장부	토의토론 평가 관찰평가	다양한 경제마을 활동에 적극적으로 참여하며 자유와 경쟁에 대한 자신의 생각을 적절한 근거를 통해 논리적으로 표현하기
사회 −여러 가지 경제 정보 자료(예: 통계, 사진, 각종 지표 등)를 통해 우리 경제의 성장 과정과 그 특징을 파악할 수 있다. −경제 성장 과정에서 정부, 기업가, 근로자가 수행한 역할을 이해하고 그 중요성을 설명할 수 있다.	□ 평등마을 시작(각종 수당 지급), 활동 안내 □ 우리 경제의 특징 알아보기 □ 더 나은 경제활동을 위한 노력 알아보기 □ 경제 성장에 따른 생활 모습 변화 확인하기 (주택, 교통, 교실 등)	4. 9 4. 10 4. 11	□ PPT □ 각종 표와 그래프		

		□ 표/그래프를 보고 우리나라의 경제 성장 과정 확인하기(GDP, 임금, 취업자, 도시화, 엥겔계수)	4. 12			
		□ 표/그래프를 보고 우리나라의 경제 성장 과정 확인하기(교육혁명, 쌀, 조강, 시멘트, 자동차, 발전 등)		□ 신문 기사 □ 동영상		
		□ 노동자의 일, 환경, 권리 알아보기	4. 13	□ 사회적 기업 학습지		
		□ 〈또 하나의 약속〉 영화 감상		□ PPT		
		□ 기업이 하는 일, 갈등, 사회적 기업				
		□ 평등마을 정리 및 장단점 찾기				
		□ 자유마을 준비(일주일간)				
사회 -우리나라가 국제 거래를 통해 다른 나라와 경제적으로 상호 의존하면서 서로 경쟁하는 관계에 있음을 이해할 수 있다. -국제 경쟁력 증진이 중요한 까닭을 알고, 국제 경쟁력 증진을 위해 노력해야 할 일을 찾을 수 있다.	교실	□ 자유마을 시작(각종 수당 지급), 활동 안내	4. 16	□ 자유마을 PPT		
		□ 정부의 역할, 세금의 역할 알아보기	4. 17	□ 무역놀이 PPT		
		□ 무역 놀이				
		□ 우리나라 무역의 특징	4. 18	□ PPT, 학습지		
		□ 세계화, 변화하는 세계 무역에 대처 방안				

-경제 성장 과정에서 나타나는 여러 문제(예: 빈부 격차, 노사 갈등, 자원 고갈 등)를 확인하고, 이에 대한 해결 방법을 모색할 수 있다.	교실	□ 사례를 중심으로 경제 성장의 그림자 알아보기(빈부 격차, 노사 갈등, 자원 고갈-가상 시나리오 쓰기) □ 노동자, 기업, 정부 문제를 해결하기 위한 노력 □ 경제 성장의 문제점을 해결한 미래의 모습 상상해보기 □ 자유마을 정리 및 장단점 찾기	4. 19 4. 20			
국어 -쓰기의 주요 과정에 대해 알 수 있다. -쓰기의 계획하기 과정을 이해하고 목적, 주제, 독자 등에 따라 쓰기를 계획할 수 있다. -쓰기의 내용 생성하기 과정을 이해하고 주제에 알맞게 생성한 내용을 정리할 수 있다. -쓰기의 과정에 따라 한 편의 글을 쓸 수 있다. 미술 -평면, 입체, 영상 등 다양한 표현 형식의 특징을 안다. -평면, 입체, 영상 등의 다양한 표현 효과를 활용할 수 있다.	교외 교내	□ 주장하는 글쓰기의 과정 알아보기 □ 주장하는 글쓰기 - 평등마을과 자유마을의 특징을 넣어 자신이 생각하는 Win-Win 마을을 제시하는 글쓰기 □ 우리나라 경제의 문제점과 해결 방안을 담은 보고서 쓰기 □ 경제 성장을 위한 공익 광고 계획서 만들기 □ 공익 광고 만들기 및 발표 □ 사회 마무리 골든벨	4. 23 4. 24 4. 25 4. 26	□ 수행평가지 □ 4절지 □ 광고 계획서	논술 평가 보고서 평가 상호 평가	프로젝트와 관련한 글쓰기 주제를 정하여 쓰기 과정에 따라 한 편의 글 쓰기 경제 성장 과정에서 발생하는 여러 문제를 파악하고 해결 방법에 대한 보고서를 작성하기 체계적인 발상을 통해 주제의 특징과 느낌을 표현한 공익광고 만들기

-여러 가지 재료와 용구, 표현 방법, 표현 과정 등을 알고, 활용할 수 있다.	교외 교내	□ 좋아해~ 프로젝트 마무리 글쓰기	4. 27	□ 골든벨 PPT	실기평가	

□지식 □기능 □태도 ※ 자료 수집 어떻게? 자원 □ 교사 철학 □ 교육과정 분석 □ 계기 교육 □ 학년 특색사업 □ 학교 특색사업 □ 교육청 특색사업	활동	□동기유발 □직접 교수법 □계획 세우기 □모둠 활동 □개인 활동 □전체 활동 □체험학습 □협동학습 □연극놀이 □자기성찰학습 □토의/토론 □전시/ 도슨트 □실험 □기타	산출물	□노트 □일기 □보고서 □계획서 □편지 □포스터 □리플릿 □표어 □감상문 □마인드맵 □팸플릿(홍보) □스마트 기기 (PPT, 앱)	학습과정 평가 □퀴즈/시험 □활동 발표 □일지/기록 □공책 □계획서 □체크리스트 □초안 □마인드맵
	장소	□교실 □특별실 □운동장 □학교(기타) □가정 □현장체험 □기타	스마트 기기 활용	□스마트패드 □디지털교과서 □ppt □클래스팅, 밴드 □각종 앱 □홈페이지 □블로그 □카페 □앨범	학습 결과 평가 □포트폴리오 □자기 평가 □동료 평가 □관찰 평가 □구두시험 □논술시험 □보고서
	인적 자원	□담임 □협력교사 □학부모 □전문가(초빙) □전문가(탐방) □교육 기부자 □팀티칭 □코티칭 □기타			

7. 혁신학교 운영의 콘트라스트
   -빛과 그림자

혁신학교는 top-down의 외부에 의한 개혁이 아닌 학교 차원의 내부 교사들이 자발적·집단적·실천적 성격을 지닌 bottom up 방식의 움직임이라 더 의미가 있다. 이런 교사들의 움직임이 미르를 넘어 세종 교육으로 또한 세종 교육을 넘어 한국 교육으로 자리 잡기를 희망한다.

이런 역할을 할 수 있는 학교 혁신의 모델로서 자리매김할 수 있도록 혁신학교 2년 차(2016), 4년 차(2018)에 일반 학교와 소통 공유할 수 있는 연수원학교를 운영하였다. 2016년에는 혁신학교의 역할, 학교 문화의 공유에 초점이 맞추어졌다면, 2018년에는 학년에서 일상화된 교육과정-수업-평가의 일체화의 실제 사례를 통해 함께 고민하고 참여한 연수생들이 학교현장에 적용해볼 수 있도록 하는 데 초점을 맞췄다. 또한 혁신학교 운영의 주무자로서 혁신학교 4년 차가 되면서 혁신학교 운영에 대한 교사들과 학부모, 학생들의 생각을 공유해보고 싶어 연수원학교의 한 꼭지로 잡았다.

교사들이 생각하는 혁신학교 운영의 빛과 그림자는?

빛	• 서로 신뢰하고 참여하는 민주적인 문화 • 교사의 자발성과 자율성 • 학년 책임의 스몰스쿨 • 전문적학습공동체의 활성화
그림자	• 구성원의 의견 반영으로 인한 시간 부족과 잦은 회의 그리고 의결 사항에 대한 해석 차이 • 협의 결정 시 학교 전체를 보는 거시적인 관점 부족 • 업무팀과 학년 간의 소통 부족 • 학년 이기주의 및 편의주의 • 3주체 참여로 합의 도출하기 어려움

이는 민주적인 학교문화와 창의적 교육과정 운영이 가능하며 교육의 본질인 수업에 몰입할 수 있는 환경이 갖추어져 있는 것이 혁신학교 운영의 가장 큰 빛(빛)의 부분이라고 이야기해주셨다.

학부모가 생각하는 혁신학교 운영의 빛과 그림자는?

빛	• 다양하고 체험 중심의 창의적 교육과정 운영 • 자유롭고 민주적인 수업 분위기(협동학습, 자기주도적 역량 수업) • 행복한 학교(학교 가는 것이 즐거움이라는) • 학생 존중 문화, 3주체 교육공동체의 협의로 이루어지는 학교문화
그림자	• 학력에 대한 불안 • 교과 외 체험활동(스카우트, 아람단 등 없음) 부족 • 체육활동 공간 부족, 다양한 방과후활동 프로그램 요구

학생들이 생각하는 미르 혁신학교의 빛과 그림자는?

빛	• 재밌는 수업(모둠활동, 체험활동 중심) • 블록타임 운영과 30분의 해피타임 • 자유롭고 자발적인 학교 분위기(동아리, 교육 기부 등) • 넓은 복도, 놀이시설, 보행데크 등
그림자	• 체험학습 부족 • 다양한 동아리 구성 부족(검도부, 씨름부 등) • 더 많은 연극수업 등

'혁신학교 운영의 빛과 그림자' 설문에서도 알 수 있지만, 학생들과 학부모들은 학교에 끊임없이 더 많은 요구를 하고 있다. 교사의 자발성을 기반으로 혁신학교가 운영되고 있지만 학생과 학부모의 직접 요구는 가끔은 교사들을 번 아웃burnout시킨다. 교사를 바라보는 좀 더 따뜻한 시선이 필요하다.

허균은 「호민론」에서 사회개혁의 주체가 바로 백성이라고 하였다. 그는 "변화에 저항하지 않고 체제에 안주하는 일반 백성을 '향민'이라고 하고", "불평과 불만을 가지고 있지만 한숨 쉬고 욕하며 실제로는 아무런 구심점도 되지 못하는 드러난 존재"를 '원민'이라고 하였다. 그리고 "사회, 권력 구조의 부조리와 잘못된 점을 충분히 알고 있으면서도 시시때때로 불평과 불만을 늘어놓는 것이 아니라 뒤에서 조용히 세상을 지켜보며 그 국가나 정권, 사회나 경제구조가 더 이상 돌이킬 수 없을 정도로 부패되었다 생각되면 분연히 일어나 세상을 개혁하는 용기 있는 백성"을 '호민'이라고 말하고 있다.

나만의 편협한 생각일 수도 있지만 학교현장의 교사들도 세 부류로 나눌 수 있다.

현실에 안주하는 교사.
불평, 불만을 말하지만 결국은 아무것도 하지 않는 교사.
세상을 바꾸기 위해 노력하는 교사.

혁신학교에 4년을 몸담으면서 많은 보람을 느꼈다. 희망과 함께 좌절과 갈등도 겪으며 그 해결 과정에서 지칠 때도 있었지만, 그럼에도 불구하고 우리 학생들을 위해 우리 학교를 위해 나아가 세상을 바꾸기 위해 노력하는 교사들이 바로 이곳 혁신학교에 있지 않은가 싶다.

많은 교사들이 학교를 바꾸고자 노력했다. 더 나은 학교를 위해 많은 정책을 구상하고 연구를 거듭했지만 학교는 더 발전해야 했고, 때로는 채찍질을 감내해야 하는 순간들도 있었다.

누구나 이상으로 생각하는 학교를 당장 만들지는 못해도 어떠한 순간에도 교사들은 조그만 희망을 향해 길을 찾았고, 그 과정에서 좌절도 있었지만 또 다른 교사가 도전했다. 도전하라고, 걱정 말라고, 그럴 수 있다고 하는 학교가 혁신학교 아닌가. 더 많은 교사들이 여기에서 숨을 쉬며 더 힘차게 살아 있는 학교를 만들기 위해 노력할 것이다.

도담중학교는
'다양한 빛깔의 도전, 함께 성장하는 행복한 도·담·인 육성'이라는
비전 아래 '창의적인 교육과정', '전문적학습공동체 구축',
'민주적 학교 운영', '학교를 넘어 세계와 상생하는 행복시민 육성'이라는
혁신 4대 과제를 꾸준히 실천하며
학생 하나하나가 주인공이 되는 학교를 만들어가고 있습니다.

도담중학교(2015년 공모 지정 운영)

도담중학교의 꿈, 성장, 다시 시작

임혜진

2017년, 도담중학교의 혁신부장을 맡았을 때 나는 완전히 새로운 공부를 시작해야 했다. 혁신학교연구회에서 가장 깊이 있게 논의한 것이 학교의 비전과 철학을 학교 구성원들이 함께 세우고, 이를 지속하기 위해 교육활동을 논의하고 운영해야 한다는 것이었다. 그런데 나는 도담중학교의 비전과 철학을 함께 고민해온 창립 멤버도 아니었고, 도담중학교의 비전과 철학이 어떻게 교육활동으로 녹아들고 있는지에 대해 이해도 부족한 상태였다.

혁신학교로 지정되며 초기 구성원인 선생님들은 얼마나 치열하게 학교의 비전과 가치를 고민하고, 도담형 혁신학교를 만들기 위해 얼마나 노력했겠는가? 그 과정의 수많은 협의와 소통의 시간을 직접 겪어보지 않은 내가 도담중학교의 4년을 이해하기란 불가능한 일이다.

도담중학교는 2013년도에 개교한 신설 학교다. 처음 3학급으로 시작하여 지금은 30학급 720명이 재학하고 있다. 세종시의 대부분 학교가 겪는 일이지만 2014년도 도담중학교는 격변의 시기였다. 1학기 11학급에서 2학기에는 21학급이 되었고, 방학 때는 100명 가까운 학생들이 전입해 왔다. 학기 중에 학급이 증설되는 경우도 있었고, 분반 방식에 따른 학부모 민원도 있었다. 전학을 온 학생의 입장에서 보면 한 학기마다 담임이 바뀌는 일이 발생하였으니 학생들의 어려움과 학부모의 우려는 당연한 것이었다.

(중략)

교사 구성은 신규 교사가 60%이상이었고, 경력 교사도 1정 자격을 가진 선생님이 간신히 12명이 채워져 부임하자마자 부장업무를 맡는 경우도 다반사여서 학교에 거는 기대에 비해 근본적인 어려움이 상존해 있었다.

전국 각지에서 모여든 학생들과 선생님 모두 각기 다른 학교문화를 경험하였고, 그나마 신규 선생님들은 학교문화를 처음 접하는 단계여서 학교를 안정시키고 새로운 전통을 만들어가는 것은 매우 큰 숙제였다. 2014학년도 11월 세종특별자치시 교육청 역점사업으로 혁신학교에 대한 안내가 있었고, 부장회의에서 올바른 학교의 전통을 만들어가자면서 다 같이 혁신학교에 대해 고민해보자는 공감대가 이루어졌다. _「도담도담 세종행복학교 2년」 중에서[1]

도담중학교는 4년 전 혁신학교의 모델을 구하기 어려운 조건에서도 세종의 특성에 맞춰 독자적으로 세종형 혁신학교의 길을 모색해왔고, 그것은 학교 구성원들의 헌신적인 노력이 있었음을 반증한다. 아래 글을 보면 혁신학교 1년 차에 여러 선생님들이 얼마나 다양한 시도와 노력을 기울였음을 알 수 있다.

---

1. 「도담도담 세종행복학교 2년」은 혁신학교 1년 차부터 현재까지 본교에 근무하며 교무부장을 맡아오신 윤영주 선생님의 글이다. 혁신학교 1, 2년 차의 경험과 고민이 담겨 있는 글이라 중간중간 발췌한다.

혁신 TF팀 구성

2014학년도 2월 말 기존에 있던 교육과정 전체를 다시 짜야 할 필요가 있었다. 혁신학교 TF팀을 조직하여 매주 화요일 방과 후에 다양한 안건에 대한 협의를 시작하였다. 혁신에서 나눈 의견이나 협의 사항은 전체 교직원회의에 부쳐 의결의 과정을 거치고 시행하게 되었다. 방과 후에 회의가 이루어지기 때문에 참석할 수 있는 교사들이 제한되는 어려움이 있었다.

일과 시간 변경을 통한 전 교직원 소통의 시간 확보 (수요일 6, 7교시)

민주적인 의사결정을 위해서 교사들 간 협의 시간이 확보되어야 했다. 그래서 월요일 8교시에 꼭 필요한 일반 연수 시간을 갖고, 수요일 6, 7교시는 각 주마다 별도의 계획을 세워 프로그램을 운영하였다. 첫째 주는 소통의 시간, 둘째 주는 혁신의 날, 셋째 주는 학년의 날 또는 교과의 날, 넷째 주는 전문적학습공동체의 날로 잡아 매주 프로그램을 운영했다. 필수연수도 많았고, 전체 직원회의도 필요했다.

첫째 주 소통의 시간은 전 직원 친목 모임을 가졌다. 그러나 학기 초 메르스 감염병의 여파로 그나마 회의실에 자주 모일 수 없는 예기치 않은 어려움이 발생하였고, 선생님들 모두 너무 바빠 시간을 내기 어려웠으며, 교직원 전체 협의 시간이나 연수 시간으로 활용되는 경우가 많았다.

둘째 주 혁신의 날에는 혁신학교 관련 협의가 있었다. 편제에 대한 내용, 학부모 다모임, 학교 행사 등 협의 시간으로 활용하였다.

셋째 주 학년 및 교과의 날은 매우 값진 시간이었다. 본교는 1, 2학년 교무실이 나뉘어 같은 학년 담임도 층수를 달리하였다. 쿨메신저도 있으나 효율적인 의사소통은 같이 얼굴을 맞대고 의논하는 것이므로 매우 소중한 시간들이었다. 이 시간에 학 학년 부장 선생님들은 학년 행사, 학급 행사를 기획 점검하였고 각 담임선생님들의 협조를 구했다.

넷째 주는 전문적학습공동체의 날로 운영되었다. 본교는 수석교사 선생님이 계시는 관계로 신규 교사에 대한 다양한 연수 및 수업 코칭을 할 수 있었다. 이날 수업현장에서 발생하는 다양한 어려움을 동료성을 기반으로 한 조언과 전문적학습공동체 활동으로 상당 부분 극복하였고, 학습공동체별 가시적인 산출물도 있었으며 실제 수업에서 공부한 내용을 적용하고 이를 다시 공동체 활동에서 피드백을 하는 등 활기찬 활동이 있었다. 올해도 전 교사가 100% 가입하여 활기차게 준비하고 있다.

구분	모형	목표	시기
1	배움 중심 학습공동체	행복, 감동, 울림이 있는 배움중심수업	매달 2주 수요일/ 6, 7 교시
2	거꾸로 수업 학습공동체	소통과 나눔이 있는 함께하는 거꾸로 수업	
3	행복 수업 학습공동체	행복과 사랑이 넘치는 행복 수업	
4	융합 수업 학습공동체	핵심역량을 강화하는 창의적인 융합 수업	
5	창의적 토론·협력 학습공동체	생각의 폭을 넓히는 교과를 넘나드는 토론 수업	

자율적인 학교평가 지표 개발

세종시 혁신학교는 2015학년도에 자율적인 학교평가 지표를 개발하여 학교평가를 진행하였다. 여름방학 때부터 자율지표 개발에 착수하였고, 학기말 교육과정평가회를 학교 내 및 관외에서 진행하였다. 교육계획과 평가를 염두에 두고 체계적으로 혁신 1차년도 과제를 진행하여 학년말 1차년 계획을 거의 달성하였다는 평가 결과를 얻었다. 간과하기 쉬운 평가의 중요성을 느낀 계기가 되었다.

_「도담도담 세종행복학교 2년」 중에서

이 글은 도담중학교 1, 2년 차의 노력과 학교의 성장, 그리고 3, 4년 차 도담중학교 구성원으로서의 나의 성장을 담고자 한다.

1. 도담중학교 비전과 철학

도담중학교의 비전과 철학은 아래와 같다.

- 도담중학교 교육 비전
  다양한 빛깔의 도전, 함께 성장하는 행복한 도·담·인 육성

- 추구하는 인간상
  도전을 통해 성장하는 창의적인 사람
  담 없이 소통하고 배려하는 조화로운 사람
  인류애를 통해 사랑을 실천하는 사람

학교의 비전과 철학은 그 학교가 무엇을 중시하고 어떠한 학생을 길러나갈 것인가의 방향을 제시해주므로 매우 중요하다. 하지만 혁신학교 3년 차였던 2017년, 구성원의 절반이 넘게 전보로 인해 바뀐 상태에서 학교의 비전과 철학을 공유하고 이를 위한 교육활동을 체계적으로 기획, 운영하기란 쉽지 않았다. 혁신학교 1, 2년 차에 학교 비전을 이룩하기 위해 고안된 다양한 교육활동들이, 비전 공유가 되지 않다 보니 불필요하고 과중한 업무로 인식되기도 했다.

올해 1학기 교육과정평가회에서 학교 비전에 대한 구성원들의 의견을 들어보기로 했다. 질문은 아래와 같다.

① 도담중학교 교육 비전 중 가장 도담중학교다운 가치, 지속·강화해야 할 가치는?
② 현재 도담중학교 교육 비전에 추가해야 할 가치는?

1번 질문에 대해 교사, 학부모, 학생 모두 '함께', '소통', '다양한 빛깔'의 가치를 가장 도담중학교답다고 답했다. 2번 질문에 대해서는 '자존', '배움', '미래 역량' 등의 가치가 더 필요하다고 답했다. 그러나 이 논의 과정 중 대부분의 구성원들은, 기존의 학교 비전과 철학이 도담중학교를 표현하는 데 충실하고 그에 따른 교육활동을 하기 위해 노력해왔음을 확인했다.

도담중학교의 비전과 철학을 실현하기 위해 운영해오고 있는 것이 학년중심교육과정이다.

2. 함께 꿈꾸고 실현하는 교육과정, 학년중심교육과정

도담중학교에서 학년중심교육과정을 처음 시도한 것은 2016학년도

이다. 2월 워크숍에서 전 교사가 이틀 동안 학년별, 교과별로 협의에 협의를 거듭하여 학년중심교육과정을 수립하였다. 학년중심교육과정은 학교와 학년의 특색, 상황에 맞는 구체적인 교육과정을 수립하고 이를 실현하기 위해 교과 통합 프로젝트 수업을 기획·운영하는 것이다.

2016학년도 학년중심교육과정

		1학년	2학년	3학년
학년 교육 비전		너를 알고 우리를 느끼고 나를 본다.	우리를 사랑하고 꿈을 향해 나아가자.	자기관리를 잘하는 심미적 감성인
학년 교육 목표		타인을 배려하고 평화롭게 소통하는 공동체성을 겸비한 주체적인 사람	공동체를 배려하는 마음을 갖고 자신만의 창의적인 방법으로 문제를 해결할 수 있는 사람	자기관리를 잘하는 심미적 감성인
핵심 가치		배려, 자기이해	공동체 역량, 창의적 사고, 문제해결력	자기관리, 심미적 감성
세부계획	프로젝트 1	동그라미 프로젝트	두발로 樂, 함께 樂 프로젝트	지(知)*호(好)*락(樂) 프로젝트
	통합 활동	학생참여연극 초청공연	프로젝트 발표회	학생들의 취미와 특기를 크게 7대 영역으로 나누어 다양한 교과 활동을 통해 지속적으로 개발 성취하도록 함
	프로젝트 2	나를 찾아 떠나는 여행 프로젝트	지구시민 프로젝트	작은 책방 프로젝트
	통합 활동	프레젠테이션 파티 (주제: 나는 누구인가?)	요일별 인성 함양 프로그램(안전교육의 날-독서-행복한 TV 동화 등) (학년연구회 활동)	아침독서, 교과별 짧은 독서
	프로젝트 3			아침 뇌 깨우기 행복체조 프로젝트
	통합 활동			반별 뇌 깨우기 행복체조 구안, 경연대회

하지만 처음 시도하다 보니 학년중심교육과정에 대한 구성원들의 이해 정도는 다를 수밖에 없었다. 취약 시기 프로그램으로 잘못 이해하는 경우, 교과 통합 또는 융합수업으로 이해하기도 했으나 이를 넘게 학년별로 머리를 싸매고 만든 결과물은 너무나 훌륭했다.

더욱 인상 깊었던 것은, 학년중심교육과정의 결과물이 아니라 이 학년중심교육과정을 기획하는 데 모든 선생님들—경력이 많거나 적거나, 그해 3월 신규 발령 새내기 선생님들까지—도 의견을 내고 자신의 교육철학과 가치를 표현할 수 있었다는 점이었다. 10여 년 교직생활을 했던 나 역시 이 경험은 신선한 충격이었다. 이렇게 다양한 의견을 낼 수 있고 그것을 아우르며 교육활동을 만들어나가는 것이 민주적인 학교의 모습이구나, 또한 실제 결과물도 훌륭하구나 싶었다.

2017학년도에는 2016학년도의 경험을 살려 학년중심교육과정을 수립하였다. 뜻하지 않은 어려움이 있었다. 2017학년도는 전년도에 학년중심교육과정을 주도적으로 이끌었던 부장교사들이 전보로 인해 많이 이동한 상태였다. 새롭게 전입해 온 교사들 중 혁신학교를 이해하고 있는 분들도 적었는데, 설상가상으로 혁신학교 근무 경험도 없는 내가 혁신부장을 맡았다는 것이 더 큰 문제였다.

2017학년도 학년중심교육과정 운영에서 내가 가장 실수했던 점은, 구성들과 소통하지 않았다는 점이다. 학년중심교육과정이 왜 필요한지, 무엇을 가장 중요하게 생각해야 하는지에 대해 소통하지 않고, '계획-운영-결과'의 관점에만 매달려 있었다.

학년중심교육과정의 관점이 무엇이어야 하느냐를 구성원들과 논의해야 했다. 그래서 올해 학년중심교육과정의 계획 수립은 아래와 같이 진행하였다.

우선 학교의 교육 비전과 학년의 교육 비전을 연계하였다. 우리 학교

교육 비전의 주요 가치를 학년부장과 논의하여 그 학년에 가장 적합한 가치로 배분하였다. 그리고 그 학년의 가치를 중심으로 학년 비전과 학년 교육 목표를 정했다.

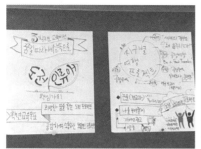

학년중심교육과정 01

학년중심교육과정 02

학년중심교육과정 03

학년중심교육과정 04

● 2018 학년 교육 비전 정하기
1. 학년 교육 비전의 의미를 공유합니다(학년부장).
2. 도담중학교 교육 비전의 핵심 가치(도전, 배려, 소통, 성장, 조화, 인류애)를 3개 학년 교육 비전의 위계를 고려하여 정합니다.
3. 학년에서 다룰 핵심 가치에 맞는 학년 교육 비전과 학년 교육 목표를 정합니다.
4. 학년 비전과 교육 목표를 실현할 수 있는 교육 내용을 교과별로 찾아 핵심 가치에 유목화합니다(포스트잇).
5. 유목화된 교과별 내용을 토대로 주제 통합 프로젝트의 이름을 붙입니다.
6. 통합 활동으로 적절한 활동을 정합니다.

이렇게 하다 보니 학년의 교육 비전을 논의할 때 학교의 교육 비전과 연계성, 위계성을 함께 고려하게 되었고 결과는 다음과 같다.

	1학년	2학년	3학년
핵심 가치	배려, 소통	성장, 조화	도전, 인류애
학년 교육 비전	배려로 함께하는 온(ON, 溫, 完) 소通(+화通, 형通)	꿈을 향해 조화롭게 성장하는 우리	꿈길 따라 세상 속으로
학년 교육 목표	▶열린 마음으로 타인을 존중하는 민주시민	▶ 바른 예절과 건강한 습관을 통해 성장, 공동체와 조화를 이루는 우리	▶ 희망찬 꿈을 찾는 도전 프로젝트 ▶ 공감하며 소통하는 도담인 프로젝트
주제통합 프로젝트	주제 1: 온(ON, 溫, 完) 프로젝트〔마음 열기〕 주제 2: 소通(+화通, 형通)〔마음 나누기〕	주제 1: 건강한 성장 프로젝트(자기관리 역량) 주제 2: 조화로운 공동체 프로젝트(공동체 역량)	주제 1: 지구별 여행 프로젝트 주제 2: 도담 Dececo 프로젝트

2015 개정 교육과정 6대 핵심역량: 지식정보처리, 창의적 사고, 심미적 감성, 의사소통, 공동체 역량, 자기관리

3년간 학년중심교육과정을 계획하고 운영하면서 보완할 점, 아쉬운 점도 많지만 학년중심교육과정의 필요성과 의미를 선생님들이 공유하고 있다는 점은 매우 의의가 있다고 생각한다.

• 학년중심교육과정을 통해 모든 교과가 함께하면서 아이들을 다양한 시선으로 바라볼 수 있고 핵심 역량을 기를 수 있다는 점이 좋다(단순히 수업 태도가 좋은, 성적이 좋은 학생들만 인정하는 것이 아니라 사회적 상호작용, 자율적 행동 역량을 기를 수 있는 교육, 춤을 잘 추는 아이들, 노래를 잘 부르는 아이들, 꾸미기를 잘하는 아이들, 말을 잘하는 아이들처럼 다양한 재능을 키우

는 교육과정을 직접 실현할 수 있었다).
- 학년중심교육과정 때문에 디베이트 등 학생 중심 활동을 진행하는 것이 도움이 된다.
- 2월 워크숍에서 학년중심교육과정을 논의할 때, 수업의 설계 및 운영을 위한 시간 배분이 좀 더 필요하다.

_2017 학교 자체 평가 질적 평가 모둠 의견 중

학년중심교육과정이 그 취지를 살려 학교 교육 비전과 학년의 구체적 교육과정으로 실현되려면 운영 과정에서 더 많은 논의와 보완이 필요하다. 이를 위해서 필수적인 것은 결국, 논의할 수 있는 시간 확보였다. 완성도 있는 학년교육과정 운영을 위한 학년별, 교과별 논의 시간 확보가 늘 과제로 남아 있다.

3. 소통하고 참여하고 함께하는 교육공동체 만들기

학년중심교육과정과 전문적학습공동체 활동으로 교사들은 일정 부분 학교의 비전과 철학을 공유하고 있으나 학부모, 학생은 여전히 매년 어려운 것 같다. 그래도 도담중학교는 1, 2년 차의 힘겹고도 열정적인 노력의 결과로 현재도 다양한 형태의 자발적인 학부모 동아리가 운영되고 있으며, 학생자치활동 역시 학생회 역량을 발현하는 활동을 자체적으로 진행하고 있는 중이다.

하기만 각 학년별 학부모 다모임은 기회하여 학부모와의 공식적인 소통의 시간을 가졌다. 이 과정을 통해 학부모의 허심탄회

한 학교교육과정에 대한 의견과 조언을 듣는 계기가 되었고, 이를 통해 학부모도 학교를 더 잘 이해하는 계기가 되었다. 올해도 역시 각 학년별 학기별로 진행이 될 예정이다. 일반 중학교에 비해 본교는 학부모회 활동이 매우 많은 편이다. 교통봉사대, 사서 도우미, 각종 학부모 자율동아리 등 왕성하게 활동하고 있으며, 학교 교육활동을 모니터링하여 학교교육과정에 적극 의견을 내고 협조하고 있다.

_「도담도담 세종행복학교 2년」 중에서

2017, 2018학년도에도 위의 글과 같이, 정례적인 학부모 다모임이 운영되고 있고 학부모 동아리도 더욱 자발적으로 활발하게 운영 중이다. 특기 2018학년도에는 학부모 아카데미의 형태로 아이 상담, 진로 교육 등의 강연을 함께 듣고 있다.

2018 도담중학교 학부모 동아리

학부모 동아리명	동아리 소개
도담도담행복교통봉사	1365와 연계한 자녀와 함께하는 안전 등곳길 교통봉사활동
도담책토리사서봉사	1365와 연계한 학교 도서관 사서 봉사활동
시네마힐링	재능 기부를 통해 해설이 있는 영화 상영
미싱아놀자	재봉틀을 이용하여 생활 소품 제작 및 나눔 활동
사랑의 아뜨리에	재능 기부를 통한 내면 심리치료 활동
감성프랑스자수	나만의 자수를 놓아 작품 제작 및 나눔 활동
아로마테라피	자녀와 함께하는 친환경 생활용품 제작 및 나눔 활동

혁신학교의 특징이라면 학생자치활동이 활발하다는 점일 것이다. 학생회 회장과 부회장을 학생들이 선거로 뽑는 것은 일반 학

교와 같다. 그러나 학생자치 법정이나 학생회 임원은 희망하는 학생들이 활동 계획을 제출하고 이를 학생회 자체에서 면접 심의하여 실제로 봉사할 학생들을 뽑는다. 이러므로 학생회 활동이 일반 학교보다 훨씬 적극적이다. 교문맞이 도우미 활동, 급식지도 도우미, 각종 행사 기획, 봉사활동 등 다양한 활동을 하고 있다.

_「도담도담 세종행복학교 2년」 중에서

학생회 활동도 학생자치 역량을 키우는 데 더욱 중점을 두고 학생회가 주관하여 각 부장, 부원들을 모집, 심사하여 뽑고 아래와 같은 연간 운영 계획을 수립, 운영하고 있다.

2018 학생회 연간 계획

부서명	행사명	내용	시기
건의부	건의함 활성화	건의함 각 동에 설치, 주기적으로 관리	2주에 한 번(금) 점심시간 개봉
홍보 미디어부	학생회 페이스북 활성화	학생회 페이스북에 팔로우한 학생이 많은 학급 시상	4월 9일(월) ~16일(월)
바른 생활부	생활협약	'우리들의 약속(생활협약)' 점검	분기별 1회
	바른 말 고운 말 쓰기	듣고 싶은 바른 말 고운 말 공모하여, 공모 작품 책갈피 제작, 배포	9월 말 ~10월 초
학교 디자인부	크리스마스 주간 운영	크리스마스 배너 제작, 꿈 트리 만들기	12월~1월 초
건강 체육부	도담컵	종목: 축구, 농구(남), 피구(여) 1인 2종목 가능, 2개 반 한 팀으로 진행. 학년별 토너먼트	7월 9일~
체험 봉사부	사과데이	사과하고 싶은 일이 있는 친구에게 간단한 쪽지와 학생회에서 세공하는 사과 선닐	10월 17일(수) ~24일(수)

자기주도 학습부	멘토링	한 그룹 2~4명 구성, 멘토-멘티 활동 노트 필기 내용으로 멘토-멘티 활동 확인	6/4(월)~2회 고사까지 진행
	포스트잇 Q&A	공부 내용 중 잘 모르는 것을 포 스트잇에 써서 붙이면 답변을 포스트잇 아래에 붙여줌.	2회 고사 2주 전부터
행사 활동부	행복나눔데이	학생들에게 간식 판매한 수익금 으로 굿네이버스 기부	5월 첫째 주 수요일
	아나바다	학용품, 책 나누기	7월
독서 토론부	책갈피 만들기	마음에 드는 책 구절 적어 책갈 피 만들기 -도서 도우미 학생들과 함께	5월 초 화, 수
	마음약방	책을 대출한 학생에게 자가 진 단 카드를 주고 체크하게 한 후 추첨을 통해 마음처방전에 따라 상품 지급	10월 중순
학생회 공통 사업	신입생 적응 프로그램	-〈학교사용설명서〉 영상 제작 (2월 중) -신입생 오리엔테이션 자료 제 작 및 안내(3월 초)	
	세월호 기억 주간	-현수막 제작, 관련 동영상 상 영(5분 이내) -점심시간: 노란 포스트잇에 글 적어 대형 노란 리본 만들기, 포 스트잇 참여한 학생들에게 노란 리본 배지 또는 스티커 제공	4월 16일(월) 점심시간
	스승의 날 행사	-스승의 날 행사 이벤트 기획 및 각 반 운영 상황 점검	5월 15일 주간
	학생의 날 행사	-학생독립운동기념일 행사 진행	11월 3일 주간
	기타	-학생회 간부 수련회, 도담두드 림축제, 학생회 구성원 공개 모 집, 학생회장 선거 등	

4. 다시 가야 하는 학교 혁신의 길

처음 혁신학교를 시작한다고 했을 때 학력의 저하가 있으면 어떻게 할까 걱정했지만 학년별 디베이트 최종 결선을 보면서 학생, 학부모, 교사 모두 우리가 혁신으로 가는 방향은 맞는다고 의견의 일치를 보게 되었다.

학생들이 스스로 찾아 공부하고 학교생활을 밝은 얼굴로 즐겁게 하며, 학생회 자치활동을 통해 학교공동체 활동에 주인의식을 갖게 되었고, 학부모는 학교 교육활동을 지원함으로써 학교를 이해하게 되었고, 교사는 전문적학습공동체 활동을 통해 전문가로서 역량을 키우는 것에 대한 만족도가 높았다.

이러한 긍정적인 면도 있었지만 너무나 많은 학교 행사, 교과 행사, 학급 행사, 연수, 자유학기제 운영, 전문적학습공동체 활동 등으로 바빴다는데 무엇인가 핵심은 없었다는 아쉬움을 이야기했다. 그것은 학생, 학부모, 교사 모두 마찬가지였다.

그래서 2016학년도에는 너무 많았던 회의도 줄이고 의사결정 방식도 최대한 간략하면서도 민주적으로 할 수 있게 하였고, 행사는 TF팀에서 결정된 내용을 존중하고 아주 중요한 내용만 전체 직원회의에서 결정하는 방향으로 하게 되했다.

수업 면에서는 "학년중심교육과정"이라는 큰 테두리 안에서 2015 개정 교육과정에 따라 핵심역량을 키우는 방향으로 수업 혁신에 초점을 맞추어가자고 합의하여 실천하게 되었다.

_「도담도담 세종행복학교 2년」 중에서

올해로 도담중학교는 혁신학교 지정 4년 차에 접어들었다.

위의 글과 같이 혁신학교 운영 기간 동안 보람과 우려, 기대와 반성은 매년 존재했던 것 같다. 다양한 빛깔의 도전을 중시하면서도 한편으로는 학력 저하 혹은 학생생활교육의 문제가 생긴다면 어떻게 할까? 민주적인 학교공동체를 만들기 위해 모이고 의견을 나누었지만 이것이 선생님들에게는 또 다른 업무의 연장, 업무 과중의 원인이 되지는 않았을까? 등을 고민했다.

하지만 분명한 것은 혁신학교가 끝났다고 학교 혁신이 끝나는 것은 아니라는 점이다. 학교 교육공동체가 하나의 비전을 목표로 교육활동을 함께해온 것은 그 자체로도 의미 있고 값진 경험이기 때문이다. 따라서 앞으로도 도담중학교는 4년간 부단히 쌓아온 새로운 학교문화를 계속 이어가기 위해 노력할 것이다.

4년이라는 시간 뒤에 남은 것은 무엇일까? 학교는 가르치고 배우는 곳이고 아이들의 삶의 공간이기 때문에 명확하게 손에 쥐는 것이 있을 수 없다. 만약 손에 잡히는 그 무엇인가가 있다면 그것 자체가 이상한 일이다. 학교가 그렇고, 교육이 그렇다.

다만 도담중이라는 학교를 지나간 아이들과 학부모, 선생님들은 기억할 것이다. 도담중에서 '어떤 사람으로 살아가야 할까'를 고민했었음을. 물론 그 고민이 해결되지 않을 수도 있다. 그래도 주변에서 같이 고민해주고 이야기해주는 사람들이 있었다는 것 자체가 위안이 되었을 것이다.

나 혼자만이 아니라 많은 분들이 도담중에서 보낸 시간을 하나의 거울로 여기며 늘 가슴속에 담아둘 것이라 생각한다.

이렇게 만들어가는 도담중학교의 문화는 우리가 살아가는 사회 어딘가에서 제 역할을 단단히 해낼 것이다. 손에 잡히지 않지만 강한 힘을 발휘하는 그 문화를 향유하는 사람이 미래 사회의 시민으로 살아가고, 더 밝은 사회를 만드는 데 기여할 것이다. 우리 모두 도담인이라는 것을 자랑스러워할 것이다. 내가 그렇듯.

조치원여자중학교는 1927년 3월 1일에 개교한 역사가 오래된 학교입니다.
2016년 함께 뜻을 모아 '함께 씨 뿌리고 가꾸며 열매 맺는 행복배움터'를
가꾸자는 비전 아래 배움중심수업을 일궈가고 있습니다.
아이들이 함께 협력하여 문제를 해결하고 좋은 미래를 상상하며
현실로 만들어가는 성공의 체험이 매 시간 수업 속에서 이루어져
미래 역량을 실현하는 장이 되기 위해
오늘도 조치원여중 공동체는 함께 뚜~벅 뚜~벅 걸어갑니다.

조치원여자중학교(2016년 공모 지정 운영)
조치원여중,
꿈꾸고 변화하며 성장하는 학교

예현주

1. 시작하다

바람이 분다. 나뭇잎이 춤을 춘다. 바람 때문에 나뭇잎이 흔들린다고 하지만 내 눈에는 나뭇잎은 바람을 핑계로 춤을 춘다. 그러지 않고서야 저리도 아름다운 춤으로 다채로운 이야기를 풀어낼 수 없다. 단풍나무는 단풍나무대로, 느티나무는 느티나무대로, 은사시나무는 은사시나무대로.

바람은 우리에게도 불어온다. 평화의 바람, 화해의 바람, 공존의 바람, 배려의 바람, 사람에 대한 존중의 바람, 혁신의 바람….

그 바람에 우리가 춤을 출 차례가 아닐까. 삶이 그저 주어진 것이 아니라 선택이라면 말이다. 서로 사랑하고 보듬고 배려하며, 자신의 삶을 멋지게 가꾸어가는 역량을 키워내는 교육, 미래는 주어지는 것이 아니라 우리가 함께 협력해서 그림을 그리고 이루어가는 꿈꿀 수 있는 것임을 서로 알아가고 체득하는 교육, 우리 인간이 삶과 생명의 터전인 환경을 파괴하는 대신 풍요한 자연의 지속가능성을 꿈꾸며 우리가 훼손시킨 자연을 되돌릴 수 있다는 성공적인 경험의 교육, 이런 교육혁신의 바람을 기회 삼아 멋지고 흥겨운 이야기를 풀어내는 춤을.

2014년 세종에 새로운 생각과 가치를 가진 교육감이 당선되고 학교 혁신을 위한 연수가 많이 개설되었을 때, 한 강의에서 경기도 호평중 교장 선생님이 '장독대가 있는 학교'라는 자신의 꿈을 호평중학교에 장독대를 만들면서 실현하였다고 말씀하셨다. 그것이 강의의 주된 내용이 아니었는데 나를 때리는 내면의 울림이 되었다.

나는 왜 단 한 번도 학교에 대한 꿈을 꾸지 않았는가! 새로운 학교를 꿈꾸려면 내가 원하는 사립학교를 세워야 한다고 생각했었던 것 같다. 사립학교를 세울 만큼 돈이 많아야 내가 원하는 학교를 꿈꿀 수 있다고. 그런데 한 교사가 꿈을 꾸었고 공립 중학교에서 그 꿈을 실현했다는 사실이 나를 흔들었다.

20년이 넘게 교직에 있으면서 얼마나 소극적이고 수동적이었던가. 정말 좋은 교사가 된다는 것이 참으로 힘든 일임을 절감하면서 일찌감치 나쁜 교사는 되지 말아야지, 차선을 선택했다. 학교생활도 수업과 아이들과 관련된 일에 집중하자, 그 외의 업무는 가능한 한 하지 말자, 그러나 피할 수 없다면 최소로만 하자라고 결심했다. 처음 경험한 연구시범학교도 만들어지는 데이터와 자료들에 많은 교사들이 시간과 에너지를 낭비하는 것을 극단적으로 보여주는 경우였기에 그 경험 이후로 반대해왔다. 그런 나에게 그 교장 선생님의 꿈은 슬그머니 '너도 꿈꿀 수 있어' 하고 속삭였다.

이 속삭임이 현실이 될 수 있다는 설렘으로 다가왔다. 학교에서 변화의 씨앗이 된 독서모임이 시작된 것이다. 함께 책을 읽고 이야기를 나누며 희망의 꿈을 나눌 동료들이 생겼다. 혼자 꾸는 꿈은 일장춘몽으로 끝날 수 있지만 함께 꾸는 꿈은 현실이 된다는 것을 배워갔다. 함께 읽었던 사토 마나부의 『수업이 바뀌면 학교가 바뀐다』의 어느 부분에선가 "배움을 통한 성장의 기쁨을 알게 된다면 아이들이 처한 현실이 힘들어도 이겨낼 힘을 갖게 된다"라는 구절을 보았다. 그것은 우리들에게 밤하늘의 길잡이별처럼 다가왔다. 배움을 통한 성장을 함께 일궈보자는 꿈을 꾸게 된 것이다. 그렇게 혁신학교에 대한 꿈을 함께 꾸며 확장하고 구체화하기 위한 발걸음을 맞추어가기 시작했다.

2. 꿈을 향해 함께 한 발짝만 떼었을 뿐인데

2015년은 나에게는 엄청난 한 해였다. 학생부장을 맡은 3월 2일 첫날부터 20여 명의 아이들이 교문 앞에 진을 쳤다. 괴성을 지르며 '우리 보시오' 하듯, '우리가 바로 북한에서도 무서워 쳐들어오지 못한다는 대한민국의 전두엽과의 연결망이 아직 촘촘하지 않은 중학생들이오' 하듯, 짧은 치마에 진한 화장, 일부는 노란 염색까지 하고 위협적으로 모여 있었다.

2014년 말썽을 많이 일으키던 일군의 꾸러기들이 졸업을 하였으니 이제는 학교가 조용할 것이라던 예상을 조롱하듯 더 세력이 확장된 일군의 아이들의 말썽이 시작되었다. 3월 한 달 매주 학교폭력 신고가 들어왔고 매달 규칙 위반의 그린마일리지 벌점이 100점 이상 되는 아이들이 10명 이상 되어 선도위원회를 열어야만 했다. 교사들은 수업을 방해하는 아이들로 인해 상처받고 지쳐갔다.

그 와중에 우리는 독서모임을 한 달에 한 번 방과 후에 꾸준히 실시했다. 『교실 속 자존감』, 『회복적 생활교육을 만나다』, 『수업이 바뀌면 학교가 바뀐다』, 『교사의 배움』, 『교사의 마음 리더십』, 『수업 디자인』 등은 함께 읽고 이야기를 나누었다.

함께하는 독서는 우리를 더 고생길로 끌고 갔다. 몰랐다면 모를까

책을 읽고 알았으니 실천해야 했다. 우연히 읽은 배움의 공동체 수업을 위해 독서모임 교사들이 서로 수업을 공개하고 배움 중심으로 수업을 전환시키기 위한 노력을 시작했다. 생활지도 대신 회복적 생활교육을 공부했으니 아이들이 잘못된 행동을 하면 회복을 위한 나름대로의 노력을 시도했다.

한번은 아이들이 지역사회의 전통시장 주차타워에서 놀며 쓰레기를 태우다 화재 경보가 울려 시장에서 장사하는 분들을 놀라게 한 사건이 있었다. 학교에서는 그 아이들을 불러 자초지종을 듣고 아이들을 데리고 상가회를 방문하여 어른들께 사죄하게 하고, 어른들의 말씀을 듣고 선생님과 함께 주차타워 청소를 하며 우리가 무심히 한 행동이 얼마나 많은 사람에게 피해를 줄 수 있는가를 깨닫게 했다.

학교규칙위반 선도위원회의 징계도 선생님과 두 시간 걸으며 대화하기, 나의 미래 설계하기 등 가능한 한 아이들의 생각을 성장시키는 방향으로 고민하였다. 선도위원회도 부모님과 꼭 함께하기 위해 한 명씩 부모들이 원하는 시간에 밤늦게까지 하였다. 그러다 보니 일은 과중되고 교사들은 지쳐갔지만, 꿋꿋하게 꿈을 실현하기 위한 노력을 지속하였다.

독서모임을 할 때면 우리는 둥글게 앉아 읽을 책의 주제와 관련된 시를 낭송하고 시작하였다. 책을 조금밖에 못 읽은 사람부터 자신이 읽은 만큼의 내용 중에 자신에게 다가왔던 구절과 느낌 등을 나누고, 좀 더 읽은 사람이 그다음, 다 읽은 사람이 맨 나중에 이야기를 하는 식으로 진행하였다. 책을 읽지 않아도 부담 없이 참여할 수 있도록 배려하였고 무리 없이 즐겁게 진행하였다.

방과 후 독서모임을 하던 어느 날, 교장 선생님이 다목적회의실 문을 벌컥 열고 물으셨다. "선생님들 뭐 하시는 겁니까?" "공부하고 있는

데요." "내가 오늘 어디 갔다 왔는지 아세요? 장곡중학교에 다녀왔는데, 우리 혁신학교 해야 되겠어." "와!" 짝짝짝. 그렇게 혁신학교를 하기로 결정하였다.

정년을 1년 반 남겨둔 교장 선생님의 갑작스러운 결정과 1년 정도 함께 독서를 하며 혁신학교에 대한 꿈을 키우던 교사들이 서로 힘을 합쳐 협력하였다. 그 뒤는 일사천리로 혁신 마인드 확산을 위한 강의를 함께 들었고, 비전 세우기 연습 등의 워크숍을 진행하였다. 날마다 아이들과의 생활지도 전쟁을 치르면서 어떻게 그 많은 일들을 해냈는지 참으로 경이롭기만 하다. 경기도의 잘해내고 있다는 혁신학교들을 삼삼오오 짝을 지어 방문하였다. 다음은 우리가 함께 공유했던 어느 신규 선생님이 『회복적 생활교육』을 읽고 쓴 독서록과 또 다른 신규 선생님의 학교 방문기의 일부이다.

우리 학교는 이제 혁신학교가 된다. 혁신학교의 목적은 학생들에게 배움이 일어나도록 하고 공동체 전체가 행복해지는 것이다. '배움'은 학생이 안전함을 느끼지 못한다면 절대로 일어나지 않는다. 안전한 공간을 만드는 방법으로 회복적 생활교육이 큰 역할을 할 수 있을 것이라 생각한다. 혁신학교의 성공을 이루는 두 가지 축은 수업 개선을 통한 배움의 공동체 구축과 회복적 생활교육을 통한 안전한 공간을 마련하는 것이라 생각하고, 아이들에게 안전한 학교를 만들어주는 방법으로 회복적 생활교육을 실천하는 것이 바람직하다고 생각한다. 또한 혁신학교 내내 발생할 수 있는 갈등 상황을 서클 회의나 비폭력대화를 통해 원만하게 해결할 수 있기 때문에 교사들과 학부모, 학생을 대상으로 지속적인 경험을 할 수 있는 여건이 마련되었으면 좋겠다. 마지막으로 책

속에 등장하는 미국의 철학자 랄프 왈도 에머슨의 말을 끝으로 글을 마친다.

"교육에 비법이 있다면, 그것은 학생 존중에 있다."

그날은 수학에서 확률을 배우는 시간이었습니다. 사실 영어 교사로서 수학과의 접점이 많지 않다고 생각하여 수업에서 공감을 하고 무언가 배워갈 수 있을지에 대한 걱정도 있었습니다. 그러나 더 무관해 보이는 예체능 선생님들도 오셔서 학생들이 수업에서 어떤 활동을 하며, 무엇을 배우고, 어떠한 반응을 보이는지 유심히 살피시더군요. 저도 교사의 수려한 강의 솜씨와 현란한 자료들의 제시에 주로 주목했던 일반적인 수업 참관의 방식에서 벗어나서 각각의 개별 학생들이 무슨 고민을 하고, 배움에서 어떤 태도를 보이는지에 집중하려고 애를 썼습니다.

2016년 드디어 혁신학교로 지정되었다. '함께 씨 뿌리고 가꾸며 열매 맺는 행복배움터'라는 조치원여중만의 비전도 세우고 그 비전을 구체화하기 위한 교육 목표도 세우고 학생상, 교사상, 학부모상도 그려보며 하나씩 계획을 세워나갔다. 함께 모여 이야기하고 웃어대며 누군가 음악이 흐르는 학교를 이야기하면 그것을 실현하기 위한 방법을 함께 모색했다. 함께 계획하는 동안 우리들은 참 즐겁고 행복했다.

학교의 교육과정 운영 계획서가 사문서가 아닌 우리의 실제적인 교육활동 계획서가 되어가는 경험을 함께했다. 꼭 할 것만 계획서에 담자고 계획한 일은 꼭 해내자고 자체 평가 연구회도 만들었다. 자발적으로 모인 교사들이 매주 학교의 교육활동을 점검하고 우리의 지향을 확인하는 작업을 하였다. 사람이란 기운으로 사는 것이다. 특히 학생들이 성장하는 것을 지지하는 우리들은 서로서로의 성장도 지지하고 기운을 모았다. 그렇게 1년이 지났다.

경기도 등 다른 지역에서 먼저 혁신학교를 경험한 분들의 경험담을 들어보면 혁신학교는 학교문화에 방점을 찍고 시작하는 경우도 있고, 수업 혁신에 방점을 찍고 시작하는 경우도 있었다. 수업을 먼저 손을 대면 교사들의 저항도 심하고 너무 많은 부담을 준다고 민주적인 문화 형성에 좀 더 힘을 쏟는다는 혁신학교들과 달리 조치원여중은 수업 혁신부터 시작하였다. 그것은 사토 마나부가 말하는 배움의 성장을 일구어 아이들이 스스로의 어려움을 이겨내는 모습을 빨리 보고 싶었기 때문이다.

사토 마나부 교수는 학교의 책임은 한 명도 빠짐없이 모든 아이들의 배울 권리를 보장하고 모든 아이들에게 질 높은 배움에 도전하게 하는 데 있다고 보고 수업 시간에 배우는 즐거움에 조금씩이라도 성장을 하는 아이는 아무리 어려운 가정환경이나 시련 속에서도 그 고통과 고난을 이겨낼 힘을 갖는다고 주장한다. 왠지 믿음이 가는 말이고 희망이 생긴다. 학교에서 말썽을 많이 피우고 다른 사람에게 상처를 입히는 아이들은 자신이 감당하기 힘든 상처를 받은 경우가 대부분이다. 갈수록 가정에서 입은 상처나 스트레스를 학교에서 푸는 아이들이 늘어난다. 학교는 그 아이들을 강제로 통제하거나 격리시키기 위해 안간힘을 써보지만 속수무책인 경우가 많다. 그런데 수업이 아이들에게 의미 있고 배움의 주체가 될 수 있게 한다면 그런 아이들까지도 성장할 수 있다고 하니 한번 해볼 만한 일인 것 같다. 변화하는 21세기에 적응하려면 역량을 키워주는 수업 운운하는 것보다 내게 더 다가오는 것은 아이들이 학교를 통해 질 높은 수업을 받으며 절망하지 않기를 기대한다. 서로 협력하고 배우면서 이렇게 서로 도우며 살아가면서 우리의 미래를 희망차게 만들어나가는 거구나를 배우기를 소망한다.

이것이 수업이 바뀌어야 하는 내가 생각하는 이유다.

_『수업이 바뀌면 학교가 바뀐다』를 읽고

그래서 택한 것이 배움의 공동체 수업을 전 교사가 다 함께 하면서 수업을 나누고 함께 연구해나가고 외부 전문가 컨설팅을 받는 것이었다.

합의를 끌어내기 위해 선생님들께 편지를 여러 차례 써서 보냈다. 2015년 12월 어느 날 보낸 편지이다.

오랜만에 햇살이 퍼지는 오후입니다.

오늘은 자유학기제 연수, 12월 10일은 혁신학교 컨설팅, 12월 11일은 배움의 공동체 수업 사례 연수… 이번 주는 연수의 연속이네요. 학기말로 시험문제 내시랴, 성적 처리하시랴, 생활기록부 쓰시랴 바쁜 중에 연수를 계획하면서 참 죄송했습니다. 앞의 두 연수는 교육청 주관인데 굳이 11일 또 연수를 부득이하게 잡은 이유를 설명드리겠습니다.

2016년 혁신학교로 지정되어 여러 가지를 고민하면서 실제로 우리 학교의 변화와 성장을 일구어내는 데 필요한 것을 생각하다 보니 수업 컨설팅을 받으면 어떨까 싶었습니다. 선생님들과 학생들이 함께 성장하는 기쁨을 맛보고 있다는 장곡중, 호평중, 의정부여중들의 공통점을 찾아보니 초기에 배움의 공동체 컨설팅을 받았다는 것이었습니다. 그래서 선생님들께 제안을 하고 싶었는데 저는 사실 어렴풋한 초보자이고 도담중학교에서 사회 교사로 계시는 최○○ 선생님이 오랫동안 배움의 공동체 수업을 해오신 분이라 강의를 부탁드렸습니다. 선생님들께서는 그 강의를 통해 배움의 공동체에 대해 다시 한 번 생각해보시고 컨설팅 신청에 관한 의견을 주시기를 부탁드립니다.

수업에 왕도가 없고 여러 가지 다양한 형태로 해야지 '배움의 공동체'라고 하는 한 가지 방식만을 고집하는 것은 다양성을 존중하고 민주적인 과정을 중시하는 혁신학교의 취지에 어긋난다는 반론이 있으실 겁니다. 배움의 공동체에서 강조하는 책상 배열, 모둠 형성 방법, 연결 짓기, 되돌리기, 도약 과제 제시 등의 도식 같은 수업 방식에서 수업의 기법만 부각될 수 있어 반감을 가질 수 있습니다만 우리가 수업의 철학을 공유하고 배움 중심으로 수업을 관찰하고 협의하는 훈련을 함께 하는 데 많은 도움이 되고, 그 수업철학이 우리 학생들이 진지하게 수업에 참여하고 생각을 깊이 하게 만드는 효과가 있다는 사례를 들었습니다. 혁신학교를 하면서 가장 하고 싶은 것이 '함께 수업을 이렇게 해보니 학생들이 이렇게 성장하더라' 하는 실제의 경험을 나누며 우리 교사들의 성장도 경험하는 것입니다. 하지만 성공적이라는 혁신학교들은 이미 교사들 사이의 유대감이 확고한 가운데 컨설팅을 받았는데, 우리 학교는 준비가 안 된 상태에서 흉내 내기를 하다가 더 힘들어지는 것은 아닌가 하는 불안이 있습니다.

그래서 선생님들께서 이번 주 금요일 강의를 잘 들어보시고 혹시 제가 생각하지 못하는 부작용이 있을 것 같거나 더 좋은 아이 있으시면 의견 주시기 바랍니다.

금요일 강의 시작 전에 말씀드리려고 했는데 제가 학교폭력 재심 청구 때문에 교육청 출장을 가야 해서 이렇게 구구절절 글을 드리는 것입니다. 교감 선생님, 교무부장님도 출장이시고 교장 선생님은 함께 참여하신다는데 부탁드리기 어려워서 글로 대신합니다.

어쩌다 보니 능력도 없는 사람이 혁신을 주도하게 되어 참 걱정이 태산입니다. 아무도 추천을 하거나 인증을 해주시지 않았지만 그냥 제가 하겠습니다. 이제 와서 발뺌을 할 수 없고….

너무 어려운 말씀만 드리는 것 같아 죄송했습니다. 죄송합니다. 죄송하겠습니다.

혹시 혁신에 필이 딱 꽂혀 내가 한번 해보겠다 하시는 분이 계시면 대환영입니다. 저에게 연락 주세요~

걱정이 많은 교사 올림

이 편지 전에는 이런 편지도 보냈다.

수업 개선을 위한 컨설팅 제안

2016년부터 혁신학교로 지정됨에 따라 우리가 함께 수업 개선을 위한 노력을 해나갈 기회를 갖게 되었습니다. 어떻게 하면 중심을 잘 잡으면서 효율적으로 수업에 대한 생각을 함께 나눌까 고민하던 중에 몇 분의 선생님들과 배움의 공동체 수업 컨설팅을 전문가로부터 받으면 어떨까 제안해보자라는 의견을 나누었습니다.

배움의 공동체 수업 컨설팅을 받게 된다면 8~10회의 컨설팅 시간은 30시간 정도의 직무연수 시간으로 확보할 계획입니다. 막상 신청해봐야 알겠지만 8~10분의 선생님들은 지원하는 분들 우선으로 할 것이고, 나머지 분들은 학년별로 교과별로 수업공개를 하게 되고, 그도 어렵거나 원하지 않는 분들은 두 분이 수업친구를 이루어 수업을 시로 나누게 됩니다.

우리 학교 교사들끼리 수업공개를 하고 수업에 대해 나누어도 많은 것을 배우게 될 것입니다. 단지 교사들의 가르침보다 학생들의 배움 중심으로의 수업 전환을 위해서 차근차근 배워가야 할 것이 많다고 생각되어 전문가 컨설팅 제안을 하게 된 것입니다. 선생님들께서는 자유로이 의견을 나누시고 결정된 사항을 정리하여 보내주시면 종합하여 함께 결정하도록 하겠습니다.

다수결보다는 합의해나가는 과정을 거쳐 결정해볼까 합니다. 어떤 방식의 수업 개선 노력이 우리에게 좋을지 혹시 컨설팅을 받는 것보다 더 좋은 의견이 있으시면 제안해주셔도 됩니다.

이 편지는 전혀 소용이 없었다. 쿨 메시지는 너무 길게 쓰면 안 읽는다는 것이 내가 경험한 현실이다. 함께 모일 시간이 없어 학년부장에게 부탁했더니 금방 연락이 왔는데 전원 반대라는 것이다. 배움중심수업 중 거꾸로 수업을 열심히 하고 있는 신규 선생님과 이야기를 나누어보니 첫째, 획일화된 수업 기법에 대한 거부감, 둘째 연수를 받아봤는데 너무 재미가 없다는 것이었다.

첫째는 수업 기법을 다 같이 하나로 통일시키자는 것이 아니고 함께 철학을 공유하자는 것이라고 설득할 수 있을 것 같았다. 하지만 두 번째가 마음에 걸린다. 재미가 없다는 것은 설득할 수 있는 것이 아니지 않은가 접기로 했다. 좋다. 그럼 여러 가지 다양한 배움중심수업을 시도해보자. 근데 어떻게 하지? 나 같은 고경력 교사들이 저 경력 교사들에게 수업에 대한 컨설팅을 할 수 있을까? 함께 협력하여 시도하기 시작하면 가능할까? 빨리 수업 개선을 바라는 성격 급하신 교장 선생님을 감당할 수 있을까? 머리가 복잡해졌다.

배움의 공동체 수업 컨설팅을 받으면 자원하는 선생님이 6명 확보되어 있는 상태였고, 수업을 나누는 일에 적극적인 교사들이 함께 책을 읽어 배움의 공동체 수업을 해보고 싶어 했다. 다시 설득하기로 했다. 각 학년교무실을 쫓아다녔다. 한 명씩 자신의 의견을 이야기했는데 전원이 '한번 해봅시다', '설사 수업 기법이라고 해도 조치원여중에서 나에게 맞는 수업 기법인지 실험해볼 수 있는 좋은 기회로 생각하자', '전교사가 마음을 모아 함께 수업철학을 공유한다는 것이고 그것이 아이들에게 도움이 된다니 한번 해보죠' 등등의 격려로 합의해주었다.

사실 배움의 공동체 수업을 실제로 해보지 않고 다른 학교들의 활동지와 평가지를 보면서 나름 얄팍한 계산도 했었다. 학부모들로부터의 민원의 불씨인 학력 저하도 걱정 없으리라는. 공공성, 민주성, 탁월성이라는 철학과 '한 명의 아이도 소외되지 않는 배움'이라는 슬로건도 마음에 들었다. 모두들 공유하기에 무리가 없는 슬로건과 철학이었다. 단지 너무 무겁고 어렵게 여겨진다는 단점이 있었다.

조치원여중 교사들은 배움의 공동체 수업을 실험하고 실천하면서 가장 중요한 것이 아이들의 목소리에 귀를 기울이는 일이라는 것을 알게 되었고, 아이들이 모둠에서 함께 이야기를 나누려면 자존감이 중요하므로 아이들에 대한 존중이 필수적이라고 생각하였다. 생활지도의 한 방편으로 사용되던 그린마일리지는 저절로 사라졌고 선도위원회도 사라졌다.

혁신학교 1년 차가 끝나갈 무렵에는 아이들의 강의식 수업을 해달라는 불평도 사라졌고, 꿈끼 주간에 3학년 아이들이 보여준 친구들에 대한 배려는 선생님들을 감동시켰다. 치어리딩 대회와 합창대회가 있었는데 학급마다 통합반 친구나 학급에서 가장 어려움을 겪는 친구들을 가장 가운데 세워 혹시 틀려도 혹은 느려도 그것이 자연스럽게 어우러지도록 배려하여 안무를 짰다. 합창대회에도 목발을 짚은 친구를 한가운데 세우고 그 친구를 기준으로 다른 친구들이 움직이는 율동을 선보였다. 아이들이 선곡한 노래들도 매우 수준이 높고 의미 있는 것들이었다. 선생님들은 아이들의 모습에서 우리는 한 발짝이라도 떼었는지 의문을 품고 있는데, '선생님들이 함께 협력하는 모습에서 우리는 협력을 배워요'라고 말하는 것처럼 느꼈다.

기적 같은 1년이었다. 기적은 2017년에도 지속되었다. 학년 초 오리엔테이션 시간에 아이들이 말하는 배움의 공동체 수업에 대한 정의나 혁신학교에 대한 정의, 21세기 필요한 역량들은 오히려 너무 바빠 지향을 잃어가는 교사들을 일깨웠다. 아이들이 말하는 배움의 공동체 수업은 '서로의 이야기에 귀 기울이며 경청해주고 자신과 생각이 다르더라도 친구의 의견을 존중하며 이해한다', '어려운 문제를 해결할 때에는 모둠친구끼리 협력한다. 서로에게 모르는 것을 물어보고 협력하는 것!', '학생들이 서로 이야기하면서 배움을 얻는 수업', '선생님보다 친구들과 이야기를 더 많이 하는 수업', '서로 협동하고 모르는 것이 있으면 친구들과 물어보면서 배워가는 수업', '함께 배우고 알아가는 것' 등이었다. 아이들이 말하는 21세기 필요한 역량은 '자기 자신을 사랑하는 것', '공부만이 아닌 모두를 생각하는 공동체를 위한 능력이 진짜 실력', '사람들과 어울려서 친해지고 정당한 일을 하면서 살아가는 것', '베풀며 살아가는 것' 등으로 우리가 강조한 적도 없는 내용들이 나와 배운다는 것이 말로 배우는 것이 아니라는 것을 실감했다. 말로 가르친 적이 없는데 어떻게 알았을까?

다음은 2017년 학생회장이었던 박○○ 학생이 쓴 '내가 경험한 혁신학교' 전문이다.

내가 재학 중인 조치원여자중학교는 혁신학교를 실시한 지 약 2년째가 되었다. 그렇기 때문에 나는 2학년 때부터 혁신학교의 교육 방식으로 수업을 받게 되었다. 혁신학교는 '공교육의 강의식 수업 방식에서 벗어나 학생들끼리 토의를 하여 창의적이고 주도적인 학습 능력을 만들자, 교사와 학생들이 소통하고 협력하는 학교를 만들자, 교육과정을 다양하게 하여 공교육의 다양화를 만들자'라는 취지에서 시작이 되었고 21세기를 살면서 필요한 능력들 중 가장 중요한 창의력과 자기주도성을 키우기 위해 실시되었다.

혁신학교가 시작되면서 우리 교실에서 제일 먼저 달라진 점은 책상 배열이었다. 원래 내가 입학한 1학년 때의 우리 반 교실만 해도 책상은 모두 앞을 보고 있었다. 그래서 친구들의 얼굴이 하나도 보이지 않았다. 책상이 모두 앞을 보도록 배치한 이유는 선생님의 수업을 더 잘 듣기 위해서였다. 그래서 1학년 때의 우리 반의 수업 분위기는 조용하고 선생님의 말을 받아 적는 방식이었다. 잘 이해가 가지 않는 부분도 그냥 넘어갈 때가 많았다. 그러다 보니 수업에 대한 흥미도는 갈수록 떨어졌고 발표를 하면 틀리게 될까 봐 발표하기를 꺼려 하였다. 그런데 2학년으로 올라가 혁신학교가 실시되면서 각 반의 책상 배열이 ㄷ자 형태로 바뀌게 되었다. 그렇게 되면서 반 친구들의 얼굴이 한눈에 보이게 되었다. 책상 배열을 ㄷ자 형태로 바꾼 이유는 학생들이 서로 마주 보면서 수업을 하게 하기 위해서였는데 실제로 책상 배열이 ㄷ자

형태로 바뀌면서 이전의 강의식 수업 때 느꼈던 반 분위기보다 화기애애해졌고 반 친구들과 더 빨리 친해지게 되었다. 또 내가 모르는 문제들은 모둠의 친구들이 알려주고 친구가 모르는 문제 중 내가 아는 문제는 설명을 해주었다. 그렇게 하면서 서로서로 모르는 부분을 모둠에서 함께 채워나갔다. 실제로도 다른 친구에게 어떤 문제를 설명해주었을 때 혼자 공부했을 때보다 더 오래 기억에 남는다는 통계 결과가 있다. 예를 들어 나는 친구에게 사회에 나오는 도심에 대해 설명해주었는데 내가 설명한 것이 아직도 기억에 남는다. 그리고 나의 설명을 들은 친구도 그게 이해가 잘되고 기억에 남는다고 말하였다. 친구들과 함께 문제를 해결하면서 나눈 대화들을 통해 더 잘 이해가 되는 경험을 하기도 한다.

나는 1학년 때 처음 짝꿍이었던 친구와 단짝이 되어 그 친구하고만 친하게 1년을 보냈다. 그렇기 때문에 반 친구들과 별로 친해지지 못했다. 나뿐만 아니라 반 친구들의 대부분도 서로 불편해하였고, 정작 말하는 시간은 10분 남짓한 쉬는 시간이나 점심시간이었다. 그렇기 때문에 반 안에서 친구들끼리 반티 결정과 같은 많은 갈등이 있었다. 그리고 2학년으로 올라가 혁신학교의 교육 방식으로 모둠을 배치하자 나는 처음 친해진 한 친구와 생활하기보단 반 친구들 모두와 두루두루 친해질 수 있었다. 그렇기 때문에 반에선 갈등이 한 번도 일어나지 않았고 반티도 일사천리로 정했으며, 반 친구들과 힘을 모아 체육대회 1등과 댄스대회 3등까지 거머쥐었다. 그리고 1학년 때 친했던 친구들과는 2학년이 되어 복도에서 만나도 서로 인사를 나누지 않았지만 2학년 때 혁신학교를 경험하고 3학년이 되어 다른 반이 된 친구들과는 만나면 반갑게 인사를 나누고 안부까지 물어보게 되었다. 또 약 1년이 지난 지금도 만나 다 같이 놀기도 하였다.

하지만 책상만 ㄷ자 형태로 바뀌어선 '공교육의 강의식 수업 방식에서 벗어나 학생들끼리 토의를 하여 창의적이고 주도적인 학습 능력을 만들자, 교사와 학생들이 소통하고 협력하는 학교를 만들자, 교육과정을 다양하게 하여 공교육의 다양화를 만들자'라는 혁신학교의 비전을 실천할 수 없었다. 그래서 우리 학교의 선생님들께서는 오랫동안 본인들이 고수해왔던 수업 방식을 바꾸셨다.

과학에서는 원래 이론을 설명하고 그것을 증명하는 활동을 많이 하였는데 혁신학교로 바뀌면서 모둠끼리 같이 하는 실험이 많아졌고, 그 실험 뒤에는 모둠에서 힘을 합쳐 같이 문제를 푸는 활동이 생겼다. 그리고 모둠 친구들끼리 토의를 하고 이해가 가지 않는 부분에 대해 질문하면 자세히 알려주셨다. 영어에서는 모든 학생들이 TV 모니터를 보고 PPT를 사용하여 선생님께서 단어나 해석 등을 알려주셨다. 하지만 혁신학교로 바뀌면서 해석을 선생님께서 알려주시는 것이 아니라 모둠끼리 같이 해석을 하고 자신들이 생각하는 중요 문장이나 단어 등을 모둠에서 직접 정하며, 모둠에서 돌아가면서 단원마다 한 명씩 교실 앞으로 나와 모둠에서 직접 정한 중요 문장과 단어들을 반 친구 전체에게 발표하는 활동이 생겼다. 역사에서는 원래 위인의 업적이나 그 위인이 생전에 남긴 글을 종이에 복사하여 각자 읽고 외웠었다. 그러나 혁신학교로 바뀌고 역사적 사실이나 사건에 대해 모둠 안에서 서로의 의견을 얘기하고 같은 사실에 대한 다른 사람의 의견이나 생각을 들을 수 있었다. 그리고 그 사람이 그렇게 생각한 이유 등을 자세하게 알 수 있었다. 또 그렇게 함으로써 같은 주제에도 사람들의 생각은 다 다를 수 있다는 걸 알게 되었다. 기술에서는 사회적으로 문제가 되는 것에 대한 해결 방안들을 모둠에서 정해보고 발표하는 시간이 생겼다. 예를 들이 살충제 계란이 요즘 사회적으로 문제가 되는데 살충제 계란이 생기는 이유가 한정된 장소 안에 많은 닭을 키움으로써 진드기가 발생하여 살충제를 뿌리게 되는 거라면 그런 문제점에 대해 어떻게 해결할 것인가 등을 모둠 내에서 토의를 통해 정하는 것이다.

그렇게 선생님들께서는 강의식의 수업 방식에서 모둠 구성원들이 각자의 힘을 모아 풀 수 있는 활동으로 점차 늘려가셨다. 그렇게 수업 방식이 바뀌자 학교의 학생들도 점차 바뀌어갔다.

수업 시간에 조는 학생이 줄었고 옆 친구가 졸면 깨워서 같이 토의를 하는 친구들도 생겼으며 자신의 의견을 발표하는 학생이 늘었다. 또 서로의 얘기를 경청하게 되었다. 그리고 강의식 수업에서는 얻을 수 없는 자신만의 창의적이고 기발한 답들이 수업 시간에 쏟아져 나왔다. 그렇게 혁신학교의 취지인 '학생들끼리 토의를 하여 창의적이고 주도적인 학습 능력을 만들자'가 성공적으로 진행되었다.

그리고 원래 5교시를 하던 수요일에 한 달에 한 번 한 반씩 6교시까지 남아서 학교의 전 선생님들께 공개 수업을 하는 시간을 만들었다. 이 시간에 공개 수업을 참관하는 선생님들께서는 모둠에서 어떤 식으로 토의가 이루어지고 있고, 주어진 문제들을 학생들이 토의를 통해 어떻게 해결하는지 등을 관찰하셨다.

또 이 시간으로 공개 수업의 일상화가 이루어졌고, 처음에는 우물쭈물하며 발표를 꺼리던 학생들이 이제는 자신 있게 자신의 의견을 많은 사람들 앞에서 말할 수 있게 되었다. 그래서 처음엔 발표를 하겠다고 손드는 학생이 약 3명 정도였는데 혁신학교가 진행되고 시간이 지나면서 15명이 넘는 친구들이 자진하여 발표하였다.

그리고 혁신학교의 취지 중 '교사와 학생들이 소통하고 협력하는 학교를 만들자'를 위해 우리 학교는 3주체의 만남을 늘렸다. 정기적으로 하는 교육공동체 다모임에 3주체인 학생, 학부모, 교사를 참여 시킨 것이다. 교육공동체 다모임에서는 우리 학교의 교육 과정을 선생님들께서 학생과 학부모에게 설명해주셨다. 예를 들면 우리 학교는 학교 자체 평가 자율지표로 아침 등교시간 뒤 15분을 독서 시간으로 정했는데, '독서 시간에 아이들이 더 효율적으로 책을 읽게 하기 위하여 어떻게 할 것인가?'를 교육공동체 다모임에서 논의하였다. 논의 중 학생들이 다 같이 온책 읽기를 하자라는 의견도 나왔고 그 의견에 반대하는 의견도 있었는데, 근거는 학생들마다 취향이 다르고 온책 읽기를 하려면 반마다 책을 비치해야 하는데 그러면 너무 예산이 많이 든다는 것이었다. 그래서 온책 읽기는 반마다 일주일에 한 번 국어 시간에 독서실로 가서 책을 읽는 독서 시간이 있는데 그 시간이 반마다 다르니까 책을 한 반의 학생 수 정도만 구매하여 독서 시간에 돌려보게 되었다. 또 임의로 모둠을 나눠 각 모둠당 다른 문제에 대해 3주체가 같이 토의하는 시간을 가졌다. 토의가 모두 끝나면 각 모둠에서 한 명씩 나와 모둠이 받은 문제와 모둠에서 내린 문제의 해결 방안을 교육공동체 다모임에 참석한 모두에게 발표하였다. 그런 교육공동체 다모임의 시간을 가지면서 나는 우리 학교의 교육 과정과 어떤 문제에 대한 선생님들과 학부모님들의 의견을 알 수 있었다.

또 소통하고 협력하는 학교를 만들기 위해 우리 학교는 3주체 생활협약을 만들었다. 3주체 생활협약에서는 평소 학생들이 불만을 가지던 교복 치마나 교복 위에 후드티 허용 등과 같은 생활 규정을 새로 제정하였다. 그리고 3주체 생활협약을 만들기 위해 사전에 '기존 규정에서 바뀌어야 한다고 생각하는 항목, 그 이유, 어떻게 해당 규정을 바꿀 것인가?'에 대한 의견을 설문조사를 통해 수집하였다. 또 가장 필요한 학생과 학부모, 선생님의 의견은 공청회를 통해 교류가 되었는데, 공청회는 학생 대표와 각 반 2명 정도는 직접 공청회에 참석하고 나머지 모든 학생들은 교실에 있는 TV를 이용하여 공청회의 진행 모습을 실시간으로 시청하였다. 또 학생들이 자신의 의견을 확실히 펼칠 수 있도록 공청회장에 메모지를 전달하여 붙일 수 있게 만들어서 모든 학생들의 의견을 수렴하려고 노력하였다. 그리고 이 3주체 생활협약을 진행하면서 민주적 의사결정과 민주적인 학교문화 조성에 대해 배울 수 있었다.

이 과정에서 학생자치 기구인 학생회도 활성화가 되었는데 학생회에서는 학교 축제와 체육대회, 도서바자회, 친구사랑 캠페인 등 학생에 관한 일의 전반을 관여하였다. 예를 들어 친구사랑 캠페인에서는 학생회에서 직접 친구사랑 캠페인에서 할 활동과 필요한 준비물을 정하고 벽보를 제작하여 개시함으로써 친구사랑 캠페인의 부스를 홍보하였으며, 점심시간에 우선 급식을 하여 급식을 빨리 먹은 뒤 친구사랑 캠페인 부스에서 사진을 찍어주고 친구사랑 미션을 진행하였다. 또 매주 월요일 아침 1교시에는 반마다 같은 주제에 대해 나눠 주어 반장과 부반장의 진행으로 열띤 회의를 하였고 회의에서 나온 안건들로 대의원회의를 진행하였다.

그리고 학생들의 말도 귀담아듣게 되었는데 예를 들어 2학년과 3학년의 수련회로 계획되어 있었던 꽃동네 활동도 설문조사를 통해 3학년 몇 명의 친구들의 반대 의견으로 소수의 의견을 수렴하여 2학년만 꽃동네에 가게 되었다. 또 학교 축제도 학생들의 의견을 수렴하였는데 '축제가 너무 3학년 위주로 진행되는 것 같다'는 1학년의 의견에 설문조사를 진행하여 학년별 축제를 실시하는 방안으로 바뀌게 되었다.

그리고 교육과정을 다양하게 하여 공교육의 다양화를 만들기 위해 월요일 7교시에는 1교사 1동아리를 진행하였다. 1교사 1동아리는 학생들이 직접 동아리를 개설하고 지도교사를 부탁드려 동아리 활동을 진행하는 것으로 전교생이 의무적으로 동아리를 들어야 하기 때문에 다양한 동아리 프로그램을 선택할 수 있었다. 또 학교는 동아리 예산도 지원해주었다. 우리 학교 1교사 1동아리에는 한류문화동아리, 일본어동아리, 학생회동아리 등 여러 가지 분야의 동아리가 있고, 그중 So.Re는 Social remember의 줄임말로 '잊혀가는 사회적 사건을 기억하자'는 뜻을 담고 있으며, 이 동아리에서는 직접 학생들이 위안부 배지를 디자인하고 제작하여 1차 판매를 끝내고 2차 판매를 진행하였다. 그리고 모인 수익금의 전부를 위안부 할머니들을 위해 기부할 계획이다. 학생회 동아리는 학생회 동아리를 희망하는 학생들과 학생회 임원들을 모아 만들었고, 그래서 임원이 아닌 학생들과 다른 학년 학생들의 의견을 들을 수 있었다. 또 동아리 활동으로 주변에 교통사고를 당해 큰 상처를 입은 주변 학교의 학생을 위해 기부금 상자를 제작하고, 여러 학년의 반을 방문하여 기부금을 모으는 이유와 기부금이 쓰이는 곳 등을 안내하고 기부를 희망하는 학생만 기부를 할 수 있도록 하였다. 또 학생들은 자신의 진로나 목표를 더 구체화할 수 있었고 그 직업을 체험해볼 수도 있었다. 그리고 자신들이 계획하고 자신들의 관심사에 맞춰 만든 동아리에서 활동하다 보니 동아리 활동이 활성화되었다.

하지만 혁신학교를 하면서 좋은 점만 있진 않았다. 혁신학교의 취지는 달성할 수 있었지만 학생들에겐 중요한 지필시험의 문제들이 학생들이 수업 시간에 창의적으로 낸 의견이 아닌 정답이 정해져 있는 시험이었기 때문이다. 지필시험의 문제들이 정답이 정해져 있기 때문에 세종국제고나 과학예술영재고의 진학을 희망하는 몇몇 공부를 잘하는 상위권의 학생들은 정답을 알려주는 강의식 수업이 혁신학교의 수업 방식보다 지필시험을 볼 때는 더 낫다고 말하기도 하였다. 또 실제로도 지필시험에서 수학 같은 경우는 계산을 하여 문제를 푸는 것이기 때문에 답이 항상 정해져 있다. 그래서 몇몇의 상위권 학생들은 학생들끼리 토의를 하기보다는 선생님께서 공식을 알려주시고 그에 따른 문제를 푸는 것이 더 효과적이라고 말했다.

그래서 학교에서는 이런 문제점을 보완하기 위하여 2학기에는 수행평가의 비중을 높였다. 그리고 수행평가에서는 모둠에서 같이 세월호 사건에 대해 외국 친구에게 설명하기 등 모둠에서 함께 해결하는 문제를 냈다. 하지만 지필평가의 비중보다 수행평가의 비중이 높다 하더라도 수행을 잘 보고 지필을 잘 보지 못하면 전체 시험에서 좋은 점수를 얻지 못하기 때문에 지필시험에선 좋은 결과를 얻어야 했다. 나는 그렇기 때문에 혁신학교의 취지를 실현하기 위해서는 학교의 시험 문제가 먼저 변화되어야 한다고 생각하였다. 학교의 교육 방식이 학생들 개개인의 의견을 추구한다면 학교의 시험 문제들도 학생들 개개인의 의견을 듣도록 바꿔야 한다는 것이다. 우리 학교의 과목 중 역사는 예를 들어 '광주학생항일운동에 대해 어떻게 생각하는가?' 등 학생들 개개인의 의견을 묻는 시험 문제를 많이 출제하였지만 수학 같은 경우는 '이 원뿔의 높이를 구하시오'와 같은 계산을 통해 문제를 푸는 것이기 때문에 학생들의 의견을 묻기에는 한계가 있었다. 학교의 교육 방식에 이어 학교의 시험 문제들도 학생들의 창의력을 요하는 문제들로 변화된다면 미래에는 진정한 학교 혁신이 이루어질 것이라고 생각한다.

위 글을 통해서 알 수 있듯이 아이들은 우리가 생각했던 것보다 훨씬 교사들의 의도를 잘 알고 있었다. 그리고 2017년 1학기를 마치며 진행한 교육공동체 다모임을 통해 학생들은 우리에게 '수업을 바꿨으면 평가도 바꿔야 하지 않나요?'를 요구하였다. 그래서 2학기에는 수업과정중심평가를 위해 대대적으로 모든 교과의 수행평가 비율을 높이고 서술형평가를 대폭 늘리면서 수업-교육과정-평가의 일관성(일명 '일체화')을 유지하려고 시도하였다. 이처럼 학교는 짧은 기간에 새로운 변화를 시도하는데도 서로 매우 촘촘하게 협력하면서 역동적 힘을 보여주었다. 함께 겨우 한 발짝 뗴었다고 생각했는데 도종환의 시, 「담쟁이」처럼 우린 함께 벽을 타오르고 있었다.

3. 힘겨운 발걸음

아이들에게서도 배우며 우리 스스로도 성장하고 있었다. 혁신학교로서 매달 수업을 2번(전체 공개 1회, 학년별 공개 1회) 공개하고 서로 협의하며 임상연구협의회를 만들어 함께 연구했다. 우리는 아이들이 어느 지점에서 배우고 어느 지점에서 주춤대는가를 고민했다. 수업공개 전 동교과뿐 아니라 동학년 교사들이 함께 수업을 디자인하고, 수업을 관찰할 때는 모둠별로 맡아 세밀하게 오가는 아이들의 말, 행동에 귀를 기울였다. 한 시간 내내 새록새록 예쁜 아이들을 보며 감동을 받고 많은 것들을 배워갔다. '학력이 낮은 아이들이 공부 잘하는 아이에게 묻지 않는다. 자기와 수준이 비슷한 아이에게 편하게 물어본다. 활동지는 미리 다 주는 것보다 활동의 변화가 있을 때마다 주는 것이 집중하는 데 효과적이다. 학력이 낮다고 수준을 낮추는 것보다는 좀 더 도전적인 문제에 아이들은 더 흥미를 갖게 되고 협력한다' 등 관찰과 협의를 통해 우리가 배운 것들은 구체적이고 현실적이었다.

처음 시도하는 수업이라 잘못 오해해서 모둠별 수업은 잘 아는 아이들이 혹은 먼저 배운 아이들이 잘 모르는 아이들을 혹은 늦게 배우는 아이들을 가르쳐주는 것인 줄 알았다. 그래서 아이들에게 아는 사람이 모르는 친구를 가르쳐주라고 주문했다. 1년 이상 지나서야 알게 되었다. 배움의 공동체 수업은 잘 모르는 것이 있으면 친구에게 물어보는 수업이었다. 아는 사람이 가르치는 것과 잘 모르는 것을 친구에게 물어보는 것과는 매우 다르다는 것을 이제는 안다. 아는 사람이 모르는 사람을 가르친다는 것은 교실 안에서 수직적 권력관계를 만들어낼 수 있다. 민주적인 관계의 기본인 동등한 관계를 형성하는 데 마이너스 요인이 될 수 있다. 하지만 모르는 것을 물어보는 것은 누구나 서로 모를 때 질문할 수 있고 함께 협력하는 데 도움이 된다.

우리가 하고자 하는 수업은 '서로 묻고 대답하는 평등하고 안전한 관계'를 지향하는 것이었다. 그러려면 사교육을 통해 선행학습을 한 친구가 모둠 안에서 설명하고 가르치는 구조가 아니라 모두가 함께 머리를 맞대고 고민할 수 있는 새로운 문제를 제시해야 한다. 말이 쉽지 핵심 성취기준을 근거로 교육과정을 재구성하고 매 시간마다 아이들의 협력적인 배움을 위한 활동지를 만들어가는 일이 결코 쉽지 않았다. 고경력 교사들은 오랫동안 해온 강의식 수업의 틀을 깨느라 여간 힘들지 않았다. 저경력 교사들은 수업 기법이나 매뉴얼이 있으면 좋겠는데 삶의 내공을 요구하는 수업이 버거웠다. 아이들에 대한 믿음, 아이들이 해낼 수 있다는 믿음을 바탕으로 한 수업이었다. 교사와 학생들 간의 신뢰 관계가 전제되는 수업이었다. 잘하면 학생들의 배움의 성장과 동시에 교사의 인격 성숙도 담보될 수 있겠지만 그게 하루아침에 되는 일일까? 아이디얼한 수업이 저 높이 저만치 너무 멀리 있어서 좌절감에 힘이 들었다. 이럴 때 필요한 것은 함께 지향점을 놓치지 않는 것이다. 그러나 함께 간다는 것은 큰 힘이 될 수도 있지만 무척 더딜 수밖에 없는 일이지 않은가. 함께해서 가슴 벅차는 순간이 있는 반면 성과 없는 일에 너무 어려운 도전을 하고 있다는 막막함도 따라왔다. 그래도 우리는 함께하고 있었다. 다음은 2017년까지를 돌아보며 우리의 교육활동 과정을 간략하게 정리한 내용이다.

함께 성장하는 배움의 공동체

"아이들이 달라졌어요. 학교 오는 것을 좋아하고 수업이 재미있대요." 경기도에서 이름난 혁신학교에서 강의하러 온 교사들이 들려주는 이야기다. 조치원여중에서는 2014년 후반기부터 '혁신교육'에 관심을 갖는 교사들이 늘어났다. 독서모임도 만들어 함께 책 읽고 토론하면서 책만 읽기보다는 우리도 수업공개를 시작해 볼까 하는 마음으로 발전했다. 2015년 교사들이 혁신관련 강의를 듣는 기회가 많아졌고 함께 경기도 혁신학교에서 교사들을 초청해 강의를 마련해 듣기도 하였다. 교장, 교감, 행정실장도 연수를 통해 혁신에 대한 마인드 형성이 되어갔다. 신규 교사들도 모여 신규 교사 역량강화를 위한 동아리를 만들고 수업 혁신에 관련된 연수를 듣고 함께 책을 읽었다. 그러면서 교직원들 마음에 열망이 생겨났다. '우리도 아이들이 배움으로 성장하는 것을 보고 싶다!'

2016년 교사들이 마음을 모아 혁신학교를 신청하면서 배움의 공동체 수업 컨설팅을 받기로 결정했다. 그 이유는 첫째 경기도 등 먼저 혁신학교를 진행한 지역에서 무늬만이 아닌 아이들의 성장을 담보하는 변화를 이끌어낸 학교들이 배움의 공동체 수업을 학교 전체적으로 하는 곳이 많았다. 둘째 지식 전달식 강의수업에 익숙해진 경력 교사들이 저경력 교사들의 수업 컨설턴트가 되기 어려워 당분간은 외부 전문가의 도움을 받는 것이 필요하다고 판단했다. 셋째 여러 배움중심수업 중에서 공공성, 민주성, 탁월성의 '한 명의 아이도 소외되지 않는 모든 아이에게 질 높은 교육을!'이라는 철학이 보편타당하여 기법보다는 철학을 함께 공유한다는 점에서 모두가 동의한 것이다.

2016년 배움의 공동체에 대해 아는 것이 없던 우리는 2월에 손우정 교수를 초청해서 6시간의 배움의 공동체 철학에 대한 강의를 듣고 매달 첫째 주 금요일에 8번의 수업을 공개하고, 모든 교사들이 수업을 참관하고 협의한 뒤 컨설팅을 받았다. 동시에 매달 셋째 주 금요일에는 학년별로 수업을 공개하고 협의회를 하였다. 모든 공개 수업을 할 때에는 교사들이 함께 모여 수업 디자인 협의회를 하면서 수업에 대해 고민하고 연구하였다. 수업을 볼 때에도 교사를 보는 것이 아니라 모둠별로 맡아 아이들이 어떻게 배우는지 어느 지점에서 어려워하는지를 관찰하는 법을 배웠고 아이들에게 귀 기울이는 법을 배워나갔다.

2017년 컨설팅 받는 횟수를 6번으로 줄이고 2번은 교사들만의 협의회를 하였다. 외부 전문가의 도움을 줄여나가면서 장기적으로는 교사들끼리의 전문적학습공동체를 확립하는 것을 목표로 하였다. 그러나 해마다 교사들의 이동이 많아 당분간은 6번의 컨설팅은 유지하기로 하였다. 2018년에도 6회의 컨설팅과 2회의 교사들만의 전체 공개 협의회를 계획하고 있다.

얼마나 우리가 해내고 있는지 모르겠다. 하지만 학교 교무실에서 언제나 동료 교사들과 수업을 고민하고 나누며 한 달에 두 번 다 함께 수업을 보고 협의회를 하는데 수업 전 동교과, 동학년 교사들이 모여서 머리를 맞대고 수업 디자인을 함께 하는 것이 조치원여중에서는 자연스러운 문화이다. 교무실에서 날마다 동학년 교사들끼리 수업 디자인에 대해 의견을 나눈다. 일상적인 수업의 공개가 자연스럽다. 이상적인 수업에 도달하지 못해 늘 전전긍긍하고 때때로 다모임에서 너무 힘들어 울먹이는 신규 교사들과 함께 아픔을 공유하기도 하지만 수업이 싫어서 도망 다니는 아이들을 찾아다니던 2015년으로 돌아갈 수는 없다. 교육의 성과를 무엇으로 이야기하기 어렵지만 수업에서 아이들을 주인으로 세우는 과정에서 우리도 모르는 사이에 아이들을 존중하는 민주적 문화는 자연스럽게 형성되었다. 배움의 공동체 수업에서 가장 강조하는 경청은 교사가 학생들에게 귀 기울일 때 가능하다는 것, 아이들을 깊이 신뢰하는 것이 아이들을 배움으로 이끌 수 있다는 사실을 교사들이 배워가고 있다. 교사들이 함께 한 걸음 가는 것이 한 교사의 백 걸음보다 낫다는 교훈을 몸으로 경험하며 협력을 배워가고 있고 아이들은 교사들이 협력할 때 협력하는 것을 가장 효과적으로 배운다는 것도 경험하고 있다.

2017년 학교 자체 평가 보고서를 작성한 혁신기획 담당 교사는 마무리를 하며 다음과 같은 글을 실었다.

한 교사의 눈으로 본 학교의 변화와 제언

1년하고도 한 학기의 육아 휴직 기간을 마치고 본교에 복직을 앞둔 어느 날, 동료들과 이야기를 나누면서 학교에 많은 변화가 있었다는 것을 듣게 되었다. 혁신학교 지정이 된 이후, 수업의 방식이 완전히 바뀌었으며 학교 분위기도 이전보다 민주적으로 변하고 있다는 것이 그 내용이었다. 당시 나는 '배움의 공동체'가 무엇인지, '수업 혁신'과 '전문적학습공동체'는 무엇인지 용어조차 몰랐다. 그래서 학교에 복귀하기 전 배움의 공동체 수업에 관련된 연수를 온라인으로 들었는데, 단 한 명의 학생도 소외시키지 않는다는 배움의 공동체 교육철학이 마음에 와닿았고, 모둠 안에서 함께 배울 때 교육의 효과가 더 높다는 것을 체험해보고 싶었다. 또한 '2017 새 학기 직무연수'에 참여하며 이 구성원들과 함께 학교 혁신을 이루어나갈 것이 기대되었다.

학기가 시작되었을 때, 이전의 수업 방식을 버리고 배움의 공동체 수업철학에 부합하는 새로운 수업을 열었다. 동료 교사와 교육과정을 재구성하고 학생들의 수준과 상황에 맞게 활동지를 만들었으며, '수업 임상 연구자'로서 자신의 수업과 동료 교사의 수업을 관찰하며 진정한 배움이 일어나는 수업을 만들기 위해 노력했다. 이것은 비단 나만의 이야기가 아니다. 조치원여자중학교 전교사가 학년별 공개 수업(6회), 배움의 공동체 수업 컨설팅(6회), 전체 공개 수업(2회), 교과별 및 수업친구 공개수업(16회), 수업 임상연구 협의회(수업 디자인 협의회 및 수업 후 임상연구 협의회)를 실시하며 배움이 일어나는 교실을 만들기 위한 치열한 노력을 함께해왔다. 특별히 배움의 공동체 수업 컨설팅을 비롯한 각 수업공개 시 멀게는 제주도, 가깝게는 대전, 청주 등 외부에서 본교의 수업을 참관하기 위해 많은 교사들이 함께했으며, 본교 교사들의 수업 및 협의회 수준에 대해 감동하기도 했다. 본교에서는 이제, 수업을 공개하는 일이 특별한 일이 아니며 학생들 또한 누가 들어와 수업을 참관해도 개의치 않는 수준에 이르렀다. 국어 시간에 전 학년 온책 읽기와 독후 활동지 풀기 활동을 통해 학생들의 독서 습관이 형성되고 있으며, 읽기 효능감이 향상되고 있고, 각 교과목별로 교육 내용과 연계한 독서 활동으로 교육 내용의 깊이 있는 이해가 이루어지고 있다.

학교의 분위기 또한 복직 전과 많이 달라졌다. 학교의 현안 문제에 대해 전 교직원, 학생, 학부모가 함께 모여 논의하는 '다모임'(자율지표 선정을 위한 4월 모임, 중간 점검을 위한 7월 모임, 12

월 예정된 평가 및 새 학년 계획을 위한 모임)을 통해 교육의 3주체가 자유롭게 소통하며 학교 행사, 계획을 함께 토의하고 결정하는 민주적인 분위기가 형성되어 있다. 교사, 학생, 학부모가 스스로 실천할 항목을 정하여 '약속 선포식'(8월 28일)도 실시했으며, 학생 생활 규칙 또한 학생들이 학급에서 토의한 결과를 학생회 회의에서 논의하고 결정하였다. 무엇보다 '내 일'과 '네 일'을 구분하여 자신의 영역이 아닌 일에 대해 관심이 적었던 과거와 달리 혁신학교 이후 내가 경험한 본교의 교사들은 학교의 각종 행사와 프로그램에 '우리 일'이라는 공동체 의식을 지니고 있었다. 각 교과별, 학년별, 부서별로 진행되었던 '너나들이 아침 맞이' 행사에서도 교과, 학년, 부서를 구분하지 않고 시간이 허락하는 한 함께하려는 모습들이 교사들 가운데 있음에 마음이 뭉클해지기도 하였다.

물론 이러한 무수한 긍정적인 변화에도 불구하고 여전히 해결해나가야 할 문제들이 있다. 먼저, 배움의 공동체 수업 방식에 대한 명확한 이해와 더불어 교과의 특징에 따라 교육활동을 구성하는 방법에 대한 연구가 더욱 필요하다. 설문 및 심층 면담을 통해 학생들에게 의견을 들어본 결과, 모둠활동이 학습에 도움이 된다는 의견이 많았지만, 동시에 활동지를 모둠별로 풀 때 교사의 적절한 개입이 필요하다는 학생들의 목소리 또한 많이 있었다. 학생들이 주체적으로 문제를 풀 수 있도록 하되, 적절한 시간에 세심하게 개입하는 교사의 돌봄이 반드시 있어야 함을 알 수 있는 대목이다. 이는 배움의 공동체 수업에 대한 정확한 이해가 전 교사에게 있어야 함을 의미하는데, 현재 진행되고 있는 배움의 공동체 수업 컨설팅 직무연수를 내년에도 지속적으로 실시해야 할 필요가 있음을 시사한다.

또한 교육과정을 재구성하여 활동지를 창조해내는 것은 매우 많은 시간과 에너지를 요구하는 작업이다. 교사들에게 있어 활동지 제작 및 수업 디자인에 많은 노력이 필요한 만큼 시간적으로 여유가 있어야 하는데, 올해 학교에 근무하는 시간 동안 교사들의 삶을 들여다보면 매우 바쁘고 분주함을 볼 수 있었다. 학교 교육활동에 대한 교사 개개인의 생각과 아이디어, 활동 후 결과와 피드백 등을 경청할 시간이 필요하며, 자율지표 선정을 위한 다모임에서 도출되었던 다양한 독서교육 방안 또한 많은 부분 실행되지 못했는데, 이러한 결과도 동일한 문제에 기인한다. 이 문제는 본교가 혁신학교임을 감안, 교육청 차원에서 '공문 없는 학교'로 지정하여 격무에 시달리지 않는 환경을 조성하고, 시수를 조정하는 등 현실적으로 수업 연구에 힘을 쏟을 수 있는 방안이 반드시 마련되어야 할 것이라 생각한다.

다음으로 학교 교육활동에 대한 학부모의 참여율이 저조한 부분이 지속적으로 나타나고 있다. 수업을 공개하거나 상담 주간, 각종 학교 행사에 참여하는 학부모의 수가 매우 적으며, 학교 자체 평가 학부모 설문을 진행하면서 설문에 참여해줄 것을 지속적으로 요청하였으나 설문에 응한 학부모의 숫자가 135명밖에 없었는데, 이 숫자가 학교 교육활동에 대한 학부모 참여의 현 실태를 상징한다고 볼 수 있다. 학교 교육활동에 대한 학부모의 관심을 불러일으키고 나아가 교육활동에 학부모가 주체적으로 참여하도록 하려면 어떻게 해야 할 것인지는 지속적으로 제기된 문제이다. SNS가 보편적으로 사용되는 점을 감안하여 조치원여자중학교 밴드를 만들어 적극적으로 홍보하거나, 소규모 다모임 행사를 학년별 학교 설명회와 함께 개최하는 등의 노력이 필요해 보인다.

학생 생활면에서 학생자치가 활성화되고 학생 생활 규정을 학생들 스스로 만들어 지키는 점은 훌륭했으나, 그 이후 학생 생활 규정이 잘 지켜지지 않는 경향이 문제가 되고 있다. 향후에는 학생 스스로가 만든 학생 생활 규정을 잘 지킬 수 있도록 학생회를 주축으로 학기 중간중간 점검하는 시기를 갖고, 생활 규정을 어기는 학생들을 규제하는 장치를 마련할 수 있도록 학생들에게 방향을 제시하는 것이 필요하다.

본교 교사, 학생, 학부모 모두의 합의로 2017학년도 학교 자체 평가 자율지표를 '독서교육 활성화'로 선정하여 그 방법의 하나로 '아침 독서'를 실시하였다. 교사 및 학생 심층 면담 및 설문을 실시한 결과, 담임교사가 아침 독서 시작 전 입실하여 독서 분위기를 조성하고 관리한 반은 아침 독서 시간의 만족도가 높은 반면, 그렇지 않은 반은 아침 독시 시간에 대한 평가가 좋지 않았다. 또한 아침 독서와 관련하여 아침 시간에 이루어지는 방송과 행사로 인해 아침 독서 시간이 지속적으로 이루어지기 힘들었다는 의견이 많이 있었다. 이에 대한 방안으로는 전 교사 간 아침 독서 시간을 잘 지키는 것에 대한 합의와 공유가 이루어져야 할 것이며, 학교의 각종 행사를 교과의 교육 내용에 녹여 내어 아침 독서 시간을 확보함과 동시에 교육의 효과를 최대화하는 것이 바람직할 것이라 생각한다.

조치원여자중학교의 전 교직원들이 숨 가쁘게 1년을 달려왔다. 학생들의 성장이 눈에 보이지 않기 때문에 때로는 좌절하고 지친 적도 많이 있었다. 하지만 나를 일으켜준 것은 동료 교사들의 따스한 공감이었으며, 어느 날 수업 시간 배움이 일어나 '아하' 하며 변화를 보여준 학생 성장의 순간이었다.

혁신학교 2년 차, 우리 학교 교육 목표를 떠올려본다.

'함께 씨 뿌리고 가꾸며 열매 맺는 행복배움터.'

소리 내어 말해보며, 유독 한 단어에 마음이 머문다.

함께, 함께, 함께.

내가 왜 이 길을 가고 있으며, 우리는 왜 혁신학교를 '해내고' 있는가. 그것은 아마도 '공동체 속에서 행복을 누리며 주체적으로 생각하고, 협력하며 배우는 곳'인 조치원여자중학교를 꿈꾸기 때문이 아닐까. 타인을 밟고 올라서야 한다는 가르침이 만연한 이 세상에서, 협력하며 배우도록 하는 일이 결코 쉽지는 않을 것이다. 그러나 우리가 고군분투하며 가는 이 길 끝에 조치원여자중학교 아이들이, 타인과 더불어 살아가며 따스한 세상을 일궈갈 씨앗으로 뿌려져 열매를 맺을 것을 믿는다. "함께" 꿈꾸는 동료가 있으며 "함께" 성장할 학생들이 있기에 2018학년도 학교 혁신을 다시 꿈꾼다.

2018년이 되었다. 서로 배려하는 마음과 양보하는 태도가 반영된 새 학년 업무분장을 마치고 새 학년을 시작하였다. 어렴풋한 막막함은 생생하게 다가왔다. 그런 막막함은 아이들이 성장하고 있는지 확신할 수 없을 때 배가된다. 전학생 하나로 촉발된 몇 명 아이들의 교사들에 대한 불손함과 수업의 방해 행동은 우리 아이들의 공동체가 탄탄하지 못함을 반증하는 것으로 느껴졌다. 교사들은 지금까지 그래왔듯 함께 협력해서 정성을 다해 교육활동에 임하고 있다. 그러나 가정에서 시작된 아이들 마음의 깊고 어두운 상처를 보듬기에는 역부족임을 절감하는 경험을 하게 된다. 아이들에게서 원인을 찾는다 한들 그

것이 해결점이 되지 못한다는 것을 알기에 우리가 할 수 있는 지점을 찾아보려고 해도 교사들이 너무 지치고 힘들다. 담임들은 무기력을 경험하고 상처받는다. 우리 학교만의 문제가 아님을 알고 있고 여러 가지 복합적인 해석은 가능하지만 혁신학교 3년 차에 이렇게 겪는 어려움이 우리에게 말하는 것은 무엇일까?

지난 2년도 많이 힘들었지만 아이들의 변화로 힘을 얻었다. 지금도 동료 교사들 덕에 서로 힘을 얻는다. 혁신학교의 성과가 무엇이냐고 묻는다면 어떤 문제에 맞닥뜨렸을 때 우리들이 함께하고 있다는 믿음과 그 협력의 힘이라고 대답할 것이다. 몇 학년 몇 반 담임의 문제가 아니라 우리 모두의 문제로 인식하고 함께하는 것, 함께 고민하고, 함께 해결점을 모색하는 것. '우리 학교의 교사들의 구성은－선생님들이 감당하기 힘든 학생과 학부모들을 직접 총대 메고 대면해서 해결해주시는 교장 선생님, 언제나 따뜻한 마음으로 교육활동을 지원하면서 조용히 원칙을 점검해주시는 교감 신생님, 에너지와 건강문세가 있음에도 매사 성실하게 수업과 업무의 모범을 보이는 50대 부장들, 고경력과 신규 사이에서 혁신의 주력이면서 동시에 매개자 역할을 멋지게 해내는 30~40대 중견 부장들, 아이들과 함께하며 고분분투하며 협력하는 저경력 교사들－매 2년마다 이동이 자유로운 공교육 체계 내에서 최고'로 생각되는데, 한편 생각해보면 우리 학교에만 훌륭한 교사들을 보내는 것은 아니지 않은가? 다양한 사람들이 모였는데 이렇게 좋은 사람들만 모였다고 우리가 믿을 수 있는 것은 우리 학교의 문화가 알게 모르게 서로의 성장을 지원하는 방향으로 형성되었기 때문이 아닐까? 이것이 혁신학교의 성과라고 한다면 억지일까? 내면에서 성장하고 있는 서로에 대한 존중과 믿음, 그리고 아이들의 미래에 대한 소망과 희망이 혁신학교의 열매가 아닐까? 아이들의 미래를 알 수 없지만, 삶은 불확실한 내일로 가는 용기에 길이 있다고 우리에게 가르치고 있는 것은 아닐까?

4. 함께 풀어나갈 숙제들

아이들이 교사들을 힘들게 하는 행동들은 우리를 힘들고 막막하게 만들면서 동시에 돌아보게 한다. 무엇을 다시 다져야 할까? 여러 가지 문제를 일으키는 아이의 부모를 면담하는데 어떤 부모가 이런 말을 한다. '부모들은 생업에 종사하느라 아이를 돌볼 시간이 없다. 아이는 학교에서 가장 많은 시간을 보낸다. 부모와 지낸 시간보다 학교에서 교사들하고 보내는 시간이 훨씬 많은데 아이가 문제가 있다면 학교의 문제 아닌가? 교사들 책임 아닌가?' 교사들은 기가 막혀 할 말을 잊는다. '부모를 대신할 수 있는 교사도, 가정을 대신할 수 있는 학교도 없다. 게다가 가정에서 부모로부터 받은 상처를 교사들이 어떻게 치유할 수 있는가'를 반문하지만 아이들이 학교에서 가장 많은 시간을 보낸다는 말이 뒤꼭지를 잡아당긴다.

만일 어떤 부모가 "저희는 너무 형편이 어려워 애를 돌볼 시간도 여력도 없어요. 그리고 어린 시절 키우는 동안 우리가 너무 미성숙해서 아이에게 너무 많은 상처를 주었어요. 그래도 아이를 잘 돌보고 싶은데 여전히 시간도 여력도 없어요. 선생님들이 우리 아이를 잘 자라도록 잘 성장하도록 도와주세요"라고 간곡히 부탁을 한다면 우리는 무엇을 할 수 있을까? 부모처럼 할 수는 없다. 부모인 척해도 안 된다. 교사는 보모도 아니다. 만능 해결사도 아니다.

교사의 힘으로 안 되는 경우는 외부 전문가의 도움을 받아 심리치

료나 전문 상담 등을 의뢰할 수 있는 지원 시스템의 구축이 필요하다. 학교 지원 시스템이 발전하고는 있지만 좀 더 정교하고 따뜻하게 구축되어 사회의 급속한 변화로 인한 부작용으로 상처받는 아이들을 잘 돌볼 수 있게 되기를 요청하는 것도 해야 될 일이다.

그러나 무엇보다 교사인 우리가 할 수 있는 것은 수업을 통해 아이들을 만나고 아이들의 성장을 돕는 일이다. 다시 수업에 대한 고민이 시작된다. 아이들이 만나는 날마다의 수업이 알차고 재미있고 성공을 경험하는 시간이라면 아이들은 성장할 것이다. 우리가 하고 있는 수업 임상연구가 좀 더 전문적인 시각으로 질적 연구를 위한 계획을 세우고 협의회도 좀 더 전문적인 방향으로 질적인 도약을 위한 방안을 검토 중이다.

오랜만에 첫 발령을 받아 근무했던 학교에서 함께한 동료를 만났다. 요즘의 수업 혁신이라는 이름으로 검증되지도 않은 수업 기법을 마구 학교에 들여오는 것에 대해 성토를 한다. 그러면서 장학사들이 해야 할 가장 중요한 전문적인 일이 수업을 연구해서 검증된 수업 기법을 학교에 전수하는 일이라고 주장했다. 왜냐하면 학생들에게 검증되지 않은 수업을 하는 것은 아이들을 실험 대상으로 삼는 일이라는 것이다. 반문했다. '우리가 받아온 수업은 검증된 것이었나요? 우리는 검증된 안전한 삶을 살고 있나요?' 데보라 마이어는 『아이들이 가진 생각의 힘』에서 학교는 올바른 지향을 향한 끊임없는 삶의 실험의 장이 되어야 한다고 주장한다.

그 동료 교사가 하고 싶은 말은 알 것 같다. 우리가 너무 오랫동안 교육에 있어 실험의 대상이 되어왔기 때문에 그런 주장을 하는 것이리라. 가능한 안전하고 검증된 경험, 성공의 경험을 아이들에게 주고 싶은 심정과 열정이 이해가 간다. 하지만 우리 학교에서 진행되는 어떻게 하면 아이들이 안전한 공간에서 서로 신뢰하고 배움으로 성장하게 할까를 공동체가 함께 고민하는 수업임상연구는 새로운 실험이라도 가치 있는 경험이 되리라 믿어진다.

5. 여전히 계속되는 힘찬 발걸음

2018년 1학기를 마치면서 교육공동체 다모임을 하였다. 1학기 시작하면서 학생 오리엔테이션을 했지만 2학기 오리엔테이션도 하기로 결정하였다. 결정만 하고 구체적인 계획을 못 세우고 방학을 맞이하였다.

방학 중에 연락하기가 미안해서 망설이다 부장 단톡에 올렸더니 벌써 학년부장들이 협의해서 각 학년별로 담임들끼리 만나 계획이 다 나왔단다. 이게 혁신학교다. 자발적으로 학년별로 교사들이 방학 중에도 알아서 교육계획을 수립하고 끊임없이 함께 고민하며 교육활동을 해나가는 곳, 함께 끊임없이 우리의 교육활동이 우리의 비전과 지향점을 향하고 있는지 점검하는 곳, 어떤 문제가 발생했을 때 함께 머리를 맞대고 토론하고 협의하여 합의점을 도출하고 실천하는 곳, 유연하게 소수의 의견이라도 귀중하게 대하고 가능하면 반영하기 위하여 고민하는 곳, 교육공동체 모두가 전 인격체로 서로를 배려하고 존중하기 위하여 노력하는 곳, 그래서 함께 가고 있는 미래가 살 만하고 가치 있는 것으로 믿어지는 곳.

2학기에는 학생들 의견을 들어 교육의 3주체가 함께 공청회를 통해 결정한 생활협약에 대한 홍보를 위하여 학생회에서 제작한 UCC를 오리엔테이션 때 학생들에게 상영하여 생활협약을 잘 지킬 수 있도록 하였다. 학부모 의견을 받아 온책 읽기와 책과 관련된 체험활동을 계획하였다. 아이들을 인격적으로 대하는 것과 함께 우리 학교 학생들에게 기본생활 습관과 수업의 몰입도를 높이기 위한 방법으로 전체 교사들이 함께 생활교육을 같은 눈높이로 하기로 하였다.

그동안도 함께해왔지만 아이들의 불손함이 좀 더 꼼꼼하고 정성스러운 생활교육을 요구한다고 판단하였기 때문이다. 이런 결정을 할 때마다 교사들은 토론과 합의를 반복한다. 다음은 2학기 시작한 첫 주에 실시한 2학년부의 협의회 기록이다.

학년부장 1학기에 우리가 함께 고민하고 열심히 생활교육을 해왔으나 2학기를 맞이하여 새로운 마음으로 함께 생활교육을 하기 위한 협의회를 시작하겠습니다.

생활교육 담당 교사 선생님들께서는 수업을 시작하시기 전에 수업에 방해가 될 물건들, 화장품, 거울 등은 앞에 제출하였다가 수업이 끝나면 찾아가도록 공지하시고, 생활협약에 어긋나는 복장을 한 경우에는 수업이 끝난 후 2학년 교무실로 학생을 데려다주시면 제가 규정을 다시 설명하고, 3회 이상 지속이 되면 새날지기(새로운 마음으로 날 돌아보는 지혜로운 사람 되기) 프로그램에 참여하도록 하겠습니다.

교사 1 복장 규정에 교복 외에 흰색 또는 검은색 면티 착용은 가능한가요?

생활교육 담당 교사 공청회에서 합의하지 못하고 추후에 다시 협의하기로 한 거라 논의가 필요할 것 같습니다.

교사 2 3학년의 경우에는 교사들이 허용하지 않기로 하였습니다. 지금 생활복도 학생들의 활동을 편하게 하기 위해 정한 복장인데 다른 면티를 착용할 이유가 없다는 의견이 우세하였습니다.

교사 3 저희들이 궁극적으로 지향하는 것은 아이들이 수업에 몰입하는 것입니다. 저희가 2년 전에 경기도의 다른 혁신학교들을 방문했을 때 우리의 기준으로 볼 때 학생들의 복장은 매우 불량하였지만 모두들 열심히 수업에 참여하는 모습을 보았습니다. 선생님들이 지금 함께 생활교육에 힘을 쏟아야 한다고 말씀하시는 배경은 알겠습니다. 아이들이 어렵사리 진행한 교육 3주체의 합의과정에서 결정한 생활협약을 잘 지키지 않고 수업 참여도 문제가 있어 생활지도를 통해 돌파구를 찾아보시려는 것은 알겠습니다만 혁신학교에서 학생들의 복장에 대해 교사들이 규제를 하는 것은 취지에 맞지 않는다고 봅니다. 여러 차례의 회의와 공청회를 통해 학생들이 규정을 정했는데 교사들이 규정을 지키도록 지도해달라고 요청한 사안인가요?

학년부장 그렇습니다. 그러면 선생님은 어떤 대안을 가지고 계십니까? 어떻게 무엇을 할 수 있을까요?

교사 4 저도 처음 수업에 들어가 학생들의 복장을 살펴봐야 하는 것이 부담으로 다가옵니다. 수업에만 몰입할 수 있도록 하였으면 좋겠습니다. 저 자신이 아이들 복장이 눈에 들어오지 않습니다. 하지만 2학년 담임선생님들이 이런 것을 고민해서 계획하셨다면 우리 아이들에게는 이런 생활지도 방법이 맞기 때문이리라 생각됩니다. 그저 협조하겠습니다.

학년부장 저도 아이들 복장을 어떻게 하거나 외모를 가꾸는 것이 눈에 거슬리지 않습니다. 그리고 저희 학교규정이 어느 학교와 비교해보아도 엄격하다고 생각하지 않습니다. 아이들과 학부모님의 의견이 잘 맞지 않는 부분이 있어 학생들 입장에서 양보한 부분이 있긴 하겠습니다만 학생들이 원하는 고대기 사용이나 피어싱 허용 등은 획기적이라고 생각됩니다. 화장도 대부분 허용되었습니다. 저희들이 규제를 하려는 것은 수업에 방해가 되는 물건이나 행동에 대한 것입니다. 즉, 아이들이 수업에 전념하게 하기 위한 것이라고 생각합니다.

교사 5 저는 1학기 말 공청회를 통해 다시 생활협약이 정해지고 2학기 오리엔테이션을 통해 학생회 주최로 만든 UCC를 통한 홍보와 학생들 스스로가 새 학기 다지기를 위한 학급별 규약을 통해 수업에 들어갈 때마다 많이 안정되고, 규정에 대해 언급하기만 해도 학생들이 바로 동의하고 따라주는 것을 보면서 희망찬 2학기를 기대하고 있습니다. 우리가 학생들을 규칙으로 옭아매자는 게 아니라 부드럽게 한 번씩 상기시켜주면서 잘 지킬 수 있도록 돕는다고 생각하면 어떨까요?

교사 3 좋습니다. 일단 해보죠. 함께 해보고 하다가 잘 안 되면 다시 논의해서 다른 방법을 찾아봅시다.

학년부장 함께해주시는 선생님들, 특히 제일선에서 고생하시는 담임 선생님들께 늘 감사한 마음입니다.

학년별로 이런 식의 협의회를 하면서 늘 학교는 꿈꾸고 변화하고 성장하고 있다. 아이들과 정답이 주어져 있지 않은 수업을 통해 다양한 의견을 듣고 다양한 해결점을 모색하듯이 우리 교사들도 어떤 것이 이 순간, 여기에 있는 우리 모두를 위한 최선일까를 고민하고 있다. 이것이 함께 지속하는 발걸음의 원동력이라 믿는다.

온빛초등학교는 세종시 고운동에 소재한 46학급 1,000명 이상의 학생이
다니고 있는 대규모 혁신학교이다. 온빛교육공동체는 고운동 2개 단지,
아름동 3개 단지를 마을교육공동체로 발전시키기 위해 학교 혁신을 하고 있는 중이다.
다양한 가치관을 지닌 구성원들이 소통하고 바람직한 협력 문화를 만들어가면서
민주시민으로 성장해가고 있다. 2018년에는 학생, 교사, 학부모가 동반 성장을
하기 위하여 '교육 3주체 생활협약'을 제정하여 실천하고 있다.
학교 비전은 '따뜻한 감성, 밝은 지성의 민주학교'이며,
이해, 존중, 감성, 기초, 자주, 상상력, 공동체, 참여, 책임
9가지 역량을 갖춘 민주시민을 육성하는 데 교육 목표를 두고 있다.

4대 과제로 온빛초를 디자인하다

정회택

온빛초는 '민주적 학교 운영체제'를 넘어 학교 구성원 각자가 주체의식을 지니면서 평등하게 소통하는 '민주적 자치 공동체'를 실천하고 있어요.

1. 민주적 학교 운영체제

첫 번째 과제는 '민주적 학교 운영체제'이다. 학교의 구성원은 크게 교사, 학생, 학부모라는 교육의 3주체로 나눌 수 있다. 리더십이라는 가치로 볼 때 그중에서 교사의 역할이 가장 중요하므로 교사회를 어떻게 민주적인 공동체로 만들지가 중요하다고 할 수 있겠다. 먼저 온빛초 교사회가 어떻게 운영되고 있는지 여러 장면을 통해 살펴보도록 하자.

예전에는 전직원회의라는 교직원 전체가 모이는 회의가 있었다. 당시 직원회의는 행정 중심이고 관료적인 의사소통 구조로 되어 있어 평등한 의사소통을 기대하기는 어려웠다. 온빛초는 이러한 한계를 극복하고자 수평적인 의사소통을 만들기 위해 여러 대안을 모색해왔다.

현재는 직원 전체가 모이는 날을 한 달에 한 번씩 정하고 있으며, 각계 전달식 소통 방법은 가능하면 최소화한다. 대신에 평상시 교육을 실천하면서 전체적으로 협의할 사항이 있으면 그것을 주제로 정하여 집단지성으로 대안을 모색하고 있다. 주제는 학교 비전과 같이 큰 주제일 수도 있고 학생들의 일상생활과 관련된 작은 문제일 수도 있다.

[사진 1] 중간놀이 시간 대안 마련 협의

[사진 2] 중간놀이 시간 대안 마련 협의 결과

[사진 1]과 [사진 2]는 아이들의 중간놀이 시간에 대해 대안을 마련하는 집단지성 모색 과정이다. 섹션별 놀이 공간(점핑 파크, 점토놀이 ZONE, 전통놀이, SMART-PLAYGROUND)이 다양하고 다채롭다. 중간놀이 시간에 발생할 수 있는 위험 상황에 대한 대안(전문 상담교사, 맘폴리스)도 제시하고 있다.

[사진 3] 학교의 강점과 약점 찾기

[사진 4] 학교의 강점과 약점 협의 결과

[사진 3]과 [사진 4]는 온빛초의 강점과 약점을 토의해본 장면이다. 온빛초의 강점은 교사의 자율성으로 만들어가는 스몰스쿨제와 학년 중심의 전문적학습공동체, 행정 중심에서 교수·학습으로 학교 구성원의 역량과 에너지를 교육의 본질로 집중하게 만든 역할이 큰 업무지원팀, 학생자치 성격의 행사로 도약할 계획을 지닌 사계절 학교, 교과의 본질을 융합하고 학년 발달 단계가 반영된 프로젝트 수업이다. 하지만 민원으로 소통하고자 하는 학부모가 일부(1%) 계셔서 어려운 점이 있었다. 대규모 학교이다 보니 다양한 삶의 가치관을 지니신 분들이 있다는 현실을 인정해야 하겠고, 학부모와 교사들이 민주시민으로 동반 성장을 할 수 있기를 바라면서 대안을 모색하였다.

[사진 5]
학생 역량 성장에 대한 교사의 성찰

[사진 6]
학생 역량 성장에 대한 교사의 성찰 결과

[사진 5]와 [사진 6]은 온빛초 학생들이 자신의 역량力量을 얼마나 성장시켜왔는지를 교사들이 성찰하는 과정이다. 세종형 학력 9가지(창의적 사고 능력, 자기주도적 학습 능력, 자율적 행동 능력, 심미적 감성 능력, 생태적 감성 능력, 의사소통 능력, 도덕 능력, 민주시민 능력, 공동체 능력)가 도입되기 전부터 온빛초는 밝은 지성(기초, 자주, 상상력), 따뜻한 감성(이해, 존중, 감성), 민주학교(공동체, 참여, 책임)로 학교 비전을

설정하고 있었으며, 자체 개발한 역량을 중심으로 교육과정을 재구성해왔다. 지성, 심성, 시민성이라는 맥락에서 세종형 학력과 온빛초 역량은 높은 싱크로율을 보이고 있다.

[사진 7] 학년교육과정 협의

[사진 8] 학년교육과정 협의 결과

[사진 7]과 [사진 8]은 학년 안에서 교육과정을 운영하며 겪은 교사의 성취를 이야기하는 장면이다. 학교나 마을 수준의 큰 이야기뿐만 아니라 학년 수준의 소소하고 일상적인 삶에 대한 이야기도 중요한 의미가 있다. 온작품 읽기, 학년 학생다모임, 공유와 공감의 전문적학습공동체, 민주시민 성장을 위한 학부모 교육, 학생들이 만들어가는 체계적인 생활규칙 등을 학년 교사들은 함께 만들어가고 있다. 이를 지속가능하게 힘을 회복하려면 교사 힐링 연수도 필요하겠다.

[사진 9] 바람직한 교사문화 협의

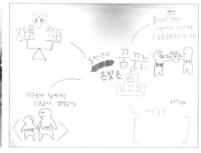
[사진 10] 바람직한 교사문화 협의 결과

[사진 9]와 [사진 10]은 온빛초의 바람직한 교사문화에 대해 협의한 내용이다. 교사의 자율성이 충분히 존중받은 만큼 책임감도 가져야 하겠다는 성숙한 교사의 주체의식을 드러내고 있다. 교사의 삶이 학년·학급 안에 갇혀 지내는 것을 넘어서기 위해 공유 문화 확산과 수용의 필요성을 제기하였고, 경력 교사와 신규 교사가 마주 보며 동행하는 바람직한 교사들 간의 관계 맺음에 대해서도 대안을 제시하였다.

[사진 11] 우리가 꿈꾸는 온빛초 협의   [사진 12] 우리가 꿈꾸는 온빛초 협의 결과

  [사진 11]과 [사진 12]는 우리가 꿈꾸는 온빛초를 상상하여 비주얼화한 것이다. 교육 3주체의 네트워크 강화, 창의성을 위한 새로운 배움 공간, 스스로 세우는 학생·학부모 자치 문화 활성화, 따뜻한 공동체 예절교육, 진지한 배움, 교육적 상상력을 꿈꿀 수 있는 평온함과 내려놓기 등 미래의 온빛초가 걸어야 할 길을 제시하고 있다.

  [사진 13]과 [사진 14]은 전담교사들의 삶을 이야기한 내용이다. 교육과정-수업-평가-기록의 일체화 과정에서 학년 담임교사와 처한 상황이 다르다. 학년 담임교사와 마찬가지로 관심을 가지고 바라봐야 할 필요가 있다. 이와 같이 온빛초는 구성원 모두가 동료 교사를 존중하면서 평등하게 발언할 수 있는 문화를 조성하고 있으므로 진정한

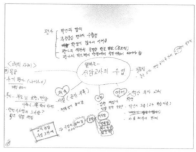

[사진 13]
전담교사들의 삶에 대한 이야기 나눔

[사진 14]
전담교사들의 삶에 대한 이야기 나눔 결과

민주학교로 볼 수 있다.

"아이들이 진정한 생활공동체를 직접 만들 수 있게 하려면 이제는 학교 혁신의 길을 아이들에게 물어야 할 때입니다."

2. 자율과 협력의 생활공동체

두 번째 과제는 '자율과 협력의 생활공동체'이다. '민주적 자치 공동체'로 시작하여 '자율과 협력의 생활공동체'로 완성해야 한다. 진보란 운동성을 지닌 개념이다. 실천과 성찰이 없는 진보는 진정성이 없다고 말할 수 있다. 온빛초도 진정한 생활공동체를 만들기 위해 매해 새롭게 진보하고 있는 중이다. 생활공동체 또한 크게 교사, 학생, 학부모로 나눌 수 있는데, 온빛초 학생자치 문화 실천 사례를 살펴보겠다.

온빛초도 일반 학교와 마찬가지로 전교어린이회를 학년 초에 조직한다. 학생들이 스스로 만들어가는 선거 문화를 지향하고 있다. 학생들은 민주주의의 시작은 선거라는 것을 명심하고 깨끗한 선거 운동을

전교어린이회 선거 유세 　　　　　　　전교어린이회 홍보

실천하고 있다.

　학생들이 선거토론회를 통해 민주주의 첫걸음의 설렘을 느껴본다. 매해 10팀이 넘는 선거 후보자 토론회를 하면서 4~6학년 학생들은 비로소 자기가 학교에 주체적으로 참여한다는 의식을 가질 수 있고, 투표 과정에서 한 표가 소중하다는 것을 체험할 수 있다.

전교 학생다모임 임원 선거 후보자 토론회　　전교 학생다모임 임원 선거 후보자 질의응답

　온빛초는 학생 수 1,000명이 넘는 대규모 학교이다. 따라서 전교 학생회, 학년 다모임, 학급 다모임이라는 3원화된 계층 구조를 유기적인 관계로 조직·운영하고 있다. 리더십 캠프는 리더 역할을 하는 학생들의 자치 역량을 강화시키기 위해서 반드시 필요하다고 하겠다. 온빛초

의 리더십 캠프는 이틀에 걸쳐 각 학급 임원들을 대상으로 연 2회 운영한다. 첫째 날은 관계 형성을 맺으며 온빛초라는 이름으로 하나가 되며, 둘째 날은 중등학교 학생들을 초빙하여 학생자치 문화 형성을 위한 질문을 하고 모둠별로 회의를 실연해본다.

전교 학생다모임 리더십 캠프

아이들의 목소리가 살아 있는 회의가 되려면 학교라는 공간에서 아이들이 삶을 살아갈 수 있도록 생각을 존중해주어야 한다. 존중받지 못하면 말을 하지 못한다. 아이들의 말이 책임이 있고 실천 가능한 의미 있는 말을 할 수 있게 하려면 교사들은 아이들이 소통하고 합의한 내용을 적극 격려하고 지지해주어야 한다. 이러한 과정을 통해 아이들이 민주주의를 체험하면서 주인의식을 가지고 자율과 협력의 태도를 기를 수 있을 것이다. 이런 목적을 가지고 온빛초는 아이들의 목소리가 담긴 회의를 전교, 학년, 학급 단위로 운영하고 있다. 이러한 회의를 통하여 아이들이 스스로 기획하고 운영하고 성찰하는 행사도 실현 가능할 수 있도록 적극 지원해주고 있다.

전교 학생회, 학년 다모임, 학급 다모임이 공동으로 기획한 행사의 한 예로 온빛초에서는 '온빛 모꼬지'라는 큰 행사가 있다. 2018학년도에서는 전교 학생회 주관으로 '온빛 노래자랑', '온빛초 댄스왕을 찾아

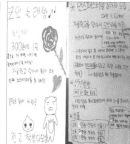

전교 학생다모임 온빛 모꼬지 행사 기획

라'를 실시했고, 학년·학급 다모임에서는 학년·학급 공간을 최대로 활용해 '나눔 장터' 만들어 연말에 수익금을 학생들이 기부할 예정이다. '온빛 모꼬지'를 통해 전교생이 함께하는 학교 축제 문화를 꽃피우고 있다.

온빛 모꼬지 행사(전교·학년·학급 학생다모임 상호 협력 및 참여)

학생들의 일상생활 문제를 스스로 해결할 수 있는 토대를 만들기 위해 학생들에게 직접 물어보았다. 2달여 동안 서로 토의·토론한 끝에 공동체 생활협약을 만들어냈다. 이 과정에서 교사, 학부모도 참여의 필요성을 느껴 '3주체 공동체 생활협약'으로 발전하기에 이르렀다.

온빛초 약속 꼭!! 지켜요~!!

교육 3주체 공동체 생활협약 선포식

혁신학교 초창기라 멈춰 있는 학교를 교사가 먼저 움직여야 하므로 열정을 가지고 학교 혁신을 디자인해왔다. 교사들의 수많은 소통과 성찰 과정 속에서 교사는 성장하고 있다는 느낌은 들었지만 아이들이 과연 학교 혁신을 어떻게 생각하고 있으며 자신의 삶에서 얼마나 중요하게 여기는지는 늘 물음표였다. 아이들이 학교라는 시간과 공간에서 인생의 중요한 삶의 의미를 부여하려면 아이들이 스스로 생각하고 실천하면서 학교가 진정한 생활공동체라고 성찰해야 한다. 이제부터라도 교사는 학교 혁신의 길을 아이들에게 물어야 하겠다. 혁신학교 2기인 자치학교에서는 아이들이 교사보다 더 크고 깊게 민주시민으로 성장해나가는 과정을 가질 수 있기를 기대해본다.

교사들이 진정으로 주체의식을 지녔다 함은 전문적+학습+공동체로 자신의 실천교육학으로 만들어냄을 말합니다. 교사 자신이 실제적인 교육현장에서 동료들과 함께 자신의 실천교육학을 만들어낼 때 아이들의 배움은 삶과 일치되어 살아나게 됩니다.

3. 전문적학습공동체

세 번째 과제는 '전문적학습공동체'이다. 교육청은 전문적학습공동체라는 용어를 아래와 같이 이해하기 쉽게 잘 정의하였다.

> 전문적학습공동체란 학교 비전을 구현하는 교육과정, 수업, 평가를 공동으로 기획·실천·성찰하는 교원들의 학습공동체로, 교육 전문가인 교원이 집단지성을 발휘하고[전문적], 공동 기획·실천·성찰의 일상적인 학습을 하며[학습], 학교의 비전을 함께 실현해가는 생활공동체[공동체]를 만들어간다는 의미를 갖는다.

전문적학습공동체는 수동적인 연수 성격으로 머물러서는 안 된다. 그동안 교사는 교육학 소비자의 위치에 머물러 있었다. 과학자와 철학자가 지식을 생산하고, 교육학자가 그것을 효과적으로 가르치는 방법을 생산하면 교사가 이를 적용하여 학생에서 전수해왔다. 이제 교사도 교육학의 생산자, 창조자, 전문가가 되어야 한다. 의학자와 의사의 구별이 의미 없는 것처럼, 교육학자와 교사의 구별이 의미 없도록 해야 한다.[1]

온빛초 교사도 이러한 시대적 과제에 부응하여 학년 단위로 연구실에 모여 학년교육과정을 공동 기획하고 실천하고 성찰하는 학년 공동

---

1. 권재원(2015). 「교사들이여, 분노하라! 교사들이여, 괴물이 되라!」. 권재원 외. 『교사독립선언』. 에듀니티.

체를 만들어가고 있는 중이다.

전문적학습공동체 협의 과정

2018학년도 온빛초 학년별 전문적학습공동체 조직 현황

학년	주제	참여 인원
1	마음을 밀고 당기는 그림책 세상	1학년 담임 8명
2	그림책을 활용한 수업 연구	2학년 담임 8명, 특수 1명
3	더불어 성장하는 행복한 3학년 공동 연구	3학년 담임 8명, 전담 1명, 특수 1명
4	4학년 교육과정 공동 연구를 통한 교수학습 신장	4학년 담임 7명, 전담 2명, 영양 1명
5	프로젝트로 수업 디자인하기	5학년 담임 8명, 전담 1명, 보건 1명
6	우리가 함께 만들어가는 수업, 열매 꿈길	6학년 담임 7명, 전담 3명

배움중심수업, 과정 중심 평가 등이 현장에 제대로 정착되려면 교육과정 재구성이 아니라 '교육과정 구성'을 할 수 있는 시스템이 갖추어져야 합니다.

4. 세종창의적교육과정

네 번째 과제는 '세종창의적교육과정'이다. 온빛초 교육과정은 전문적학습공동체를 통해서 생산해낸 것이다.

온빛초의 학년교육과정은 종횡으로 된 교육과정 구성 원리로 만들어져 학생의 발달을 돕고 있다. 종적원리는 '학생의 성장과 발달'로 1·2학년은 '몸을 움직여 마음의 느낌으로 살아나는 시기', 3·4·5학년은 '생각을 더하는 시기', 6학년은 '뜻을 세우기 시작하는 시기'로 정하여 학년 간의 연계성을 마련하고 있다. 그리고 횡적 원리는 넷으로 나누어, 봄학기(배움이 싹트는 시기), 여름학기(배움이 깊고 푸르러지는 시기), 가을학기(배움이 결실을 맺는 시기), 겨울학기(배움이 삶의 날개로 펼쳐지는 시기)로 배움의 한해살이를 운영하고 있다. 종횡으로 이루어진 교육과정 구성 원리를 통해 학생들의 삶을 가꾸면서 교육을 통해 학생들이 배움의 열매(이해, 존중, 감성, 기초, 자주, 상상력, 공동체, 참여, 책임)를 맺게 된다. 이를 도식화하여 그려보면 다음 쪽의 그림과 같다.

온빛초 최고 학년인 6학년을 예로 들면 국가수준 교육과정 성취기준을 적용하여 한 해의 학년교육과정을 만들어내고 있다. 그리고 교육과정을 프로젝트 수업으로 재구성하여 배움중심수업으로 실천하고 있는 중이다. 프로젝트 수업을 하면서 평가가 필요한 차시는 수행평가

학생의 성장과 발달 ＼ 배움의 한해살이	봄학기	여름학기	가을학기	겨울학기
	배움이 싹트는 시기	배움이 깊고 푸르러지는 시기	배움이 결실을 맺는 시기	배움이 삶의 날개로 펼쳐지는 시기
1, 2 학년 / 몸을 움직여 마음의 느낌으로 살아나는 시기				
3, 4, 5 학년 / 생각을 더하는 시기				
6 학년 / 뜻을 세우기 시작하는 시기				

※ 온빛초등학교 교표는 온빛교육이 든든하게 성장하여 3가지 목표와 9가지 역량을 통해 세상을 향해 뻗어 나아가는 의미를 형상화하고 있다.

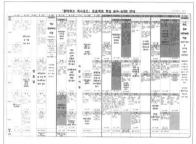

온빛초 학년교육과정의 예

기준안을 작성하여 과정 중심 평가를 실천하고 있다.

위와 같이 온빛초 교사 공동체는 학교 혁신 운동의 중핵인 '교육과정-수업-평가-기록의 일체화'에 대한 소명의식을 가지고 오늘도 부단히 성장하고 있는 중이다.

대평초등학교는
'생각과 마음이 성장하는 민주적인 우리'라는 비전 아래
교육의 본질을 추구하면서 실제로 배움이 일어나는 학교,
학생들이 존재의 이유를 알고 자발적으로 앎을 실천하는 학교,
한 사람 한 사람을 존중하고 특성과 능력에 따라 1:1 맞춤형 교육이
이루어지는 학교, 심미적인 감성 능력과 신체 활동의 기회가 많은 학교,
교육의 장을 확대하여 체험의 기회를 넓혀
생각을 많이 하게 하는 학교를 만들어가고 있습니다.

대평초, 진정한 공동체를 꿈꾸다

김형규

"우리는 함께 기뻐하고, 다른 사람의 일을 우리 일처럼 받아들여야 합니다. 함께 즐거워하고 함께 슬퍼하면서, 함께 땀 흘리고 함께 고생하면서, 하나의 몸을 구성하는 일원으로서 언제나 공동체를 가장 소중히 생각하며 살아야 합니다."

미국 매사추세츠만 식민지의 제1대 총독이었던 존 윈드롭이 1630년에 다른 식민지 개척자들에게 했던 연설에서 촉구한 말이다. M. 스캇 펙이 지은 『마음을 어떻게 비울 것인가』 책으로 독서 모임을 하다 이 부분을 보고 나는 공동체에 대해 다시 생각해보게 되었다. 저자의 표현처럼 땅속에 파묻혀 있는 보석이라 아직 진정한 보석이라 할 수 없지만, 집단도 돌멩이가 보석이 되는 것과 같은 과정을 통해 공동체로 성장하듯 우리도 아름다운 공동체이기를 꿈꾼다. 우리 아이들에게 진정한 공동체였다고 기억되는 학교를 꿈꾸며, 그 꿈을 함께 꾸는 대평초 이야기이다.

2017년 11월 그리고 12월

2017년 11월 중순 무렵에 2018년에 개교하는 학교 준비팀, 이른바 TF 교사를 모집한다는 공문이 왔다. 이번에는 특별하게도 새로 개교하는 5개의 초등학교 중 한 학교는 개교와 동시에 혁신학교를 운영하는 인증지정형 혁신학교였다. 그게 바로 대평초등학교이다. 혁신학교를 꿈꾼 교사들이 서로 이야기를 하여 함께 지원하기를 권하였고, 5명의 선생님이 그때부터 준비하기 시작했다. 처음 모임을 첫마을의 어느 식당에서 했다. 첫마을에서 우리의 첫 만남이 시작되었다. 정재욱 선생님이 혁신학교와 관련된 여러 책과 개교 학교 교무학사 분야 TF 자료를 가지고 와서 혁신학교에 대해 서로 이야기를 나누었다. 우리는 아직 가지 않은 길에 대해 두려움보다는 기대에 부풀었다.

TF 교사가 확정되고 공식적으로 하게 된 첫 활동은 신입생인 1학년 예비소집에 관한 일이었다. 아직 학교는 한창 공사 중이어서 인근 학교인 여울초등학교 과학실에서 업무를 보았다. 대평초라는 이름으로 앞으로 만나게 될 아이들과 학부모, 그리고 우리 교사들의 첫 만남이 시작된 것이다. 대평초 TF팀 팀장을 맡으신 강희용 교장 선생님도 오셨다. 12월 끝자락이라 날씨는 추웠음에도 난로 앞에 옹기종기 모여 온기를 함께 느꼈던 것처럼 모두가 새로운 학교에 대한 기대와 설렘을 느낀 시간이었다.

그로부터 며칠 후 행정실 직원분들과 TF팀장님, 교사 TF팀이 함께 모여 식사를 하고 소개하는 시간을 가졌다. 행정실과 교무실의 만남은 화기애애한 분위기 속에서 시작되었고, 이후에도 서로 배려하고 협력하는 모습으로 발전해나갔다.

2018년 1월 그리고 2월

본격적으로 개교 학교 TF 활동이 시작되었다. 모든 개교 학교 TF팀이 글벗중 4층 빈 교실에 상주하였다. 대평초는 한결초와 한 공간에서 사무를 보았고, 행정실과 교무실 교직원이 한 테이블에서 함께 일을 하였다. 특별실 학생 책상 및 기자재 등 많은 물품들을 행정실과 이야기하며 정하는 일들을 하였고, 새 학기 개학하자마자 있게 될 방과후학교 운영을 위해 방과후학교 강사 선발 및 여러 가지 일을 하였다. 그러고 나서 교무학사와 관련해서는 방학식과 개학식 수업 일수 등 큰 틀을 짰다. 업무분장을 어떻게 하는 것이 혁신학교로서 수업에 집중하는 학교문화를 조성할 수 있을지 고민하였다. 인근 혁신학교들은 어떻게 하는지 알아보기도 하였고, 다른 시·도 혁신학교 누리집에 들어가 교육과정과 업무분장을 살펴 초안을 작성하였다. 대평초가 아닌 다른 곳에서 TF 사무를 보니 현장 감각이 조금 아쉬웠다. 가구나 비품을 구입하고, 교무학사 계획을 하는 데 현장에 직접 있으면 계획이나 업무 추진에 있어 더욱 뚜렷한 그림을 그릴 수 있을 것이다.

'새 학기 준비의 달'이라고 하여 전국에서 가장 빨리 1월 25일에 교원 인사가 발표되었다. 대평으로 발령받은 교사들의 명단을 확인하고 문자와 전화로 전직원 만남의 날과 신규 혁신학교 합동 워크숍 일정을 알렸다. 그런데 문제가 하나 생겼다. 전직원 만남의 날 행사를 운영할 장소가 마땅치 않았다. 아직 학교는 공사 중이었다. 교육청 등 다른 곳도 구하기가 여의치 않았다. 그러다가 복합커뮤니티를 떠올렸다. 복합커뮤니티에는 회의할 수 있는 공간이 있는데 혹시나 가능한지 문의하였다. 다행히 쓸 수 있다는 반가운 답을 들었고, 정식으로 공문을 보내 사용 신청을 하였다. 기존 TF 교사들이 이제 대평초에 발령

받아 앞으로 함께하게 될 선생님들을 처음 보는 자리이다. 학교는 2월과 3월에 새로운 만남이 매년 있다. 동료 교사와의 만남도, 아이들과의 만남도. '어떻게 하면 처음의 어색함을 해소할 수 있을까?' TF팀에서 회의를 하였다. 그래서 준비한 것이 아이스브레이크 활동이었다. 정재욱 선생님이 수왕초에서 했던 밧줄놀이를 전직원 만남의 날 첫째 날에 쓰기로 하였다. 둘째 날에는 미니 줄넘기 줄을 던져서 고리에 걸기 놀이를 준비하였다. 만남의 날 당일 간식과 회의장을 준비하는 동안 한 분씩 들어오기 시작했다. 이번에 임용고시에 합격하고 발령받은 신규 선생님, 세종 관내 학교에서 전입한 선생님 모두가 한자리에 모였다. 서로 인사를 하고 밧줄놀이를 하였다. 교장 선생님께서 양복을 입었음에도 불구하고 밧줄놀이에 함께 참여하여 우리에게 즐거운 웃음을 선사해주셨다. 세종창의적교육과정의 세종형 학력을 바탕으로 먼저 학교의 비전을 만들어보았다. 많은 생각들이 오갔고 다양한 의견이 나왔다. 의사결정 과정을 거쳐 '생각과 마음이 성장하는 민주적인 우리'가 2018학년도 대평초등학교의 학교 비전이 되었다.

전직원 만남의 날을 월요일, 화요일 이틀 동안 하고 나서 수요일 하루 쉬고 목요일부터 2박 3일 일정으로 세종 신규 혁신학교 합동 워크숍을 공주 한국문화연수원에서 진행하였다. 대평초등학교뿐 아니라 2018학년도에 신규 지정받은 보람, 한빛, 소담유치원과 함께하였다. 학교별 시간에서는 지난번 세운 학교 비전 아래 학교 교육 목표를 세우기 위해 열띤 토론을 벌였다. 공통의 시간에서는 교내 전문적학습공동체를 어떻게 운영할 것인지 주제를 정하였다. 교직원 간의 친목을 다지기 위해 월별로 어떤 활동을 할 것인지 이야기도 해보았는데, 계획 세우는 것만으로도 기대가 되었다. 모두들 그동안의 실제 경험들을 제시했기 때문에 가능하리라고 생각했다.

세종혁신학교 외 다른 지역에서는 혁신학교를 어떻게 운영하고 있는지 알아보기 위해 2월 19일에는 멀리 광주백운초등학교까지 갔다. 온라인 공간에서 혁신학교 이야기를 꾸준히 올리고 있는 박성일 교감 선생님의 친절한 설명을 들었다. 학교 시설 및 공간을 꾸미는 것부터 업무지원팀 운영 방법, 학생 놀이 축제 등 다양한 활동을 하고 있는 것을 들었다. 인상적인 것은 교장 선생님부터 여러 부장 선생님들이 교장실에 모여서 방문한 우리를 위해 각 영역별로 설명한 점이다. '한 사람이 온다는 것은 세계가 온다는 것이다'란 말이 생각날 정도로 환대를 받아서 감사했다. 세종에 방문할 일이 있으면 우리도 반갑게 맞아줄 것을 약속하며 백운초를 나섰다.

삼계탕집에서 점심을 맛있게 한 후 다음 일정 장소인 무등산 국립

전직원 만남의 날

신규 혁신학교 워크숍

광주백운초 혁신학교 이야기

광주백운초 선생님들과 함께

공원으로 갔다. 2월이어서 아직 추운 날씨였다. 하지만 산에 오르니 제법 땀이 나기 시작했고, 한 시간가량 산책하면서 혁신학교에 대한 이야기, 서로에 대한 이야기를 하며 즐거운 시간을 가졌다.

3월 개학을 앞두고 학부모들은 기대도 했지만 걱정하는 마음도 갖게 되었다. 학교가 학생들을 맞을 수 있는지 특히, 시설 문제를 궁금해하고 걱정이 컸다. 정상적으로 학교 개학이 가능한지 물어보는 전화도 종종 오기도 했고, 전입을 위해 학교에 오는 학부모들도 3월 2일 개교가 가능한지 물어보았다. 학부모의 이런 걱정을 어떻게 해소할 수 있을지 우리는 머리를 맞대고 이야기했다. 숨기지 말고 있는 모습 그대로 설명하고 걱정하는 부분에 대해 준비할 수 있도록 하면 좋겠다고 교장 선생님이 말씀하셨다. 한편으로는 아직 공사가 덜 된 학교의 모습을 보고 더 악화되지는 않을까 염려가 들기도 했으나 교장 선생님의 의견에 동의하고 2월 23일 학교 설명회를 하게 되었다.

학교 설명회 당일 오후, 시청각실에는 200여 명의 학부모와 가족들로 좌석이 꽉 찼다. 그 숫자만큼 학교에 대한 관심과 기대 그리고 우려하는 마음이 있었다는 것을 알 수 있었다. 교장 선생님이 학교의 현재 모습을 자세히 설명해주시고 학부모들이 걱정하는 부분에 대해 의견을 받아 할 수 있는 부분은 최대한 학교에서 하겠다고 하셨다. 혁신학교에 대해 잘 모르는 학부모들을 위해 세종혁신학교 및 혁신학교 철학에 대해 알리는 시간을 가졌다. 방과후학교와 돌봄 등 관심이 많은 내용에 대해서도 담당 부장이 설명하는 시간을 가졌다. 교장 선생님이 학부모들과 학교 내부를 순회하며 진행 상황을 두루 설명하셨다. 학교의 상황이 꽤 좋지 못했는데도 학부모들의 반응은 좋았고 얼굴 표정은 안심하고 신뢰를 보내주는 모습이었다. 우리는 그때 깨달았다. 무슨 문제가 발생할 때 쉬쉬하고 숨기려고 하는 것보다 정면 승부를 택하고 함께 문제를 해결하는 것이 더 좋은 결과를 볼 수 있다는 것을. 그래서인지 1학기를 돌아보니 학부모들이 학교를 신뢰하며 교육활동에 만족감을 보여주었고, 큰 민원이나 불만 없이 원활하게 잘 운영할 수 있었다.

2월 학교 설명회

2018년 3월, 드디어 아이들을 맞다

3월 2일, 시업식과 입학식을 하며 12학급 100명의 학생으로 출발하였다. 3월 12일, 교장, 교감 선생님, 교무부장, 그리고 공동 작사자인 김현경, 최윤영 선생님이 교장실에 모였다. 유희영 선생님이 노트북을 펼쳐서 들려준 우리의 교가는 너무 아름다웠고, 모두가 좋아했다. 그동안 많은 학교의 교가를 작곡했지만 이렇게 많은 분이 함께 듣고 기념사진까지 찍었던 적은 없다고 도리어 감사를 표했다.

전교 다모임 임원 선출을 시작으로 다모임 활동도 시작하였다. 학생다모임은 한 달에 한 번 목요일 1~2교시에 모여 학생들과 선생님들이 정한 주제를 가지고 열띤 토론을 벌인다. 5월 어린이날 수상자 선정과 관련해서는 '교외상 수상을 할 것인가?'란 내용으로 토론을 하였다. 상을 받고 싶다는 학생과 받지 않겠다는 학생이 팽팽한 가운데 여러 차례의 논의 과정을 거쳐 결론은 교외상 수상은 하지 않는 것으로 하였다. 그러나 이 문제는 워낙 여러 사람들의 생각이 달라 이렇게 끝을 내지는 않았다. 나중에 3주체 협의회(학생·교사·학부모를 대표하는 각 주체들이 3명씩 모여 9명이 학교의 현안 문제를 협의하는 기구로 매월 1회씩 정기 협의회를 실시한다)를 통해 다시 한 번 이야기를 하고 미처 살피지 못한 부분을 보완하였다.

3월 28일에는 3생활권의 같은 혁신학교인 소담초와의 교류를 위해 소담초를 방문하였다. 소담초 1층 복도 공간에 예쁘게 꾸며진 조명과 환경 구성을 보며 우리 학교에 해야 할 것이 무엇인지 생각해보았다. 서로 인사를 하고 음식을 나누며 친해지는 시간도 가졌다.

그리고 본격적인 교육활동을 위해 학교 비전에 따라 교육 목표를 실천하기 위해 학년별 실천체계를 만들었다. 학년에서 학교 비전 아래 교육 목표를 달성할 수 있도록 학년에 맞는 활동을 계획한 것이다.

입학식

교가 작곡가와의 만남

학년별 실천체계표

영역	학년별 실천과제		1학년 남을 배려하는 1학년	2학년 몸과 마음이 튼튼한 2학년	3학년 함께하는 3학년	4학년 사고하는 4학년	5학년 우리와 함께 행복한 5학년	6학년 우리와 함께 행복한 6학년
지성	독서 교육	그림책 읽기	아침독서	아침활동 시간을 활용한 다양한 그림책 읽기 지도	아침독서	'공동체 생활'을 주제로 한 그림책 읽기	도덕과와 연계한 인성 그림책 읽기	사고력 및 인성 관련 그림책 읽기
		온작품 읽기	교과 연계	국어 교과와 연계한 온작품 읽기 수업	독서왕	'성실'을 주제로 한 온책 읽기	분기별 1권 온책읽기를 통한 독서·토론	온작품 선정 후 다양한 독후활동 실시
		도서관 활용 교육	도서관 이용습관 기르기	국어·통합 교과와 연계한 도서관 활용 교육	도서관 이용 규칙 준수	'공동체 생활'과 '성실'을 주제로 한 책을 도서관에서 찾아 읽기	연중 상시	도서관을 활용한 독서수업 실시
	기초 기본 교육	국어언어	받아쓰기	받아쓰기를 통한 지속적인 한글 지도	정자 쓰기, 받아쓰기	국어책 읽기 릴레이	이야기 보따리를 활용한 언어능력 신장 교육	쓰기 및 어휘능력 신장을 위해 교과시간을 활용한 학습지도 실시
		수학연산	일일수학	반복학습 및 보충지도를 통한 수학 부진아 예방	구구단 외우기	문제 만들어 짝과 바꿔 풀기	100칸 계산을 활용한 연산능력 향상	기초연산능력을 키우기 위해 꾸준한 학습지도 실시
		생활습관	클래스123	건강하고 안전한 생활을 위한 기본생활교육	1인 1역	1인 1역 및 두레	교과시간에 학습 정리한 노트를 통한 복습공책 정리	학교생활 적응 및 기본생활습관 형성을 위해 학급별 약속 제정 및 상시 지도 실시
자존감 교육		스토리텔러	또래 낭독	1일 1발표를 통한 말하기 지도	자서전 발표	가상 직업 인터뷰하기	이야기 보따리를 활용한 뒷 이야기 이어가기 활동	학급 내에서 나의 이야기를 만들어 친구들과 공유하기
		진로탐색 교육	자기이해 활동	교과 연계를 통한 자신의 소질과 적성 탐색	칭찬데이	진로관련 책 읽고 감상 나누기	표준화 검사 적성 검사 정서 검사 지능 검사	다양한 진로 체험 활동으로 자신의 꿈 찾아보기
		진로준비 교육	체험학습	체험학습과 연계한 진로교육	10년 후 미래 탐색하기	'꿈 시간표' 세우기	비전 갖기 시간 Matrix 활용법 버킷리스트 짜봄 미래의 나 되어보기	자신의 꿈을 이루기 위한 설계를 하고 이를 실천해 보기

심성	예체능교육	스포츠 교육	줄넘기 급수제	줄넘기 인증제를 통한 기초체력 향상	뉴스포츠 배우기	도전활동	T-ball부 편성·운영	체육교과시간 및 중간놀이시간을 활용한 스포츠교육
		스포츠클럽 리그전 운영	-	-	자기주도적 활동 참여 독려	제기차기	T-ball부를 활용한 스포츠클럽 리그전 실시	체육시간과 연계한 학년별 스포츠클럽 리그전(배드민턴)
심성	예체능교육	악기교육	리듬악기	1인 1악기(멜로디언)를 통한 연주 실력 기르기	리코더 급수제	오카리나 만들고 연주하기	기타를 활용한 악기교육	음악시간에 기타 배우기
	생명존중교육	체험형 성교육	성인형극	보건교사와 함께하는 성인형극	올바른 성 가치관 형성	사회적인 성	보건교사와 함께하는 체험형 성교육	성교육 시간을 활용한 체험형 성교육 실시
		몸으로 익히는 안전교육	안전버스	이동형 안전버스를 통한 교통안전 교육 실시	안전역할극	먹거리 안전	충청남도 안전체험관 현장체험학습(6월)	학교 안전지도 만들기 및 현장체험학습을 활용한 실질적인 안전교육
		생태학습	1인 1식물	1인 1식물 기르기를 통한 인성교육	1인 1식물 기르기	식물 가꾸기	국립생태원 현장 체험학습(10월) 금강 걷기 프로젝트	1인 1화분 기르기를 통한 생태교육
	평화교육	평화로운 대화법 교육	나전달법	보드게임을 활용한 소통과 어울림의 교육 실현	평화의 날	비폭력 대화	평화샘 프로젝트 운영 멈춰 운동 실시	평화로운 대화법에 대한 지속적인 교육
		회복적 생활교육	배려문화 만들기	학교폭력 예방 교육을 통한 인권친화 교육	공동체놀이	메시지 교육	갈등회복 위원회 운영	회복을 위한 생활교육 실시
		생각나눔 교육	감정 스피치	친구사랑 주간 운영을 통한 남을 배려하는 마음 함양	학급 평화 규칙 제정	경청	평화 계기교육 실천(4·16, 4·19, 5·18, 6·25 등)	생각을 공유하면서 하나의 가치를 만들어가는 활동
시민성	자치교육	학교 참여 교육	하루반장	1인 1역할을 통한 공동체 형성에 필요한 민주시민의식 함양	민주시민의식 기르기	문제해결력 신장	전교 다모임 학년 다모임 학급 다모임 운영	학생 다모임 시간을 활용한 학교문제 해결
		학생 약속 만들기	학급 평화회의	학급회의를 통한 민주적 절차와 질서를 존중하는 태도 지니기	학급 역할 및 규칙 제정	학급회의 역할 구성 및 실행	학급 및 학년 규칙 제정	학생약속 제정 및 공유
		동아리 교육	교실 자유 동아리	1학급 1동아리를 통한 학급 특색 동아리 교육	평생 취미 찾기	여가 시간 활용 교육	학생의 필요와 재능을 꽃피우는 학생 자율동아리 운영	학생들이 계획하고 운영하는 동아리

2018년 4월 다양한 활동을 시작하다

학부모회에서 활동을 시작하기에 앞서 소담초등학교 학부모회는 어떻게 활동하는지 알기 위해 소담초 사례를 듣는 시간을 가졌다. 소담초 학부모회 부회장이 와서 그동안 어떤 활동들을 해왔는지 설명하고 그런 활동들을 할 때 궁금한 사항들을 질의응답하는 시간을 가졌다.

4월 9일 교육청 대강당에서는 교기 전달식이 있었다. 교장 선생님과 교직원, 그리고 학부모가 참석하였고 교장 선생님이 받은 교기를 무대에서 멋지게 흔들었다. 교기에 있는 교표는 업체에 의뢰한 것이 아니라 교사들에게 공모하여 만든 것인데 교무부장 선생님이 직접 디자인하고 만든 것이 선정되었다. 업체의 도움이 전혀 없이 본인이 직접 디자인한 것을 그대로 사용하게 되었다.

혁신학교의 모습을 또 한 번 볼 수 있었던 것은 교내 과학 축제인 '2018 시끌벅적 대평과학축제'였다. 학교교육과정과 과학부 연간 계획에서는 이것과 관련해 행사나 과학주간 등을 제시하지 않았다. 개교한 지 한 달밖에 되지 않은 상황에서 여러 가지 행사 등으로 선생님들이 수업에 집중하지 못하는 상황이 발생하지 않도록 학년과 학급에서 교육과정을 충실히 운영하도록 하기 위함이었다. 그런데 자발적으로 5학년에서 아이들을 위해 교내 과학축제를 하면 좋겠다는 기획안을 내놓았고, 여기에 많은 학년이 동참하였다. 이미 다른 활동을 준비한 학년에서는 원래 준비한 대로 할 수 있게 서로 조정하는 과정도 있었다. 요즘은 지자체나 여러 곳에서 다양한 축제를 많이 개최한다. 세종 인근만 가더라도 과학전시관 등에 가서 다양한 체험을 할 수 있다. 하지만 선생님들이 아이들을 위해 학교 강당과 복도에서 직접 과학 체험을 할 수 있도록 준비하고 아이들이 웃을 수 있게 행사를 구성했다는 점에서 보람이 있었고, 특히 교사 자발성에서 나온 행사라는 점이 혁신교육의 하나의 모델이 될 수 있을 거라고 생각한다.

학교 특색교육인 실습교육도 여러 분야에서 실천하였다. 학교 텃밭 활동도 그중 하나이다. 4월 11일에 5, 6학년 학생들이 텃밭 조성을 위해 먼저 땅을 갈았다. 기구가 익숙하지 않아 좀 느리고 서툴렀지만 이렇게 시작해보는 것이 중요함을 서로 알아가는 소중한 시간이었다.

교내 전문적학습공동체(이하 전학공) 활동을 4월 6일부터 시작하였다. 매주 목요일 3시부터 4시 반까지 하기로 하고 꾸준히 활동하였다. 첫 시간은 재미있게 레크리에이션으로 시작하였다. 그리고 함께 읽을 도서로 『존엄』이라는 책을 정해 1학기에 이 책을 가지고 독서토론도 하였다. 책을 읽으면서 아이들의 존엄을 지키는 교육은 무엇인지 고민하게 되었고, 교육 주체 서로 간에 존엄을 지켜주는 방식에 대해서도 생각해보았다. 그 밖에도 『마음을 어떻게 비울 것인가』, 『보이텔스바흐의 민주시민교육』, 『과정중심평가란 무엇인가』 같은 책을 구입하여 읽을 수 있도록 하였다. 책 읽는 문화가 학교에 정착되도록 모두가 노력하였다. 전학공 시간에 수업과 관련하여 워크숍도 진행하였다. 배움이 일어나는 수업은 어떤 수업인지 각자의 경험에서 나온 것들을 가지고 적어보기도 하고 모둠에서 이야기도 나누고 전체 발표하는 시간도 가졌다. 교과서로만 하는 수업에서는 교사도 학생도 재미없고 배움이 잘 일어나지 않는데, 교과서에 얽매이지 않는 수업을 했을 때 교사도 학생도 수업이 재미있다는 이야기 등 좋은 내용이 많이 나왔다. 그러면서 올해 교내 전학공은 전체가 함께 가는 것이 좋겠다는 생각을 하였다. 1학기에 12학급으로 시작해 2학기 9월 1일 자로 28학급이 되어서 한 학년에 3~6개 반씩이 되었지만 올해는 하나의 주제를 가지고 서로 협력하여 교사학습공동체를 이루는 것이 중요할 것이다.

또 다른 학교 특색교육인 문화예술교육도 시작되었다. 5~6학년은 음악 시간에 통기타를 배우고 있다. 외부 강사를 모집하여 통기타 교육을 담임선생님과 함께 하고 있다. 역시 아이들은 빠르다. 어른들은

교기 전달식

텃밭 가꾸기

대평 과학축제

텃밭 가꾸기

전문적학습공동체

통기타 교육

손이 굳어 배우기가 어려운 것들을 아이들은 금방 해낸다. 이렇게 하나씩 즐겁게 배워나간다면 가을에 멋지게 음악 발표회도 열 수 있을 것이다.

2018년 5월 배우고 익히다

선생님들이 수업에 집중할 수 있게 학교문화를 만들어가다 보면 아이들을 향한 교육을 더욱 잘할 수 있는 에너지와 안목이 생긴다. 5월 어느 날 복도를 걷다가 우연히 창밖으로 시선이 갔다. 5학년 선생님 한 분이 한 아이에게 자전거를 가르치고 있었다. 아직 자전거를 타본 지 얼마 안 돼 보였다. 중심을 못 잡고 있었는데 선생님이 얼굴을 맞대고 자전거 핸들을 함께 잡으며 중심을 잡는 모습이 너무나 아름답고 감동적이었다. 교육이라고 하는 게 이런 게 아닐까? 서로 얼굴을 맞대고 어려운 문제를 함께 손잡으며 힘을 내는 것. 우리 학교에 이런 모습들이 곳곳에 있어서 흐뭇하고 서로에게 감동을 받고 더욱 아이들을 향한 마음이 생긴다. 그날 또 다른 시간에는 1학년 아이들이 선생님과 함께 기다란 화분에 흙을 채우고 무슨 씨앗인가를 심고 있는 모습이 보였다. 『너는 무슨 씨앗이니?』 책이 생각났다. 아이들마다 성격도 잘하는 것도 얼굴 생김새도 다 다르다. 한 가지 기준으로 아이들을 평가한다면 아이들이 얼마나 세상을 살아가는 동안 힘든 일을 많이 겪게 될까? 다행인 것은 점점 우리 사회가 변화하고 있다는 점이다. 『평균의 종말』이란 책을 통해 학생 맞춤형 교육과정을 해야 함을 더욱 알게 되었고, 아이들을 기다려줄 줄 아는 게 필요하다는 교훈을 얻게 되었다.

| 자전거 잡아주는 모습 | 1학년 아이들 화분 가꾸기 |

　혁신학교가 다른 학교에 모델이 되기 위해 무엇을 할 수 있을까 고민해보다 인근 학교와 공동으로 연수를 운영하기로 하였다. 마침 세종교육연구원에서 맞춤형 직무연수를 공모하였다. 여울초 교감 선생님과 협의하여 생활교육을 주제로 연수를 열기로 하였다. 첫 번째 연수로 '회복적 생활교육'을 주제로 박숙영 회복적생활교육센터장을 강사로 초청하였다. 인근 학교와 연수를 공동으로 기획하고 운영하니 좋은 점이 많았다. 훌륭한 강사진을 섭외하는 데 드는 여러 가지 비용도 효율적으로 사용이 가능하였다. 그동안 서로 몰랐던 인근 학교 선생님들에 대해서도 연수를 통해 서로를 알아갔다. 서로의 학교를 방문하면서 시설 및 환경 구성에 대해 배우게 되는 점도 많았고, 연수 실습에서 나누는 이야기도 더 다채로웠다. 세종의 고등학교에서 공동교육과정이 있는 것처럼 초등학교에서도 이처럼 공동으로 구성할 수 있는 것들이 있을 것이다.

　5월 14일, 3주체 1차 협의회를 시작하였다. 교사, 학생, 학부모 대표 3인씩 총 9인으로 구성되었으며 간사 역할을 하는 교무부장이 사회와 진행을 보았다. 교사 대표로 관리자 1인, 부장교사 1인, 교사 1인이 구성됐다. 나는 부장교사 1인의 자격으로 협의회에 참여하였다. 예

여울초와 함께한 맞춤형 연수 운영 계획

연수목적	기존의 학생 '생활지도'라는 지도의 개념을 뛰어넘어 생활교육을 주제로 회복적 생활교육, 교육 코칭과 감정 코칭, 인권교육을 통해 더불어 살아가는 심성과 시민성을 기를 수 있도록 하여 배려와 협력의 생활공동체를 만든다.				
	일시(시간)	연수 내용	강사명 (소속/직위)	연수 방법	장소
연수 운영 계획	5월 2일(수) (3시간) 15:10~18:10	〈회복적 생활교육〉 • 평화로운 공동체 세우기 • 개인 존엄 인정 상호 존중 프로세스 • 서클 운영 방법 실습	박숙영 (회복적생활 교육센터장)	이론(2) 실습(1)	대평초 음악실 (5층)
	5월 9일(수) (3시간) 14:30~17:30	〈교육 코칭〉 • 코칭의 필요성과 철학 • 전두엽과 코칭 • 코칭의 3요소 • 코칭 대화 모델	이유남 (서울 명신초 교장)	이론(2) 실습(1)	여울초 시청각실
	6월 20일(수) (3시간) 14:30~17:30	〈감정 코칭〉 • 감정 코칭의 필요성 • 대화의 종류와 양육 유형 • 감정 코칭 5단계	주영옥 (여울초 교감)	이론(2) 실습(1)	여울초 시청각실
	7월 4일(수) (3시간) 14:30~17:30	〈교육 코칭〉 • 코칭 스킬(맥락적 경청, 인정/칭찬, 발견 질문, 중립적 피드백과 메시징) • 코칭 실습	이유남 (서울 명신초 교장)	이론(2) 실습(1)	여울초 시청각실
	9월 12일(수) (3시간) 14:30~17:30	〈교실, 인권을 만나다〉 • 인권 감수성 기르기 • 교실문화, 인권의 눈으로 살펴보기 • 아이들과 인권교육 함께 하기	이은진 (서울 발산초 교사)	이론(2) 실습(1)	대평초 시청각실

전에는 학교 일은 학교 교직원이 다 기획하고 필요한 경우 학부모에게 안내하는 식이었다. 하지만 3주체 협의회를 처음 한 소감은 '아! 이런 협의가 필요하구나'였다. 아무래도 교사 입장에서 무슨 일이든 추진하기 마련이다. 그런데 3주체 협의회에서 학생과 특히 학부모의 이야기를 들어보니 교사들이 미처 생각하지 못하는 부분과 교사 입장이어

서 알지 못했던 학부모와 학생의 입장을 알게 되었다. 그리고 학교 교육계획 수립에서 중요한 내용들도 많이 나왔다. 학부모와 함께 그 길을 걸어가야 하는 것이 맞다. 그동안 해오지 않았기에 그 과정에서 어려움이 있을 수 있겠지만 자율과 협력의 생활공동체로 서로 배려하고 존중한다면 충분히 가능할 것이다.

교무업무지원팀은 교감 선생님을 팀장으로 하여 교무부장, 혁신연구부장, 그리고 교무행정사 2명으로 구성되어 있다. 생활안전부장과 정보체육부장, 방과후돌봄부장도 함께 꾸려지면 좋았을 텐데 학급 수로 인해 담임을 해야 하는 형편이라 그렇게 구성되지 못했다. 그런 점에서 영역부장을 맡고 있으면서 학급담임을 한 부장교사들의 수고가 컸다. 교무업무지원팀에는 비전이 있다. '생산성 향상으로 수업 혁신 지원'이다. 구호도 있다. '착! 착! 착!' 어떻게 하면 일을 효율적으로 처리하고 빨리 하여 선생님들의 수업 문화 혁신을 함께 이룰 수 있을 것인가를 고민하고 몸으로 움직인다. 여기에는 신속하게 업무를 처리하는 두 분의 교무행정사의 역할이 크다. 교무행정사라는 이름에 걸맞게 교무학사 분야의 행정일을 지원하는데, 이분들의 수고와 전문적인 역량이 크다. 우리 교무업무지원팀의 미덕이 또 하나 있다. 그것은 바로

3주체 협의회

교무실 청소 시간

청소이다. 매주 화요일과 목요일 아침 시간을 청소 시간으로 정해서 청소를 한다. 청소 역할을 정하진 않았지만 알아서 청소 용구를 하나씩 들고 청소를 한다. 팀장인 교감 선생님부터 모든 팀원들이 청소를 하고 나면 책상 위와 교무실 바닥이 깨끗해져서 기분까지 상쾌하다. 매주 목요일 점심시간에는 재활용 및 쓰레기봉투 내놓는 날이어서 목요일에는 아침 점심으로 청소를 한다. 일이 바쁠 때도 있다. 하지만 함께 협력하여 청소한다.

　5월 3일에는 6학년 아이들이 한참 어린 1학년 동생들이 있는 교실에 가서 협동 수업을 하였다. '1학년과 6학년의 즐거운 협동 시간'이라는 이름으로 벚꽃 그리기 활동과 공룡 알아보기 활동을 하였다. 아름답게 피어 있는 벚꽃을 어린 1학년의 눈으로 어떻게 관찰하고 그릴 것인지 6학년들이 1학년들과 서로 이야기를 나누고 그림을 그릴 수 있도록 하였다. 공룡은 1학년 아이들에게 언제나 인기 만점인 아이템이다. 6학년들이 세심하게 고려하고 준비한 것이 대단하다. 또 5학년에서는 '다독다독 책형제'라는 프로젝트로 5학년과 1학년이 함께하는 책 읽기 시간을 가졌다. 5학년 아이들도 1학년 교실에 가서 바닥에 둘러앉아 동생들에게 책을 읽어주는 활동을 하였다.

1학년과 6학년 협동수업

1학년과 5학년 협동수업

5월 30일에는 5학년 학생들이 금강 걷기 프로젝트 학습을 진행하였다. 학교에서 금강변까지 걸어갔다. 오고 가는 길에 들판에 핀 꽃도 보고 평소보다 많이 걸으며 여러 가지 미션을 수행하였다.

2018년 6월 그리고 7월 아이들과 나누다

6월 5일과 6일에는 1박 2일 일정으로 교내 일박 활동을 5~6학년 학생들이 하였다. 실과실에서 밥도 지어 먹고 강당에서는 6월 6일 현충일과 연계하여 영화도 봤다. 1학년 선생님들이 함께한 공포체험 활동은 식은땀을 나게 해주는 재미있는 시간이었다. 올해는 5학년에서 따로 수련활동 장소를 예약하지 않았지만 이렇게 학교에서 수련활동을 교사들이 직접 기획하니 좋은 점이 많았다. 아이들도 경비가 들지 않고 집에서 가까운 학교에서 하니 부모님들도 안심하였다.

6월 19일에는 학부모 공개수업이 있었다. 오신 학부모의 수를 파악해보니 187명이 참석하였다. 그만큼 학교교육에 관심이 많고 자녀들이 어떻게 생활하는지 궁금해하신 것을 알 수 있었다.

학교 1박 수련활동

학교 1박 수련활동

선생님들의 교육에 대한 자발성은 7월에도 이어졌다. '대평알뜰바자회'라고 하여 학생들과 사회 시간 등 교과 시간에 배운 경제 관련 내용을 재미있게 풀어내어 교내 바자회를 열었다. 학교에서는 솜사탕 기계 등 필요하다고 하는 물품들을 지원하였다. 행사 당일 많은 아이들이 사고파는 경제활동을 하였다. 각 반마다 수익금을 어떻게 할 것인가 반 전체 학생들의 의견을 모아 결정하였다. 어려운 이웃을 돕는 데 사용하자는 의견이 많이 나왔다.

교가 부르기 공모전도 많은 학급의 성원 속에 잘 치러졌다. 참가한 모든 팀이 각자의 개성을 뽐냈다. 1위로 6학년 2반이 선정되었다. 선생님의 피아노 반주에 아이들이 활기차게 교가를 부르는 소리가 밝고 경쾌하였다. 1위 상품으로 맛있는 피자를 받았고, 참가한 다른 팀들도

대평알뜰바자회

대평알뜰바자회

1~2학년 물놀이

1학기 교육과정평가회

아이스크림을 부상으로 받았다. 1위로 선정된 6학년 2반 학생들이 부른 교가는 방학식에 행사에 쓰이는 영광을 누리기도 하였다.

2018년 여름은 참으로 더웠다. 더위 속에서 아이들에게 학교에서 해줄 수 있는 것이 무엇일까 고민하다 학교 안에 물놀이장을 만들기로 하였다. 1~2학년 학생 수가 적어 아이들이 마음껏 재미있게 물놀이를 할 수 있었다. 덩달아 선생님들도 신이 나서 아이들과 함께 즐거운 시간을 가졌다. 살은 많이 탔지만 아이들의 웃음소리에 마음은 환한 하루였다.

1학기 교육과정 운영을 돌아보는 교육과정평가회에서는 의미 있는 이야기들이 많이 나왔다. 우리가 그동안 잘한 것에 대해서는 서로에게 칭찬과 격려를 아끼지 않았다. 1학기를 돌아보면서 아쉬웠던 점, 개선하고 2학기에 강화해야 할 점에 대해서도 이야기를 나눴다. 2학기에는 수업에 대해 밀도 있는 협의와 전학공 시간을 통해 함께 학습하면 좋겠다는 의견이 나왔다.

2018년 8월 혁신학교에서 한 학기 보내다

8월 20일 개학하자마자 교육과정-수업-평가-기록의 일체화와 학생 성장중심 과정중심평가 역량 강화를 위한 연수를 실시하였다. 방주용 선생님(광주북초)이 그동안 학교현장에서 열심히 실천한 내용들을 알아보고 실습해보는 시간도 가졌다. 이 연수도 다른 학교와 함께하고자 하였다. 혁신학교인 소담초와 온빛초 선생님들이 참석할 수 있도록 자리를 마련하였고, 세종 초등 평가지원단 소속 선생님도 참석하여 배움이 있는 좋은 시간을 함께하였다.

과정중심평가 연수

세종 혁신교육포럼

8월의 마지막 날과 9월의 첫날은 세종 교육혁신을 추구하는 교사들의 워크숍이 있었다. 혁신학교에 근무하는 부장교사, 그리고 세종 혁신교육에 관심 있는 교원이 참석 대상이었다. 우리 학교에서도 많은 교사들이 참석하였다. 이 워크숍을 통해 세종 2기 교육혁신의 방향에 대해 알아보았다. 분임 토의 결과를 발표하는 시간에는 음악이 있는 토크쇼가 진행되었는데 무척 재미있고 감동적이었다.

첫 단추를 잘 끼워야 나머지 단추들도 바른 자리에 끼울 수 있다. 대평초가 2018년 개교와 동시에 혁신학교로 지정받고 행하는 모든 모습들이 올바른 방향으로 갈 수 있도록 모두의 협력이 필요하다. 모든 것에서 아이들을 중심에 놓고 생각하고 행하다 보면 많은 일들이 해결되지 않을까 한다. 아이들을 책임진다는 책무성을 갖고 설 때 흔들리지 않고 자신의 이익을 앞세우지 않고 좋은 학교의 일원으로 한 명 한 명 있을 것이다.

"사람들이 그들의 최선의 모습이 될 수 있도록 도우라. 그리고 그들이 이미 최선의 모습이 된 것처럼 대하라." 요한 볼프강 폰 괴테의 명언처럼 우리 아이들이 최선의 모습이 될 수 있도록 교육하는 학교이기를 꿈꾼다. 아이들이 이미 최선의 모습이 된 것처럼 대하는 선생님이기를 꿈꾼다. 존중과 배려가 있는 진정한 공동체를 꿈꾸며 대평 공동체는 오늘도 우직하게 한 걸음 한 걸음 나아가고 있다.

두 번째 마당

작은 학교 이야기

연서초등학교(2015년 지정)
연동초등학교(2015년 지정)
수왕초등학교(2016년 지정)

연서초등학교는 1913년 개교 이래 2016년 교사 개축과 공동학구 지정으로
새로운 변화를 맞이하고 있는 농촌지역의 소규모 학교입니다.
'배움이 즐겁고 나눔이 행복한 함께하는 교육'이라는 비전을 공유하며
모든 구성원들이 배움의 즐거움과 나눔의 행복을 느끼도록 노력하고 있습니다.
혁신학교 4년을 마무리 짓고 모두가 다시 시작한다는 마음으로
더 행복한 모습을 그리며 새로운 혁신학교를 만들어가고 있습니다.

연서초등학교(2015년 공모 지정 운영)
변화, 현재 진행형 학교, 연서초

김용균

　나는 2017년에 연서초로 전입해 왔다. 이곳이 혁신학교 3년 차일 때이다. 2년도 채 근무하지 않은 사람이 혁신학교 운영 전반에 대해 이야기하는 것이 부담스럽기도 하다. 정확한 사유와 맥락 없이 단편적으로 들은 이야기를 전달해서는 안 된다고 생각했다. 내가 바라보는 관점과 다른 시각이 있을 수도 있다고 생각했다. 또 다른 누군가에겐 상처가 될 수도 있는 일이다. 이왕이면 이전의 혁신학교는 어땠는지 비록 감추고 싶은 과거일지라도 거기서 우리가 얻은 교훈은 무엇인지도 책에 담으면 좋겠다 싶었다. 그리고 부탁을 드렸다. 올해 근무 3~4년 차 이상인 분들에게 그동안 어려웠던 점과 좋았던 점을 써주시길. 감사하게도 세 분의 선생님이 글을 보내주셨다. 지금부터 그 이야기를 꺼내고자 한다.

　"선생님 축하드려요. 세종시로 발령 나셨네요."

　세종시 전입 인사가 발표된 날, 주변에서 먼저 알고 축하 문자가 왔다. 막상 전출 통보를 받고 보니 기쁨과 걱정, 아쉬움이 함께 몰려왔다. 세종시 하면 막연하게 새로운 도시, 깨끗하고 선진적인 도시 이미지가 떠올랐다. 학교도 도심 속 큰 학교, 새 건물만 있을 것이라 생각했다. 발령을 받고서야 세종시에도 조치원이라는 원도심과 읍면 단위의 작은 학교도 있다는 걸 알게 되었다. 항상 작은 규모의 학교에서만 근무해서인지 학교 규모와 환경이 친근하게 다가왔다. 혁신학교가 운영되고 있다는 사실도 알게 되어 세종시의 혁신학교에 대해서도 잠시 알아보았다. 이웃 학교에 혁신학교가 있어서 종종 배움의 공동체 수업 공개와 컨설팅에 참여하기도 했지만 혁신학교 근무는 처음이었다.

2017년 2월 첫 모임을 위해 새벽부터 서둘러 집을 나섰다. 서울에 올라갈 때 보았던 익숙한 풍경들이 펼쳐지고 세종의 신도시를 지나 구불구불 시골길로 들어섰다. 복숭아 과수원과 딸기 하우스가 오밀조밀 모여 있는 정겨운 풍경을 바라보며 마음을 다잡고 학교에 들어섰다. 역사가 있는 학교였지만 신축을 해서인지 새 학교처럼 보였다. 가볍게 인사를 나누고 학교교육계획을 소개하는 시간을 가졌다. 첫 모임이었지만 자유롭고 허용적인 문화를 느낄 수 있었다. 친근하게 다가와주신 선생님들 덕분에 혁신학교 운영 상황과 어려움에 대해서도 알 수 있었다.

"선생님이 학생들과 자율적으로 하시면 됩니다."

늘 주어진 양식과 계획에 따라 톱니바퀴처럼 일사불란하게 추진되던 이전 학교와 달리 다소 생소한 분위기였다. 마치 하얀 백지 위에 그림을 그려야 하는 것과 같은 느낌. 처음부터 난관에 봉착했다. 이렇게 자율적으로 해본 적이 없었기 때문이다. 작년 자료를 참고해도 별 도움이 되지 않았다. 모두 각기 다른 색의 교육과정을 운영하고 있었다. 학급별 분위기는 매우 열정적이고 자유분방했다. 다양한 프로젝트 학습과 체험활동이 이루어지면서 학교 곳곳에서 학생들의 활발한 활동이 일어났다. 분위기는 매우 자유로웠다. 그런데 학교의 교육 비전과 목표가 공유되고 이것이 교육과정과 수업에 녹아들고 있는지에 대해서는 의문이 들었다. 마음의 문을 반쯤 열어둔 채 '과연 이대로 둬도 될까?'라는 생각이 수없이 들었다. 그렇게 물음표를 마음에 품고서 혁신학교에서의 첫해를 시작했다.

"저는 혁신을 그렇게 생각하지 않습니다", "이거 모두 합의된 사안인가요?"

전입한 첫해 우리 학교 협의 시간에서 자주 듣던 말이다. 혁신이라는 단어는 무언가 진취적이고 현재보다 나은 상태로의 변화라고 생각했다. 하지만 그 과정은 가죽을 벗겨내듯 괴롭고 때로는 서로에게 상처와 불신을 만들기도 했다. 혁신과 관련된 연수와 교육청 협의회도 빠짐없이 찾아다녔다. 정답은 없었지만 방향은 어렴풋하게 이해할 수 있었다. '혁신학교는 무엇인가?', '왜 우리는 혁신학교를 운영하는가?'라는 질문에 명확한 답을 내리긴 어렵지만, 구성원마다 나름의 철학을 갖고 의미를 찾아가고 있었다. 물론 이러한 다양한 생각들이 하나로 모아지고 나름의 학교문화를 만들어가는 데는 양보와 타협, 상호 배려와 존중이 있어야 했다.

"선생님은 새로 오셨으니까 가장 객관적인 관점으로 우리 학교를 보실 수 있을 것 같아요."

선생님 한 분이 현재까지 혁신학교 운영에 대해 어떻게 생각하는지 물었다. 아직 한 학기도 채 지나지 않았고 세종이라는 도시에 부단히 적응 중이던 나에겐 참으로 어려운 질문이었다. 그동안 혁신학교를 운영해온 맥락을 이해하지 못한 채 단편적인 모습만으로 섣불리 말하기 어려워서 긍정적인 측면에 대해 에둘러 답을 했던 것 같다. 일반 학교에 비해 혁신학교가 잘되고 있는 점은 무엇인지가 늘 궁금했다.

우리가 생각하는 혁신학교의 정의와 방향은?

눈이 소복소복 내리는 2017년 12월 교육과정 반성회를 가졌다. 화두는 우리가 생각하는 혁신에 대한 정의였다. 4년 차에 이르러서도 이런 고민을 하고 있다니 '혁신'은 어쩌면 우리가 앞으로 끊임없이 고민해야 하는 과제인 것 같았다. "우리가 혁신을 위해 하고자 하는 것은 무엇인가?", "지속가능한 혁신의 방법은 무엇인가?" 혁신의 목적과 방법들에 대해 고민을 나눴다. 막연하고 포괄적이었던 혁신에 대한 정의는 오랜 협의 과정을 통해 '교육의 본질'로 귀결되었고, 우리가 목적을 가지고 실천하는 여러 가지 교육활동들이 결국에는 '수업'에서 발현된다는 결론을 얻게 되었다.

수! 업! 혁! 신! 거창한 말 같지만 계속 고민해왔고 앞으로도 계속 고민할 수밖에 없는 부분이다. 혁신학교 4년 차 주제에 맞는 것인지 모르겠지만 연차를 따지지 않고 순수하게 "지금, 여기" 우리에게 꼭 필요한 혁신 과제를 정하기로 했다. 수업은 우리가 하루 일과 중 학생들과 보내는 대부분의 시간을 차지한다. 학교 비전과 교육 목표, 학년과 학급 단위에서 계획된 다양한 교육 목표들이 구체적으로 실행되는 시간이 바로 수업 시간이라는 점에서 수업 혁신은 결코 범위가 작은 개념이 아니었다. 이러한 수업 혁신에는 수업 나눔을 통해 협력적이고 개방적인 학교문화를 만들어가자는 구성원들의 의지도 반영되었다.

가. 혁신학교의 기반 다지기-교육과정 정선

학교교육과정의 비전과 목표가 모든 구성원과 공유되고 이러한 일
련의 계획들이 학년별로 체계성을 가지고 있는지를 생각하면서 매번
의문이 들었다. 놀랍게도 교육과정 반성회 때 보니 대부분의 선생님들
이 이 점에 공감하고 있었다. 따라서 다양한 교육활동들이 학교의 비
전과 목표 아래 체계를 잡고 학년별로 단계적이고 연속적인 활동이
이루어질 수 있도록 하는 교육과정 정립이 필요했다. 결국 우리가 지
금 열심히 실천하는 혁신적인 교육활동들이 학교 비전과 목표 아래
체계를 잡고 계획되었을 때 동력이 생기고, "혁신의 지속성"을 확보할
수 있다는 데 공감했다. 학교 교육 비전과 목표를 공유하고 함께 고민
하고 만들어가는 교육과정의 필요성에 대한 공감이 있고 난 뒤에는
학교교육과정 전반에 걸쳐 다양한 고민과 협의가 진행되었다.

> 2018 교육과정 계획수립을 위해 연서 학생들의 실태를 제대로
> 바라봐야 함을 깨닫고 자치, 학력, 인성 등 다양한 부분을 들여다
> 보았다. '연서 학생들에게 진정 정말로 필요한 것이 무엇인가?'를
> 함께 고민하면서 그동안의 교육활동을 반성해보는 의미 있는 시
> 간이었다.　　　　　　　　　　　　　　　　_연서 혁신학교 3년 차 교사

비전에 대한 고민은 기존의 비전을 이해하고 교육 목표와 중점들을
새롭게 정리할 것인지, 아니면 처음부터 비전을 새롭게 만들 것인지
에 대한 것부터 시작했다. 구성원이 바뀌면서 비전이 자꾸 바뀌는 것
에 대한 부담도 있었지만, 학교교육과정에서 운영하고 있는 구체적인

2017년 교육과정 반성회　　　　　2018년 1학기 교육과정 반성회

중점 교육활동들을 나타낼 수 있는 새로운 비전이 필요하다는 요구가 많았다. 비전을 새롭게 만들기로 했다. 새로운 비전은 설문과 반성회를 통해 교사, 학생, 학부모에게 필요한 교육 요소를 키워드 중심으로 분류하고 유목화했다. 배움과 나눔, 협력이라는 세 가지 교육 중점 키워드를 만들었다. 구체적인 비전과 교육 목표는 구성원들이 쉽게 이해하고 공유가 빠른 장점이 있다. 또한 교육활동의 목적과 필요성을 쉽게 연관시킬 수 있다.

　　비전 아래 배움, 나눔, 협력하는 연서 학생들을 양성하기 위해 교육과정 활동으로 어떤 것을 해야 할 것인가 서로 의견을 나누고 공유하며 정리해가면서 2018 학교교육과정이 만들어졌다. 학교 비전에 대한 공유와 교육 목표에 대한 재정립을 한 뒤 학급교육과정의 체계를 잡아나가는 시도가 의미 있었다.

_연서 혁신학교 3년 차 교사

학교교육과정에서 제시한 비전과 교육 목표, 교육 중점을 학급교육과정에서 어떻게 구현할 것인지가 가장 중요한 문제였다. 학년별 위계성과 연속성을 확보하고자 하는 노력과 시도가 있었지만 쉽지 않았다. 학교교육계획의 체계성을 확보하자는 의견과 교육의 획일화에 반대하는 의견이 서로 평행선을 달리고 있었다.

오랜 협의와 합의 끝에 올해 학교교육 중점별 학급 교육활동을 정리하여 학급 교육계획에 반영하였다. 그동안 학년에서 운영하고 있던 활동을 학교교육 중점별로 정리해보는 시도를 했고, 그 과정에서 '가감창제'가 이루어졌다. 혁신학교 4년 차에 나타난 변화지만 앞으로 2기 혁신학교의 비전과 방향에 대한 지속적인 논의는 숙제로 남았다.

나. 수업 혁신 실천-수업 나눔

2016년 연서초로 전입해 온 첫해. 교사 다모임에서 수업공개가 운영이 되기는 하였으나, 사전 수업 안내와 수업공개만 이루어졌다. 공개수업이 일반 수업 시간에 실시되다 보니, 수업이 있는 선생님들은 참관을 할 수 없었다. 하지만 이렇게 운영하는 것에 대해 단 한 사람도 이의를 제기하지 않았다. 수업공개에 대한 편리주의와 안일함이 느껴지는 부분이기도 했지만, 문화를 바꾸는 것도 어려워 보였다. 이 해에는 수업에 대한 학교 단위의 연구 활동이 이루어지지 않았다고 생각한다. _연서 혁신학교 3년 차 교사

2018학년도 새 학년이 시작되면서 여섯 분의 선생님이 전입해 오셨다. 신규 교사 다섯 분과 타 시도 전입 교사 한 분이었다. 여섯 분의 전입 선생님은 작은 학교의 분위기를 더욱 새롭게 해주었다. 신규 선생님들은 두 학급이 있는 학년에 배치하여 동학년 선생님과 멘토-멘티가 되었다. 동학년 선생님과 함께 열심히 배우려고 하고 서로 돕고

배려하는 모습이 인상적이었다. 타 시도에서 오신 선생님도 특유의 자상함과 친화력으로 우리를 똘똘 뭉치게 해주었다.

수업 나눔을 위한 전문적학습공동체(이하 전학공) 운영 방안에 대해서도 협의가 이루어졌다. 수업 나눔은 일정과 과목, 주제를 미리 정하여 수업 스케줄을 짰다. 수업공개 전주에는 수업 사전 협의회를 하고 피드백을 받은 수업안을 공유했다. 수업공개 당일에는 임시시정을 운영하여 전 교원이 수업을 참관할 수 있었고, 오후에는 수업 나눔 협의가 진행되었다. 수업 나눔은 '이해-격려-직면-도전' 단계 순서로 진행했다. 날선 지적보다 수업자의 고민을 함께 나누고 수업자 스스로 고민을 해결할 수 있도록 격려해주었다. 신규 교사는 동학년 선생님과 공동으로 수업을 기획하였다. 첫술에 배부를 수 없다는 생각으로 큰 욕심 내지 않고 수업 나눔 문화 정착과 관계 개선을 목표로 운영했다. 전 교원이 함께하다 보니 작은 학교임에도 일정이 빡빡했다. 매주 수요일 전문적학습공동체 시간에는 수업과 관련된 주제로 곳곳에서 수업 나눔이 이루어졌다.

교내 수업공개   수업 나눔

수업공개를 하는 날의 수업 나눔은 퇴근 후 번개 모임에서도 이어졌다. 수업 나눔에서 못다 한 이야기는 뒤풀이에서 털어냈다.

"저는요. 수업 나눔에서 배우는 것도 많아서 참 좋은데, 이렇게 선생님들과 자주 만나서 즐겁게 이야기 나눌 수 있다는 게 더 좋은 것 같아요."

수업 나눔을 한다고 했을 때 가장 적극적으로 지지해주고 첫 수업을 자원한 선생님의 이야기다. 수업 나눔에서 공유했던 많은 고민들도 나름의 의미가 있지만 결국 무엇을 하든 학교 안에서 사람과의 관계가 참 중요하다는 생각이 들었다.

다. 학생 문화 혁신(학생다모임)-교사와 학생이 함께 만들어가는 자율성

학교 행사나 업무와 관련된 협의에서 항상 학생들의 의견이 빠지지 않도록 하는 협의 문화가 좋았다. 업무의 효율성을 쫓다 보면 놓치기 쉬운 부분인데 많은 선생님들이 이를 놓치지 않으려고 노력했다. 다소 논의가 길어지더라도 학생의 의견을 수합하여 협의를 진행했다. 물론 이러한 시간과 노력에 비해 결과물이 항상 번듯하게 나오지는 않았지만 학생들은 주인의식을 갖고 자신의 생각을 표현하는 것에 주저함이 없었다. 학생들이 스스로 삶을 살아가는 힘을 길러주고 협력하고 배려하는 마음을 키워준다는 점에서 인상 깊었다.

혁신학교의 꽃은 무엇일까? 이 질문에 혁신학교를 경험한 대부분의 선생님들은 학생다모임이라고 말할 것이다. 그만큼 학생자치는 혁신학교에서 가장 중요한 부분을 차지한다. 자치활동은 소통의 창구이자 새로운 변화가 시작되는 중요한 영역이기 때문이다. 자치활동은 우리 집, 학교, 더 나아가 사회에서 주인이 되어야 하는 우리 학생들에게 주체성을 갖게 한다. 또한 학생들이 자신의 생활 속에서 민주주의를 체득할 수 있는 유의미한 활동이다.

혁신학교마다 자치활동을 운영하는 모습이 조금씩은 다르겠지만 아마 공통적으로 "모든 학생들이 주인공"이라는 대전제에는 동의할 것이라고 생각한다. _연서 혁신학교 4년 차 교사

우리 학교에는 매월 두 가지의 학생다모임이 운영되고 있다. 학교 주요 사안이나 공동의 문제에 대해 협의를 하는 자치 다모임, 평소 꾸준히 연습한 자신의 끼를 발표하는 작은 발표회 형식의 꿈끼 다모임이 있다. 자치 다모임은 학생회 없이 6학년 학생들이 돌아가며 다모임 사회를 본다. 다소 서툴지만 전교생 앞에서 회의를 진행하는 일은 학생 모두에게 값진 경험이 된다고 생각했다.

연서초는 학생회가 없다. 대신 6학년 학생들이 돌아가며 회의를 진행하는 방식으로 자치 다모임이 운영되었다. 처음 우리 학교에 왔을 때 치열하게 고민해본 문제가 바로 학생회가 꼭 필요한지에 대한 부분이었다. 구성원과의 논의 끝에 소수로 대변되는 학생회 대표보다 모두가 주인공이 되어 공평한 기회가 돌아갈 수 있도록 하는 기존의 방식으로 운영하기로 했다. 혁신학교를 운영해오면서 많은 부분들이 변화해갔지만 학생회를 운영하지 않는 부분만큼은 처음의 합의대로 학교의 문화로 만들어 지켜나가고 있다.

처음 우리 학교에 와서 인상 깊었던 활동이 바로 학생다모임 활동이었다. 학생다모임은 '무지개 남매'로 운영되었는데, 1~6학년 학생들과 교사가 무지개 남매를 구성하여 다모임에 참여했다. 작은 학교이기에 가능한 부분이기도 했다. 무지개 남매는 다모임 시간에 함께 모여 앉아 이야기를 나누었다. 입학하는 동생들을 따

뜻하게 환영해주고 함께 즐겁게 전래놀이를 하면서 학생들 모두가 무지개 남매에 속해 있다는 마음을 가지게 되었다. 무지개 남매를 통하여 우리 학교에 어떤 형, 누나, 언니, 오빠가 있는지 또 어떤 동생들이 있는지를 알 수 있게 해주었다.

_연서 혁신학교 4년 차 교사

자치 다모임

꿈끼 다모임

아쉬웠던 점은 꿈끼 다모임이었다. 꿈끼 다모임은 매달 다모임 날 전주부터 참여 신청을 받아서 자율적으로 진행되었다. 학생이 스스로 준비한 자신만의 '끼'를 발표하는 시간으로 학생들의 자율성을 존중해주고 친구들 앞에 나와 자신만의 무대를 갖는다는 데 의미가 있었다. 그런데 꿈끼 발표에 적극적으로 참여하는 학생이 있는 반면 소극적인 학생들은 매번 관중이 되는 상황이 반복되었다. 특히 고학년으로 갈수록 참여율이 떨어지고 집중도 잘되지 않았다. 학년별 댄스 위주의 공연으로 흘러가 내용의 다양화에도 한계를 보였다. 간혹 담임 선생님들이 학생들에게 다양한 발표를 할 수 있도록 코치를 했지만 자칫 학생들의 자율성을 침해할까 봐 어려운 상황이 계속되었다.

2017학년도 말 교육과정 반성회 때 학생들의 자율성을 존중하는 것도 좋지만 좀 더 유익한 활동을 위해 교사의 도움이 필요하다는 의

견이 나왔다. 이내 "참여하지 않은 학생들이 아무것도 안 한 것 같아
도 다른 학생들이 하는 걸 보면서 배웁니다"라는 의견이 이어지면서
선생님들의 생각이 나뉘었다. 교사가 개입을 했을 때 자칫 학생들의
자율성이 침해되고 교사의 업무가 될 수도 있는 상황을 경계하기도
했다. 새로운 대안이 필요했다.

　혁신학교에서 동아리는 단순한 학생의 재능 계발이 아닌 학
생자치 문화의 하나의 갈래이다. 하지만 처음 우리 학교에 왔을
때 내가 본 동아리 활동은 이전에 있던 학교의 학생 동아리 활
동과 크게 차이가 없었다. 선생님이 할 수 있는 동아리를 만들어
서 학생들에게 안내하면 학생들이 선택을 하는 방식이었다. 동아
리에 신청자가 몰리면 교사가 임의적으로 정원을 조절하다 보니
교사 중심의 동아리가 운영될 수밖에 없었다. 학생들이 하고 싶
어 하는 동아리의 모습을 최대한 반영하기가 어려웠다. 2016학년
도 교육과정 운영이 끝나고 교육과정 반성회에서 모든 구성원들
이 머리를 맞대고 고민한 결과 한 가지 결론을 내리게 되었다. 바
로 "학생 동아리 활동은 학생들의 것으로 온전히 돌려주자"는 것
이었다. 그래서 2017학년도 동아리 운영부터는 학생들의 의견이
들어가기 시작했다. 학생들이 원하는 동아리를 만들고 동아리를
함께할 구성원들을 모으기 시작했다. 구성원을 모으기 위한 동아
리 홍보주간을 가지며 온전히 학생들이 동아리를 만들고 교사들
은 그 동아리에 도움을 주는 역할로 참여하였다. 학생들이 동아
리를 조직하고 운영의 중심이 되면서 교사의 부담감도 많이 줄어
들었다. 교사는 학생들의 활동 내용을 정리하여 기록하고 지원하
는 조력자의 역할을 했다. 학생들은 동아리 활동 계획을 짜면서

동아리 발표회 및 산출물 형태까지도 스스로 결정하였다. 1년이 지난 현재 학생의 만족도 부분에서 가장 크게 상승했던 부분이 바로 학생 동아리 활동이었다. 2018학년도에는 학생들에게 동아리 예산의 권한까지도 일정 부분 부여하여 운영하고 있다.

_연서 혁신학교 4년 차 교사

"꿈을 펼치는 진로 동아리"

5, 6학년 진로교육 활성화를 위해 창업진흥원에서 지원하는 비즈쿨 학교 사업 공모에 참여했다. 비즈쿨 학교 프로그램은 지원되는 예산으로 학생들이 창업계획서(동아리계획서)를 가져와서 자율적으로 회사(동아리)를 세우고 직원(부원)을 모집한다. 활동을 운영하면서 나오는 산출물이나 체험활동을 판매(동아리 발표-부스 운영)하고 남은 수익금을 기부하는 것을 목표로 운영해보기로 했다. 전문 직업체험활동과 기업가 강연 등이 포함된 사업이었다. 매년 운영되었던 나눔 바자회와 연계할 수 있어서 따로 행사가 늘어나는 것도 아니었다. 물론 선생님들의 동의를 구했고 운이 좋게도 공모에 선정되었다. 협의 과정에서 대상 학년이 3~6학년으로 늘어났다. 비즈쿨 학교의 개념을 학생들에게 설명하고 이해를 구했다. 학생들의 의견과 교사의 제안 사이에 조율 과정이 필요했다. 학생들의 의견을 최대한 반영하여 6개의 동아리 부서가 만들어졌다.

진로교육을 강화하며, 꿈끼 다모임 운영도 변화가 생겼다. 작가와의 만남, 관심 있는 분야의 전문 직업체험, 문화예술 공연 등 다양한 진로체험활동이 기존 장기자랑 다모임과 격월로 운영되었다. 세부적인 계획은 학생들이 의견을 최대한 반영했다. 꿈끼 다모임에 소극적이었던 학생들도 직업체험, 문화예술활동 등에 적극적으로 참여했다. 기존

비즈쿨 동아리 페스티벌   비즈쿨 직업교육체험

꿈끼 다모임에서 장기를 뽐내고 싶던 학생들도 두 달 동안 더욱더 내실 있게 준비하여 멋진 무대를 선보였다.

올해 7월 여름방학을 앞두고 비즈쿨 동아리 페스티벌이 실시되었다. 코딩로봇, 드론체험, 공예체험 등이 다양하게 진행되었고 요리 부스도 빠질 수 없었다. 수익금은 약 73만 원이 나왔다. 이 돈은 2학기 진로 동아리 지원금으로 활용될 예정이다. 진로체험과 함께 나눔을 실천할 수 있는 의미 있는 시간이었다.

처음 학생 중심의 동아리 활동을 시작하였을 때 학생 중심의 방향으로 나아가야 한다는 것을 머리로는 이해했지만 실행에 옮기기는 쉽지 않았다. 학생들이 희망하는 동아리 부서는 수없이 다양했고, '과연 할 수 있을까?' 하는 현실적인 고민들도 있었다. 2015년에는 동료 교사들 사이에서 "우리들이 알고 가진 것이 많아야 동아리를 운영할 수 있기 때문에 아직은 시기상조다"라는 의견이 많았다. 그때 당시에 컨설팅도 받아보고 외부 강사를 부르기도 하였지만 고민이 해결되지 않았다. 지금 생각해보면 학생들과 관계 맺는 활동 없이 기능 중심적 동아리 운영을 하다 보니 어려움이 있었던 것 같다. 동아리 활동이 사실상 제2의 방과후학교 수강 과목처럼 되어버린 것이었다. 2016학년도 교육과정 반성을 토대로 2017학년도에 동아리 담당 선생님이 학생 중심의 동아리를 해보자고 말씀하셨을 때 그 필요성에 대해 구성원들이 공감하고 지지하게 되면서 변화가 일어났다. 처음 시작은 6학년 학생을 중심으로 시작했다. '우리가 하고 싶은 동아리를 우리가 만들어보자'는 생각에 스스로 동아리 모집 및 홍보주간을 만들어 운영하기 시작했다. 학생들이 스스로 먼저 움직여주면서 교사들도 학생들의 도전에 힘을 실어주었다.

동아리 운영에 대한 고민은 현재진행형이다. 먼저 현재 3~6학년을 대상으로 무학년제로 운영되고 있는 동아리를 1~2학년까지 확대해서 운영하는 방안을 고민 중이다. 무지개 남매를 적용할 수도 있다. 둘째는 학부모의 학생 동아리 참여다. 교육 기부 등 다양한 교육활동에 학부모가 적극적으로 참여하는 우리 학교의 특성을 살려 동아리 활동을 함께할 수 있는 기회를 마련하고 싶다.

_연서 혁신학교 4년 차 교사

2018학년도 자치활동에서 변화된 핵심 사항은 우선 주제에 대한 사전 협의 없이 두 시간을 내리 회의를 하던 방식에서 벗어난 것이다. 한 시간은 학급에서 사전에 협의된 공통 주제를 가지고 먼저 회의를 진행한 다음 정리된 내용을 가지고 전체 다모임 시간에 발표 및 토의 토론을 진행하는 순으로 바꾸었다. 결과적으로 학생들이 다모임에 더 흥미와 관심을 가지고 적극적으로 참여하게 되었다. 학생들이 중심이 되는 자치 다모임을 통해 민주시민으로서 학생들을 길러내는 첫 발걸음을 내딛게 되었다.

라. 교직원 문화 혁신

"교사 다모임에서 협의된 사안이 부장회의에 가면 뒤집어지는 상황이 많았어요." 2015년도에 근무했던 선생님의 이야기다. 당시 선생님은 합의된 사안이 수용되지 않았을 때 실망감과 무력감을 느꼈다고 했다. 협의해봐야 실행되지 않을 거라는 생각이 선생님들의 의지를 잃게 만들고 갈등을 일으키는 원인이 된 것 같다.

학교의 어떤 사안에 대해 협의를 할 때 교사 다모임의 결정을 존중하는 문화와 함께 협의 과정에 전 교원이 참여해야 문제가 해결될 것이라 생각했다. 협의 결과만 보지 않고 다모임에서 구성원들 간에 어떤 말이 오고 갔는지, 어떤 과정을 거쳐 결정이 되었는지 알아야 한다는 생각에 교장 선생님과 교감 선생님도 참여해달라고 부탁드렸다. 그 후로 교장 선생님과 교감 선생님이 번갈아 가며 들어오셨다.

지금 생각해보니 '왜 그때는 교사 다모임이었을까?'라는 생각이 들었다. '만약 "교직원 다모임"이라는 명칭을 사용했더라면 함께할 수 있지 않았을까?' 그랬다면 교직원 모두가 함께 참여한 협의 결과에 대해 'NO'라는 상황은 만들어지지 않았을 것이라 생각된다. 교사들이 어떤 생각을 하고 있는지, 관리자도 하나의 의견을 그 자리에서 제시함으로써 훨씬 더 좋은 의견을 선택하고 결정하게 되었을 거라는 생각이 든다. _연서 혁신학교 3년 차 교사

혁신학교 초기의 협의 조직은 교사 다모임과 부장회의로 구성되었다고 한다. 교사 다모임은 교사들이 한자리에 모여 협의 주제에 관한 의견을 공유하는 자리였는데, 많은 노력에도 불구하고 서로의 마음이

열리지 않아 어려움이 있었다고 한다.

　　서로 신뢰하고 허용적인 분위기가 아니었기에 교사들은 의견을 잘 제시하지 않았고, 고경력 선생님이나 본교 근무 경력이 많은 선생님들 중심으로 협의가 이루어졌다. 신규 선생님이나 전입하신 선생님은 의견을 거의 제시하지 않는 분위기였다. 교사 다모임에서는 누구나 자신의 생각을 자유롭게 표현할 수 있는 자리여야 한다고 말하기도 했다. 그 말에 모두 공감을 하였으나 분위기를 만드는 것이 쉽지 않았다. 학교 비전과 교육과정에 대해 기존 교사와 전입 교사 간의 공유할 수 있는 기회가 턱없이 부족하였다. 서로의 마음을 열려고 노력하는 모습도 보이지 않아 서로 마음의 벽이 좁혀지지 않고 철로처럼 팽팽한 거리를 두었다. 교사 다모임에 반드시 참여하자는 무언의 약속과 책임이 전제 되지 않아 참여율이 저조하였으며, 무엇보다도 상대방에 대한 신뢰가 형성되지 않고 불신과 선입견이 먼저 만들어졌기 때문이라고 생각했다. '교직원 다모임에 꼭 참여하는 것을 원칙으로 하되, 부득이한 사정으로 불참할 경우에는 협의 결과에 따른다'라는 전제로 협의가 이루어져야 한다고 생각했다. 교직원 간의 문화가 원만한 인간관계를 형성하지 못하고 불신과 불안의 형태로 이루어지다 보니 교무실과 행정실의 분위기도 화기애애한 분위기를 만들어내지 못한 것 같다. 서로를 칭찬하고 배려해주지 못하고 상처 주고 힘겨루기를 하는 모습으로 생활을 하다 보니 당시 학교생활이 힘들고 재미없었다.
　　　　　　　　　　　　　　　　　　　　　_연서 혁신학교 3년 차 교사

교직원 간 관계 개선을 위한 노력은 계속되었다. 2017학년도부터는 매월 첫째 주 월요일에 있던 교직원 다모임을 1부와 2부로 나누어 운영하기로 했다. 1부에는 월별 생일인 교직원을 축하해주는 시간을 갖고, 2부에는 교원 간의 협의 사항 및 학급교육과정 운영 안내 등으로 이루어졌다. 예전처럼 회의 전달만 하는 것에서 벗어나 생일축하를 해주고, 맛있는 음식도 먹으면서 서로 인사도 나누고, 자연스럽게 이야기를 나눌 수 있는 자리를 만들어보고자 했다. 매월 한 번이었지만 모든 직원이 한자리에 모여 웃음꽃을 피우고 화기애애한 분위기로 새로운 한 달을 시작할 수 있었다. 교직원 모두가 함께 소통하고 서로 협력하는 문화를 만들어가기 위한 첫걸음이라고 생각했다. 교직원 다모임에서는 교장, 교감 선생님을 비롯해 모든 교원이 참여하여 하나의 주제에 대해 자신의 생각을 좀 더 자유롭게 이야기하는 분위기를 만들었다.

교직원 다모임

교직원 생태 연수

업무를 전달해야 하는 내용은 메시지로 보냄으로써 잦은 회의 시간을 줄이고, 연서소통이라는 커뮤니티 공간을 만들어 월별 계획과 회람, 연수지명부 등을 공유했다. 특별한 사안이 아닌 경우 연서소통이와 메시지를 통해 소통이 이루어졌다.

소통과 관계회복을 위한 교직원 연수도 진행했다. 교직원과 서로 얼굴 보면서 꽃 심기, 양초 만들기, 월별 문화체험 등 다양한 활동을 운영하였다. 나름 서로의 마음을 열기 위한 노력은 계속되었다. 한 달에 한 번은 체육 연수도 추진했다. 같은 팀을 이루며 함께 웃고 응원하는 분위기에서 관계 개선이 조금씩 이루어진 것 같다.

마. 학교 특색 혁신

(1) 생태교육의 꽃! 초록농장

작년 처음 학교에 왔을 때 학교교육계획과 학급교육과정에 "생태"와 관련된 활동들이 많이 강조되고 있었다. 특히 텃밭과 연계된 활동들이 많았는데 학교 단위의 행사에는 가을 김장축제가 제법 큰 규모로 이루어졌다. 학급별로 김장을 주제로 프로젝트 학습이 계획되어 운영되었고, 직접 가꾸어 수확한 김장채소로 김치를 담고 나누어 먹었다. 마을 어르신들을 초청하여 대접하는 활동에서는 작은 시골학교의 정겨움도 묻어났다. 이러한 행사가 결실을 맺기까지 텃밭을 가꾸는 과정은 프로젝트 형식으로 꾸준하게 진행되었다. 새 학기가 어느 정도 안정이 되는 4월이 되면 학급별로 신청한 모종과 씨앗을 텃밭에 심는 활

| 텃밭 모종 심기 | 김장 축제 |

동이 이루어진다. 1학기에는 고추, 토마토, 상추 등 학급별로 희망하는 작물 신청을 받아서 심고, 2학기에는 김장채소 위주의 작물을 심는다. 학생들이 고사리 같은 손으로 모종과 씨앗을 심는 모습은 언제 봐도 사랑스럽다. 계절별 생태체험과 연계하여 수확한 작물로 직접 요리하는 활동이 이어졌다. 이런 체험에는 학부모 참여가 큰 도움이 되었다.

"첫 시도! 허브농장!"

2017학년도 말에 금강수목원에서 교내 교사생태연구회 숲 해설 연수가 있었다. 숲 해설을 따라 수목원의 다양한 식물들의 모습을 보고 난 뒤 근처 식당에서 식사를 했는데 후식으로 허브차가 나왔다. 선생님들 사이에서 자연스럽게 학생들과 허브차를 마셔보면 어떨지 이야기를 나누었다. 구체적인 방안은 없었지만 반응은 긍정적이었다. 다음 날 학생들의 생각을 물어보았다. 의외로 이미 집에서 허브를 기르고 있는 학생, 허브차를 마셔본 학생들이 많이 있었다. 반응도 좋았다. 그런데 교사도 학생도 텃밭에 허브를 길러본 사람이 없었다. 평소 허브에 관심 있는 선생님들에게 조언을 받았고, 쉽게 기를 수 있는 품종을 선택하여 시작하기로 했다. 올해 시작하는 비즈쿨 동아리와 7월에 예정된 동아리 페스티벌과도 연계해보고자 했기 때문이다. 겨울방학 동안 허브 재배 방법과 쓰임에 대해 알아보고 대량으로 구매할 수 있는 곳도 찾아놓았다.

그리고 올해 텃밭 한쪽을 허브농장으로 만들어보았다. 선생님들과 함께 열심히 땅을 고르며 형태를 잡았다. 허브와 어울리도록 기존 고랑의 모습이 아닌 나름 농원 느낌이 나도록 여섯 곳의 둔덕을 만들고 그 사이에 오솔길도 꾸몄다. 한 선생님이 시원한 음료를 내오며 말씀하셨다.

허브 수확　　　　　　　　　　　　허브 공예(비누)

"선생님 이거 무덤 같은데요?"

"허브를 심으면 괜찮을 거예요."

모두들 웃었다. 처음이라 모든 것이 서툴렀지만 기대가 됐다.

(2) 3주체를 이루는 든든한 지원군! 학부모 교육 참여!

　　2016학년도 학부모회는 혁신학교의 영향을 받아서인지 학부모
활동이 본교 교육활동에 깊숙이 들어와 있었다. 학부모회 조직은
책방이모, 놀이이모, 초록이모, 빠랑빠랑(학부형회) 등으로 구성되
어 다양한 활동을 하고 있었다. 교사, 학생, 학부모 3주체가 모여
교육과정 계획을 수립하고 평가하는 과정에 참여하는 것이 익숙
하고 자연스러워 보였다.　　　　　　　　　_연서 혁신학교 3년 차 교사

　　학부모 참여 교육은 생태활동을 중심으로 다양한 체험활동이 이루
어지다 보니 주로 텃밭 소산물을 활용한 요리 활동과 연관되었다. 또
한 초록농장이 잡초를 학생들과 제거하는 초록이모와 책을 읽어주고
독서 활동을 지원하는 책방이모, 방과 후 일정에 맞춰 전래놀이로 학

생들과 함께 놀아주는 놀이이모 등 다양한 활동이 이루어졌다. 다양한 활동에 적극적으로 협조해주는 모습에 감사했다. 학부모회장을 중심으로 학교의 다양한 행사를 지원하고, 원래 계획된 행사를 차질 없이 마칠 수 있도록 지원을 많이 해주었다. 교원들이 기획한 학교교육과정을 학부모회장과 공유하고, 수정을 하면서 진행을 하였다. 학부모회는 항상 긍정적인 태도로 학교 일을 지원해주고, 학급 교육활동에서도 다양한 교육 기부, 재능 기부를 해주었다.

책방이모

놀이이모

(3) 교육 3주체가 행복한 교육-3주체 생활협약

녹색이 가득한 화단과 소수의 아이들이 지내는 학교는 전형적인 농촌 학교의 모습이다. 이런 작은 곳에 학생들의 즐거운 재잘거림이 넘실된다.

모두 한눈에 들어오는 인원이지만 학교 근처에 사는 아이들이 아니고 공동학구로 학교 버스를 이용하여 여기까지 온다. 낯선 곳에서 낯선 친구들을 만나는 곳이 학교이다.

학교생활에서 기본적으로 지켜져야 할 것을 자율이라는 부정확한 경계선에서 놓치고 있었다. 이에 따라 3주체가 스스로 생활

협약을 만들어 실천하고자 했다. _연서 혁신학교 3년 차 교사

허용적이고 자율적인 학교 분위기는 학생들의 자신감과 주도성을 높여준다. 혁신학교에 처음 왔을 때 느꼈던 것이 학생들의 주도성이다. 학생들은 자신의 생각을 표현하는 데 거침이 없었다. 자신의 주장이 분명하기에 전체적인 모습에서는 자유분방하면서도 개인주의적인 모습이 많이 보였다. 여러 선생님들 역시 이 점에 공감하면서도 지도하는 데 어려움을 토로했다. 특히 생활지도에서는 '교사가 어디까지 개입할 것인가?'에 대한 이야기와 결국 '모두가 합의된 규칙이 필요하다'라는 생각을 했다. 이 점은 학생들 스스로도 알고, 느끼고 있었다. 자치 다모임에서 이야기가 쏟아져 나왔다. 강당 사용부터 통학버스 질서 문제까지 평소 생활에 대해 이야기 나누고 약속을 정해보자고 했다. 이러한 협의들을 통해 3주체 생활협약의 필요성에 대한 공감대를 형성해갔다. '혁신학교만의 자율성'은 따로 있지 않았다. 자율에 대한 책임은 어느 곳에서나 필요하다.

올해 초 학급별로 학급 생활약속을 정해보는 것으로 시작했다. 협의된 내용은 전체 다모임 시간에 학생 생활협약으로 만들어졌다. 학부모회에서도 교사 전학공에서도 생활협약을 만들었다.

학교에서 학부모와 교사도 마찬가지로 우리가 서로에게 가질 수 있는 기본 신뢰를 쌓고자 하였다. 학급, 학교 규칙이 아닌 생활협약은 학생, 학부모, 교사로서의 마음가짐을 새롭게 하고 그것을 바탕으로 다채로운 무지개 학교가 되고자 하는 시작인 것이다.

연서 혁신학교 3년 차 교사

3주체 생활협약 발표   3주체 다모임

2018년 7월 4일 3주체의 생활협약을 발표하고 그 내용을 설명하는 시간을 가졌다. 학생, 학부모, 교사 순으로 발표하였다.

● 학생 생활 규약
1. 우리는 어른, 친구, 선후배 간의 예의를 지킨다.
2. 우리는 규칙을 잘 지키며 안전하게 생활한다.
3. 우리는 욕을 하지 않고 폭력을 쓰지 않는다.
4. 우리는 성실하게 수업에 참여하고 남에게 피해를 주지 않겠다.
5. 우리는 친구를 배려하고 따돌리지 않으며 혼자 되게 두지 않겠다.

● 학부모 생활 규약
1. 자녀의 말에 귀 기울이고 열린 마음으로 소통하겠습니다.
2. 칭찬과 격려를 자주 하겠습니다.
3. 아이와의 약속을 잘 지키겠습니다.
4. 부모가 먼저 노력하여 좋은 모범을 보이겠습니다.
5. 교사의 교육적 전문성을 존중하고 학교 정책을 신뢰하겠습니다.

● 교사 생활 규약
1. 학생의 이름을 부르며 다정하게 인사하겠습니다.
2. 교육공동체의 의견에 귀 기울이겠습니다.
3. 좋은 수업을 위해 연구하겠습니다.
4. 학생의 장점을 찾아 칭찬하겠습니다.
5. 학생의 성장 과정을 지속적으로 공유하겠습니다.

1, 2학년 학생들이 질문했다.

"이것을 왜 만들었어요?"

"안 지키면 어떻게 할 건가요?"

"학생 생활 규약 4번에서 성실하게 수업에 참여할 때 복도에서도 조용했으면 좋겠어요."

학생들의 생활협약을 정하는 다모임 시간에 협의 과정의 어려움을 이유로 1, 2학년을 제외했었다. 그래서인지 1, 2학년 학생들이 궁금해 하는 것이 많았다. 전교생이 지키기로 한 약속을 정하는 활동에 저학년이라는 이유로 참석하지 못하게 한 것은 착오였다. 추후 생활협약 개정에 대한 협의가 있다면 전교생을 대상으로 참여하기로 했다.

"학생의 이름을 안 부르면 안 될까요?"

"5번에 지속적으로 공유하는 건 누구와 하나요?"

"부모님이 지키지 않으면 어떻게 되나요?"

학생들의 질문이 이어졌다. 이해가 안 되는 부분은 설명해주고 수정할 곳은 수정을 했다. 협약을 만들어가는 과정에서 민주주의를 배우고 주체적인 역할과 책임을 느낄 수 있었다. 이런 과정을 통해 학생, 학부모, 교사가 공동체로서의 기쁨을 누리고 지속가능한 좋은 학교가 되리라 생각한다. 3주체 협약은 만드는 것보다 실천하는 것이 더 중요하다. 먼저 학교 환경 구성을 통해 3주체 모두가 생활협약 내용에 관심을 갖고 인지하도록 했다.

선포식에서는 실천 다짐약속을 쪽지에 적어 나무에 매달아 전시했다. 3주체 협약을 마무리 짓는 활동에서 스스로의 실천을 다짐하고 서로의 의지를 다지는 시간은 사뭇 진지했다. 자치 다모임에서도 생활협약 실천 사항에 대한 반성을 꾸준히 진행하기로 했다. 생활규약에 대해 꾸준한 관심을 갖고 실천을 하기 위해 보다 세심한 지도가 필요할 것으로 보인다.

자치 다모임에서도 생활협약 실천 사항에 대한 반성을 꾸준히 진행하기로 했다.

"다시 시작!"

남북정상회담 소식으로 온 세상이 들썩이던 2018년 4월 27일.

이날은 교육감님이 연서초에 방문하기로 한 날이었다. 연서초의 전문적학습공동체 운영 모습을 보고 전 교직원과 함께 담소를 나누고 싶다고 하셨다. 교직원들과의 만남의 시간은 시종일관 화기애애했고 편안했다. 교육감님은 모든 직원들에게 악수를 청하시고 덕담을 나누었다. 그날 트위터에 다음과 같은 메시지가 올라왔다.

봄 축제(쑥버무리)

여름 축제(학교 캠핑)

겨울 축제(김장 체험)

겨울축제(졸업공연)

"연서초등학교 참 많이 좋아졌어요!"

2018년 4월 27일 자 교육감님 트위터

연서초의 변화는 현재 진행형이다.

모두가 다시 시작한다는 마음으로 더 행복한 모습을 그리며 혁신학교를 만들어가고 있다.

연동초등학교는
'모두가 즐거운 배움으로 함께 성장하는 연동 교육'이라는 비전 아래,
학생, 교사, 학부모와 지역사회가 모두 따뜻하고 즐거운 배움을 통해
함께 신뢰하고 성장하며 발전하는 교육을 추구하고 있습니다.

연동초등학교(2015년 공모 지정 운영)

연동초,
혁신학교 교사로서 힘든 세 가지

손균욱

혁신학교에 관한 글이나 책을 보면 대개 내용의 전개 순서가 비슷하다.

'준비 → 어려움, 갈등 → 해결 → 성공, 도약의 기쁨.'

학교가 겪는 어려움과 갈등은 거의 비슷하기 때문에 혁신학교가 겪는 어려움에 대해 혁신학교에 근무 경험이 없는 교사들도 이 부분에선 쉽게 공감한다. 반면 '해결 → 성공, 도약의 기쁨'에 대해선 '우리 학교에 적용하기는 힘이 들 것 같아. 혁신학교라서 그렇지 뭐'라는 반응이 대부분이다. 혁신학교를 직접 경험하지 못한 사람들이 공감하기에는 한계가 있기 때문이다. 혁신학교 운영의 다양한 사례를 소개하여 보다 많은 사람들과 문제점을 해결하는 방법을 공감해보는 것도 하나의 방법이라고 생각한다. 여기에서는 필자가 혁신학교에 4년 근무하면서 '힘들었던 지점'과 '극복했던 방안'을 중심으로 혁신학교에 관하여 알리고자 한다.

1. 힘든 점 세 가지

1) 공동체

교사들은 공동체가 될 수 있을까? 교사는 공동체 구성원이 꼭 되어야 하는가? 교사 개인끼리나 3~5인이 한 팀이 되어 무엇을 시행하는 것은 자주 본 경험이 있지만, 학교 전체의 교사가 하나의 공동체가 되어 무엇을 추진하는 것이 과연 쉬운 일일까?

(1) 삶의 다름

교사들의 삶은 각자 다르다. 이 세상에 같은 삶을 사는 사람이 어디 있으랴? 대신 추구하는 삶은 비슷할 수도 있다. 요즘 자주 언급되는 '워라밸'이나 '욜로'와 같이 내가 살고 싶은 삶, 살아가고 싶은 삶이 유사하거나 비슷할 수는 있다. 결국 삶이 다른 사람들이 모인 집단에서 공동체를 만드는 것은 거의 불가능에 가까운 일이다. 대신 추구하는 삶이 비슷하면 공동체가 될 수 있는 여지는 있다.

교사는 조금 다르게 볼 수 있다. 우선 비슷한 교육과정을 운영하는 대학교를 졸업한 사람들이 대부분이다. 또한, '임용시험'이라는 선발 기준을 통과한 사람이다. '교육'을 직업으로 하는 사람이다. 이렇게 두세 가지 공통점이 있음에도 공동체가 되기는 쉽지 않다. 연령, 성비, 경력 등 다양한 요소가 추가로 작용하기 때문이다. 하지만 '추구하는 교육'이 비슷하다면? 교사 공동체, 쉽게 될 수 있지 않을까?

(2) 인정하기

진정으로 인정한다는 것은 무엇일까? 대부분 현실적인 여건이나 개인 성향 때문에 상황이나 사람에 관해 인정해버리는 것이 편해 '인정'

한 경우가 많다고 생각한다. 특히 '다른 삶을 살아온 사람'을 인정하는 것은 시간이 걸리는 일이다. 가장 쉬운 예로 '부부'를 들 수 있다. 20~30년 동안 다른 삶을 살다가 함께 같은 공간에서 산다는 것은 대놓고 갈등하라는 말과 같다. 하지만 부부가 함께한 시간이 지날수록 서로 닮아간다는 말이 있듯이, 함께한 시간이 충분히 확보된다면 다름의 차이를 인정할 수 있다.

그런데 교사에게는 그 시간이 확보되기가 어렵다. 매년 새로운 사람을 만난다. 학생, 학부모, 교사. 특히 새로운 교사를 만났을 경우, 그 사람을 인정하기까지 시간이 걸린다. 그 사람도 마찬가지다. 기존의 교사들을 알고 인정하기까지 시간이 필요하다. 이 시간을 확보하여 인정하는 시간을 단축하고, 효과적인 인정을 하는 데 필요한 것이 바로 '이야기하는 것'이다.

(3) 다 같이 모여서 이야기하기(회의, 협의, TF, 모임 등)

혁신학교의 시작은 '다 같이 모여서 이야기하기'이다. '다모임'으로 불리는 이 활동은 앞에서 언급한 것처럼, 차이를 인정하기 위한 정말 의미 있는 시간이다. 하지만 '차이를 확인하는 것'에서 멈출 수 있는 위험한 시간이기도 하다. "서로 다른 의견이니 각자 알아서 합시다"라고 할 수도 있고, "선생님 마음대로 하세요"라고 회의를 박차고 나갈 수도 있다. "회의가 회의를 부른다"는 어느 교감 선생님 말씀처럼 '회의'가 모든 것을 해결할 수 있는 만능열쇠는 아니다. 필자가 경험한 바로는 '다 같이 모여서 이야기하기'도 연습이 필요하다. '웃는 것'도 연습이 필요하다고 하지 않던가? 이 세상에 완벽한 회의 체계는 없다. 구성원들이 모여 회의에 관한 다양한 방법이나 방식을 시도해야 한다.

우리 학교에서는 2015년에 모든 교직원이 모여 회의를 자주 했다.

모든 교직원이 모여 회의하는 것이 멋있는 줄 알았다. 회의 시간이 길어지면 정말 의미 있고, 혁신학교에 어울리는 회의가 되는 줄 알고 착각했던 적도 있었다. 그런데 시간이 지날수록 교직원의 피로도가 쌓이기 시작했다. 회의를 주관한 사람도 회의에 참여한 사람도 모두 힘들어했다. 문제점은 '회의의 효율성'이다. 즉, 회의 당일 갑자기 언급된 안건이 생겨 회의 시간이 길어지거나, 퇴근 시간을 넘겨 회의가 끝나거나, 안건에 관하여 연관된 사람만 이야기한다거나, 소위 '여론 주도자Big Mouth'가 회의의 모든 것을 결정하는 등 비효율적인 측면이 많았다. 이를 해결하기 위해 다양한 방법을 시도했고, 2018년에는 3주체 회의(월 1회), 전문적학습공동체(주 1회), 부장 회의(필요할 때)로 체계가 잡혔다. 각종 안건은 사전에 '학교소통이'에 탑재하여, 구성원끼리 회의 안건을 공유하게 하였다. 또한 안건별 TF를 조직하여 연관된 구성원끼리 사전에 안건을 논의하고 전체에 알리는 식으로 방식을 바꾸었다. 이렇게 하였더니 회의 시간이 길어지지 않고 회의 중에 의사결정 속도가 훨씬 빨라졌다. 즉, 회의가 '의사결정의 촉진'이라는 하나의 임무를 수행한 것이다. 물론 안건이나 사안마다 깊이 고민하고 생각해야 할 부분이 있다. 이는 빠른 의사결정보다는 회의 시간을 충분히 확보해 의미 있는 회의가 되게 하는 것이 꼭 필요하다.

(4) 전문적학습공동체

이제는 전문적학습공동체를 운영하지 않는 학교를 찾기 힘들어졌다. 전문적학습공동체는 학교에 꼭 있어야 할 것으로 자리를 잡았다. 전문적학습공동체를 직무연수로 운영하는 학교도 있는 등 다양한 방법으로 운영되고 있다.

전문적학습공동체에서 가장 중요한 것은 '공동체'라고 한다(박일

전문적학습공동체   3주체 회의

관). 사실 진정한 공동체만 구축된다면 무엇인들 하지 못하랴. 대신 우리는 교사이므로 '교육'과 관련된 주제로 운영하는 것이다. 문제는 '주제' 선정이 정말 중요하다는 것이다. 교사 개인별 흥미, 관심, 상황이 모두 다르기에 '주제 선정'을 할 때 깊이 있는 회의가 필요하다. 사실 주제 선정이 잘되면 전문적학습공동체 운영의 절반은 끝났다고 본다.

2015년 본교는 '전문적학습공동체'라기보다는 '안건 처리'에 신경을 더 썼던 것 같다. 특히 계절 축제에 관한 이야기를 많이 나누었다. 이후 전문적학습공동체의 중요성을 느끼고 수업, 교육과정 재구성 등에 관한 주제를 가지고 이야기를 나누었다. 늘 아쉬웠던 것은 전문적학습공동체를 지탱해줄 무언가가 없다는 느낌과 담임이 아닌 교사들의 참여가 원활하지 않다는 것이다. 그래서 2018년에는 '독서토론'을 도입하여 '책'을 가지고 전문적학습공동체를 운영하였다. '책'이라는 버팀목이 있으니, 주제에 알맞은 책을 선정하고 함께 이야기를 나누었다. 또 책의 저자와 직접 만나 궁금한 점을 묻기도 했다.

이제는 실천하고자 한다. 전문적학습공동체의 마지막 단계는 '함께 실천하는 것'이다. 함께 실천하기 위해 책을 읽고 이야기를 나누었다. 즉, 생각이 차이를 좁히고 추구하는 것을 비슷하게 맞춘 것이다. 함께 실천하기 위해서는 함께하는 '교육과정'이 있어야 한다. 2학기에는 1~6

학년이 같은 주제로 함께 실천하는 교육과정을 도입하여 실천하려고
한다.

(5) 앞으로의 과제

공동체를 조직하고 유지하는 힘, 바로 '관계'이다. 동료 교사와의 관
계, 교장 및 교감과 교사와의 관계, 행정실과의 관계, 학생 및 학부모
와의 관계 등 '공동체=관계'이다. '다 같이 모여서 이야기하기'를 통해
공동체를 만들 수 있고 관계를 좋게 할 수도 있다. 거기에 조금 더 자
연스럽고 부담 없으며, 편한 공동체(관계)를 만들기 위해서는 약간의
이벤트도 필요하다. 학교는 교사에게 직장이기도 하다. 직장으로서 즐
거운 곳이라는 느낌이 들 필요도 있다.

관계를 무너뜨리는 '암적인 존재'에 관한 대처 방안도 마련해야 한
다. 공동체는 결국 사람이 만드는 것이므로, 관계가 깨지거나 관계를
망가지게 만드는 요인을 찾아 이를 제거하고 극복하는 방안도 공동체
에서 찾고 공동으로 대처해야 한다.

또한 학생과 학부모, 지역이 공동체로서 학교 운영의 지위를 맡고
교직원과 동등하게 누려야 한다. 아직은 학생, 학부모, 지역이 학교 운
영의 진정한 공동체인지는 잘 모르겠다. 물론 학생, 학부모, 지역이 공
동체의 역할을 하는 분야가 다르기는 하지만, 어떻게 하면 공동체로
서 좀 더 적극적인 역할을 하게 만들 것인가를 고민해야 한다. 공동체
는 완성되었다 싶어도 금방 무너질 우려도 있으므로 혁신학교에서 가
장 힘든 일이 아닐 수 없다.

만약 공동체 만들기가 정말 어렵다면, 우선 구성원의 협력적인 의지
만 있으면 된다고 본다. '느슨한 공동체 또는 협력체'라는 약간 업무적
인 성격의 공동체를 먼저 구성하여 실천한 다음, 구성원이 원하는 진

정한 공동체를 만드는 것도 하나의 방법이 될 수 있다.

2) 교육과정-수업-평가

교육과정-수업-평가를 언급하는 순간 교사들은 머리가 아프다. 매번 바뀌는 국가교육과정이나 교육정책 때문이기도 하지만, 교육과정-수업-평가는 교사가 직접 수행해야 하는 실제적인 차원의 행위이기 때문이다. 한마디로 '골치 아픈' 부분이다.

(1) 교육과정

결론부터 말하면 교육과정은 '관점'이다. 학교에서 구성원들이 관점을 모아 해석하여 시행하면 된다. 물론 기저는 국가 및 지역 수준 교육과정이지만, 학교가 교육과정의 시행자라면 시행자의 관점이 가장 중요하다. 따라서 교육과정관觀, 즉 교사의 교육과정에 관한 관점을 바꾸는 것이 가장 중요하다. 바꾼다는 것. 과연 쉬운 일일까?

국가수준 교육과정이 있는데 굳이 변형하거나 재해석하는 것이 불필요하지 않을까 하고 불편, 불안해하는 교사가 많다. 좀 더 극단적으로 말하면 교과서가 있는데 교과서를 안 쓰는 것을 불편, 불안해하는 교사가 많다. 이분들을 어떻게 설득할 것인가?

필자도 2015년까지 교과서대로 교육과정을 운영하였다. 교과서 없이는 교육과정 운영 자체가 되지 않았다. 개인적으로 '교육과정관'을 바꾸게 된 계기는 2017년 2학년 담임교사이던 선배 교사가 교육과정을 의미 있게 재구성하여 수업하는 모습을 보면서이다. 그 수업에서 아이들이 즐거워하고 참여하는 모습이 인상 깊었다. 그때부터 교육과정을 살펴보기 시작하였다. 요즘 유행하는 말인 '교육과정 재구성'을 위해서.

설득은 말로써도 가능하지만, 동료나 선배 및 후배 교사들의 실천으로도 가능하다고 생각한다. 주변 교사들의 영향이 어찌 보면 가장 큰 변화의 원동력이 될 수도 있다.

이를 위해 본교에서는 2016년부터 학년교육과정 공유를 시작하였다. 매해 2월, 8월에 각자 학년교육과정 발표를 하고 이에 관하여 서로 이야기를 나누었다. 운영에 관한 조언이나 문의가 자연스럽게 이루어졌다. 실제로 교육과정 운영은 수업을 통해 나타나기에 수업 나눔을 통해 교육과정에 관한 이해와 이야기가 이루어졌다.

사실 교육과정을 보면 교사의 관점이 보인다. 매년 같은 학년의 교육과정의 방향이나 성격이 다른 것도 교육과정을 실제로 기획하고 운영하는 교사가 바뀌기 때문이다. 즉, 교사가 국가수준 교육과정의 성취수준을 다양한 방식으로 엮거나 활용한다는 것이다. 이는 교사가 교육과정에 관한 자신만의 관점을 가졌다는 것을 의미한다.

(2) 수업

수업은 공개하지 않으면 수업에 관한 이야기를 할 수가 없다. 교육과정은 문서로 남아 있으므로 보고 싶으면 볼 수 있지만, 수업 이야기를 하려면 수업공개는 필수다. 직접 공개, 영상 녹화 후 공개 등 방법은 다양하지만 가장 먼저 시행해야 할 사항은 '수업공개'이다.

수업공개를 어떻게 할 것인가는 구성원의 합의를 통해 결정하면 될 문제이지만, 의미 있는 수업공개에 초점을 맞추는 것도 하나의 방법이다. 사실 수업공개는 교사에게 가장 고민스러운 부분 중 하나이다. 매번 수업을 잘할 수는 없기도 하고 수업공개를 위한 수업공개도 의미가 크지는 않은 것 같고. 정답은 없다. 단지 구성원끼리 수업에 관한 지속적인 성찰과 나눔이 없다면 수업공개는 형식적으로 그칠 수 있다고 생각한다. 또한 수업공개에서 고려해야 할 사항은 '수업공개에 관한 교사 개인별 성향'이다. 수업을 공개하는 것에 관한 두려움이 적어 수업공개에 부담이 적은 교사도 있지만, 수업의 내용에 초점을 맞추는 교사는 준비된 수업, 완벽한 수업을 공개하고 싶기도 하다.

이러한 점을 고려하여 본교에서는 2016년 배움의 공동체 수업, 2017년부터 일상 수업 나눔을 도입하여 운영하고 있다. 배움의 공동체 수업이 교사의 수업공개에 관한 기반을 마련해주었다면, 일상 수업 나눔은 말 그대로 동료 교사와 일상 수업을 서로 보고 이야기 나누는 것을 의미한다. 2017년 1학기에 일상 수업 나눔을 시작하고 보니, 수업 참관이 현실적으로 아주 어려웠다. 당시 교감 선생님만 부지런히 교실을 돌아다니며 수업을 봤던 것으로 기억한다. 학년별 시간 운영의 다름, 소통 부재 등 여러 가지 문제점이 노출되었다. 이를 위해 2학기에는 학년군에서 일상 수업 나눔을 시도하기로 하였다. 학년군에서 사전에 수업공개일 및 협의회 일정을 이야기 나누고 수업을 참관하는 형식이다. 이는 수업공개 활성화에 기여하였지만, 학년군의 일상 수업 나눔의 참여도 차이가 발생했고, 다른 학년 수업을 참관할 기회가 많이 줄었다. 2018년 2학기에는 일상 수업 나눔을 지속하되, 수업공개 일정을 사전에 안내하여 참관 교원들이 조금 더 쉽게 수업을 참관할 수 있도

교육과정 공유

수업 나눔

록 할 예정이다. 수업공개는 월 2회 권장이지만, 개인별 성향을 고려해서 교사 스스로 횟수를 선택할 수 있도록 하였다.

결국 수업에 관한 변화를 끌어내기 위해서는 교사 개인의 수업공개에 관한 의지가 가장 중요하다고 생각한다.

(3) 평가

평가에 관하여 말하기가 상당히 조심스럽다. 각 학교의 실태에 따라 평가에 관한 주안점이 모두 다르기에 일반적으로 언급하기가 어렵다. 결국은 지침인데, 사실 평가를 지침대로만 하기에도 벅차다. 평가에 관한 이야기를 하다 보면 결국 '학력'에 관한 이야기로 자연스럽게 넘어간다. '평가와 학력' 이 두 가지는 구성원, 특히 학생과 학부모와의 협의가 꼭 필요한 사항이다. 왜냐하면 그들이 평가 대상자이자 평가 대상자와의 관련자이기 때문이다. 학력, 기초학습 능력, 학습복지, 본교 학생으로서 갖춰야 할 역량 등 '평가' 이야기를 시작하면 줄기처럼 함께 나올 이야기 덩어리이다. 그래서 조금 시간이 걸리고 합의가 쉽지 않은 분야라고 생각한다.

본교는 아직 평가에 관하여 구성원끼리 깊이 있는 이야기를 나누지 못했다. 평가를 통지하는 것에 관해서는 이야기를 많이 나누었는데, 아직 딱 떨어지게 정해진 것은 없는 것 같다. 또한 기초학습 지도에 관해서도 2018년에 처음으로 체계적이고 깊이 있는 논의와 실행을 했다. 앞으로도 학습복지의 관점으로 기초학습 능력 지도를 학교 차원에서 시행할 예정이다.

(4) 앞으로의 과제

우선 우리 학교의 '학력관, 평가관'이 수립되어야 한다. 이를 논의하기 위한 자리를 2018년 하반기에 마련하려고 한다. 또한, 교육과정-수업-평가의 관점이 반영된 본교만의 시스템을 잘 갖춰서 전입 교원도 그 체계에 쉽게 녹아들게 만드는 것이 필요하다. 특히, 일상 수업 나눔 시스템을

생활규정 협의

일반화할 수 있도록 만드는 것이 가장 중요하다. 개인이 수업 나눔에 참여하고 싶게 만드는 시스템, 과연 그런 시스템이 존재할지 의문이지만 노력은 필요하다.

3) 생활교육

생활교육을 담당하고 싶은 교사가 과연 있을까? 2010년 이후로 생활교육, 학교폭력 업무가 기피 업무가 되어가고 있다. 그 중심에는 아이들의 변화, 사회의 변화가 가장 크게 작용하고 있다. 초등학생이 예전의 초등학생이 아닐뿐더러 매체의 영향력, 특히 스마트폰의 대중화로 인해 학교에서의 생활, 인성 교육이 점점 강화되고 있다. 혁신학교의 생활교육 담당 교사는 매일 고민에 빠진다.

'어디까지 관여해야 하는가?'

(1) 적극 개입 대 기다림

둘 다 필요하다. 사안에 따라 다르겠지만, 혁신학교라고 해서 무작정 기다림에 중점을 두는 것은 아니라고 본다. 아이들은 덜 성숙한 존재라는 것을 인정한다면 교사의 적극 개입이 필요한 경우도 많다. 대신 고학년의 경우, 교사와 아이들이 서로 대화하고 이야기하면서 스

스로 생활습관이 고쳐질 때까지 기다릴 수도 있다. 그런데 더욱 중요한 것은 같은 사안에 관한 교사들의 관점의 차이이다. 그 관점의 차이가 학년별 생활교육의 차이를 만든다. 생활교육에 관한 구성원의 큰 틀에서의 합의가 필요한 이유가 그것이다. 이는 곧 '학생을 바라보는 관점'과도 연계되기에 시간을 가지고 심도 있는 협의가 필요한 사항이다. 다행히 2018년에 3주체 생활협약 만들기 활동을 시행하면서 조금씩 생활교육에 관한 이야기가 나오고 있다.

(2) 자치활동

자치활동은 아이들이 스스로 움직이도록 하는 것이 가장 중요하다. 초등학교 아이들이 스스로 움직일 수 있을까? 필자는 아니라고 본다. 대신 연습을 통해 스스로 움직일 수 있다고 생각한다. 그 연습 과정에는 교사의 지도가 필수적으로 들어가야 한다.

2015, 2016 자치활동을 담당하면서 개인적으로 느낀 점은 세 가지이다.

1. 초등학교 자치활동은 교사가 40% 정도는 개입해야 한다.
2. 동료 교사, 교장, 교감의 도움이 절대적으로 필요하다.
3. 아이들과 지내는 하루하루가 자치활동이다.

1번에서 개입의 정도는 사람마다 의견이 다를 수 있지만, 개입해야한다는 데에는 이견이 없을 것 같다. 대신 진행 상황을 보고 개입의정도를 줄일 수는 있다. 개입이 지도, 관여 등 다양한 의미로 해석할수 있지만, 아무튼 교사도 아이들과 함께 자치활동에 참여해야 한다는 것으로 생각하면 된다. 그래야 아이들이 움직이고 교사가 아이들의 자치활동에 관해 좀 더 이해할 수 있다. 즉, '너희들이 알아서 해!'가 아닌 '이렇게도 해볼까? 뭐가 문제일까? 선생님이 뭘 도와줄까?'라는 개입이 필요하다.

　자치활동을 담당하지 않았을 때는 정말 쉬운 활동인 줄 알았다. 전교 임원단을 선발하고 아이들이 알아서 하도록 놔두는. 하지만 자치활동을 아이들과 함께하다 보니 아이들에게는 하루하루가 자치활동을 하는 날이었다. 매주 기획하고 시행하고 평가하는 체계를 잡았더니 매일 자치활동이 이루어졌다. 이러한 성과를 바탕으로 2016 학생자치활동 우수 학교로 선정되는 기쁨을 누렸다.

　2번에서 언급한 동료 교사, 교장, 교감의 도움은 절실하다. 특히 2016학년도는 교감 선생님의 도움으로 우리 학교 자치활동이 활성화된 것에 관해 구성원들의 이견이 없을 것이다. 학생자치회 임원단의 의견이 학교교육과정에 반영되도록 중간에 가교 구실을 한 사람이 바로 교감 선생님이다. 자치활동을 통해 학교교육과정이 변한다는 것은 엄청난 변화이다. 특히 학생들의 의견, 제안이 학교교육과정에 반영되기는 쉽지 않은 일인데, 교감 선생님의 도움으로 쉽게 할 수 있었다. 이러한 모습은 아이들이 학교의 주인의식을 갖도록 만드는 데 엄청난 기폭제가 되었다고 생각한다.

　3번의 내용은 자치활동이 활성화되면 느낄 수 있는 점이다.

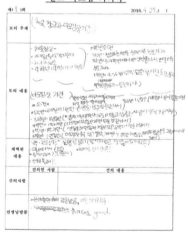

학생다모임

특히 본교에서는 2016년 '작은 다모임'이라고 해서 학생자치회 임원단 및 학급 대표 학생끼리 매주 수요일 중간놀이 시간에 자치활동에 관해 협의회를 진행했다. 여기에 매일 아침 시간을 활용하여 다모임과 작은 다모임에서 나누었던 이야기를 전교생과 공유했다. 이러한 협의 및 공유 시간을 매주 진행하다 보니 어느새 전교생이 학생자치활동에 참여할 수 있는 구조가 만들어졌다. 2018년에도 이러한 구조를 계속 이어나가려고 노력하고 있다.

(3) 앞으로의 과제

본교는 생활교육에 관한 철학이 부재하다. '자치활동=생활교육'으로 구성된 구조가 고착화 돼버린 듯하다. 자치활동을 기반으로 하되, 전반전인 생활교육의 방향과 틀을 합의할 필요가 있다.

2. 마무리

혁신학교에 근무한다는 것만으로 두서없이 글을 쓰게 되었다. 글이라는 것이 자기 생각을 표현하는 본질적인 수단이라면, 한 번쯤은 써도 될 주제라고 생각했다. 힘든 점 세 가지는 사실 혁신학교에서 중점적으로 추진하고 있는 과제와도 연계가 된다. 또한 이는 일반 학교에서 이제까지 비정상적으로 운영되었던 사례가 많기에, 혁신학교에서 비정상의 정상화를 위해 시행해야 할 과업이기도 하다. 혁신학교에서 이 힘든 점 세 가지를 아직 완벽하게 해결했다고는 생각하지 않는다. 단지 해결하기 위해 한 걸음, 한 걸음 내딛는 과정이라고 생각한다. 우리 학교는 화려하지는 않지만, 점진적으로 변화하는 학교라고 말하고 싶다.

어떤 사회운동에 동참하기 위해서는 구체적으로 경험해보는 것이 무엇보다 중요하다. 의미와 가치가 형성되는 것은 경험해보기 전이 아니라 직접 경험해본 이후 이다.　　　　　　_마이클 풀란

결국은 경험과 실천이다.

1970년 분교로 개교한 수왕초등학교는 한때 폐교 위기가 있었으나,
공동체의 힘으로 이를 극복하고 올해 혁신학교 운영 3년 차를 맞이하였습니다.
'나를 사랑하고 너를 존중 할 수 있을 때, 우리는 비로소 행복하다'는 철학으로
아이들, 선생님, 학부모, 지역사회가 한마음이 되어 학교를 운영하고 있습니다.

수왕초등학교(2016년 공모 지정 운영)
수왕의 아이들은 수왕답게 성장한다

이원기

우리 학교를 소개합니다

수왕초등학교는 신도심과 멀리 떨어지지 않은 6학급의 작은 학교이다. 작은 학교라고 강조하는 이유는 보통 학교와 비교하여 교실 크기가 절반이기 때문이다. 실제로 혁신학교 3년 차에 접어들면서 많은 학부모들의 관심을 받지만(네덜란드에서도 본교 입학을 위해 전화가 오기도 한다), 교실이 작아 12명 이상의 학생은 수용할 수 없다. 지금 우리 학교에는 치열한 입학 추첨을 통과한 1학년 학생들까지 포함해 73명의 학생들이 생활하고 있다.

1. 아이들은 민주적인 학교에서 민주적으로 성장한다
-왜 혁신학교에 도전하게 되었나?

4년 전, 학교의 존립이 위태로웠다. 전교생이 스물한 명인 세종의 유일한 복식 학급으로 통폐합 대상 1순위였다. 그러던 중 폐교를 막기 위한 지역 주민들의 노력, 교사들의 열정, 진보 교육감의 출현과 더불어 위기를 극복하고 제2의 개교를 맞이하였다. 그러나 학교의 양적인 팽창으로 복식 학급은 극복했지만 여전히 뚜렷한 한계가 있었다. 학교의 양적 팽창은 학교교육과정 운영의 우수성 때문이라기보다는 무료 방과 후 프로그램 홍보를 통한 일시적인 효과였기 때문이다. 그래서 학교교육과정의 질적인 발전과 학교의 지속가능한 발전을 위해 혁신학교에 도전하게 되었다.

혁신학교 도전이 쉽지만은 않았다. 완전히 새로운 학교를 만들려면 교사들의 의지와 자발성 그리고 협력이 필요했다. 수왕초에 새롭게 합류한 9명의 교원들은 본인들이 원하는 교육적 욕망과 이상이 매우 분명했다. 혁신학교를 해보고 싶은 선생님, 농촌이라는 공간에서 전원학교를 꿈꾸는 선생님, 10명 남짓한 아이들과 가족 같은 교육을 꿈꾸는 선생님 등 교육적 이상은 조금씩 달랐다. 각자가 가진 열정과 의지를 혁신학교에서 어떻게 풀어나가야 할지가 혁신학교로 향하는 첫 번째 과제였다.

함께 마음 털어놓기, 교육의 본질로 돌아가기

결국, 대화밖에 답이 없지 않은가?

필자는 아이들을 가르치며 가슴 아팠던 사건, 상처받은 마음에 대해서 이야기했다. 선생님들이 나의 이야기에 귀 기울이고 공감해주었다. 이런 경험들이 나에게만 있지 않았음을 직감적으로 알 수 있었다. 자연스럽게 서로가 경험한 이야기들이 오고 갔다. 자신의 경험과 마음을 애써 표현하지 않은 선생님도 더러 있었지만 듣지 않아도 충분히 이해할 수 있었다. 그렇게 우리는 폐교 위기에서 막 벗어나 새로운 도전을 앞둔 시골의 작은 학교에서 서로 머리를 맞대었다. 그것이 시작이었다.

여러 차례 다양한 장소, 시간을 넘나들며 비슷한 이야기들이 연속적으로 때로는 비연속적으로 오고 갔으며, 2015년 1학기가 끝날 무렵 하나의 결론에 도달하게 되었다.

교육적 이상은 달랐지만 '학교교육의 본질로 돌아가서 아이들을 진짜 제대로 가르치고 싶다'는 생각에 모두 동의했다. 그 결과 전 교원의 동의하에 혁신학교를 시작하게 되었다. 돌이켜보건대 1년 동안의 혁신학교 준비 기간은 뒷날 혁신학교 운영의 밑바탕이 되었으며, 이후 어려움을 만났을 때도 교직원 모두가 협력하여 이겨내는 든든한 토대가 되었다.

민주적인 학교를 꿈꾸며

"학교교육의 본질은 무엇인가? 학교다운 학교란 무엇인가?"

우리가 혁신학교로서 수왕초등학교를 써 내려갈 때 가장 먼저 던진 핵심 질문이었다. 이에 대해 답하는 것은 학교 비전을 정하고 전반적인 학교 운영을 설계하는 데 시작점이 될 중요한 과정이었다.

정말 생각이 다양했다. 지금 세세하게 기억나지는 않지만 많이 들어봄직한 교육학, 교육과정 개념들, 개개인이 경험한 다양한 연수의 내용들이 각자의 경험에 녹아들며 정말 좋은 내용들이 많이 나왔다. 그런데 내용은 좋지만 교사 모두가 그리고 앞으로 함께해야 할 학부모, 학생들이 모두 고개를 끄덕일 만한 명분 있는 답이 필요했다. 가장 기본이 되는 것에서부터 시작했다. 〈대한민국 헌법〉과 〈교육기본법〉이었다. 그 법은 우리나라가 민주공화국이며, 학교교육은 민주공화국을 유지하기 위한 민주시민을 양성하는 것에 궁극적인 목적이 있다고 말한다. 또 학교는 학생들을 민주시민으로 길러야 할 책무가 있다고 말한다.

내용은 다소 추상적이지만 우리의 현실에 맞게 해석해보았다. 학생들이 민주시민이 된다는 것은 민주적인 삶을 산다는 것이고, 학교는 학생들이 민주적인 삶을 경험할 수 있도록 다양한 방식으로 조직, 운영되어야 한다. 그렇다면 우리는 어떻게 학생들을 민주시민으로 길러낼 수 있을까? 국가교육과정과 교과서를 열심히 가르친다고 해서 그것이 실현 가능하지 않다는 것은 모두가 잘 알고 있었다. 이 과정에서 다양한 질문이 나왔으며, 아래와 같은 답을 하면서 학교 운영의 뿌리를 튼튼히 다졌다.

첫째, 민주시민이란 어떤 사람인가?

'민주'는 대한민국의 각 개인이 나라의 주인으로서 정당한 역할을 할 때 대한민국이라는 국가 공동체로 존재한다는 의미를 내포한다. 나라의 주인으로 살려면 그 이전에 자기 삶의 주인이 되어야 하고, 주체성을 가지고 살아갈 때 비로소 자기 삶의 주인이 되고 민주시민이 될 수 있다고 보았다. 그리고 그 주체성이란 사회에 필요한 역량을 갖추고 삶의 다양한 상황에서 스스로 생각하고 결정하며 행동하고 책임지는 독립된 존재라고 결론을 내렸다.

둘째, 민주적인 삶을 경험할 때 민주시민이 된다면 학교에서는 민주적인 삶을 어떻게 구현할 것인가?

아이들이 교육과정에서 제시되는 역량을 갖추고 발휘하여 학교의 중요한 문제에 대해 생각해보고 결정·책임·반성할 수 있는 기회를 연속적으로 경험할 때 학교에서의 민주적인 삶이 구현된다고 보았다. 우리 교사들은 과연 학교에서 민주적인 삶을 살고 있는가를 진지하게 성찰해보았다. 학생과 함께하는 교사가 민주적이지 않고 민주적인 삶을 경험하고 있지 않다면, 학생들이 민주적인 삶을 경험하고 민주시민이 된다는 것은 불가능한 일이기 때문이다.

우리는 이런 논의를 거치면서 학교교육의 본질을 실현하기 위해서는 민주적인 학교 운영이 매우 중요함을 깨닫게 되었다. 또한 어떻게 교사, 학부모, 학생들이 자신의 역할에 맞게 주인으로 참여하여 학교를 민주적으로 운영하고, 민주적인 삶을 경험하게 할 것인가가 수왕초등학교의 미래를 결정짓는 매우 중요한 문제임을 알게 되었다. 그리고 지난 3년간 수많은 시행착오 끝에 이를 발전시키게 되었다.

민주적인 학교 운영은 혁신학교 운영의 전체적인 작동원리이다. 이는 전문적학습공동체 운영과 생활공동체 확립을 위해 혁신학교 운영 초창기에 달성해야 할 매우 중요한 과제다. 이 단추가 잘 꿰어져야 결국 그 학교만의 창의적인 교육과정이 구체화될 수 있고 아이들이 성장할 수 있다. 수왕 교육이 지금처럼 스스로의 힘을 가지고 성공적으로 운영될 수 있었던 것은 혁신학교 운영 1년 차부터 민주적인 문화가 굳건히 자리 잡았기 때문이다.

민주적인 학교 운영 사례-'함께 키우는 우리 아이'

그렇다면 수왕초등학교의 교사, 학생, 학부모는 어떻게 민주적인 학교 운영에 참여하고 있는가? 수왕초등학교에서 민주적 학교 운영이 가장 잘 드러나는 부분을 몇 가지 소개하고자 한다.

수왕초등학교의 담임선생님들은 매달 학부모와 함께 만난다. '함께 키우는 우리 아이' 모임이다. 이는 학교의 선생님인 교사와 가정의 선생님인 부모님이 정기적으로 만나 아이를 교육하며 생기는 고민을 나누고, 더 나은 학교, 학년교육과정 운영을 위해 함께 머리를 맞대는 자리이다. 벌써 3년째를 맞이했다.

이 모임을 하다 보면 교사가 얻는 것이 몇 가지 더 있다. 우선, 부모님을 통해 학교에서는 보여주지 않았던 아이들의 다양한 모습을 듣고 아이들에 대한 이해가 매우 깊어진다. 학교에서는 항상 긍정적인 모습

3월	학급교육과정 설명, 거리감 좁히기, 월별 모임 주제 정하기
4월	평화를 지키는 의사소통 훈련 어떻게 하면 될까?
5월	사춘기에 접어든 아이들 어떻게 지도하면 될까?
6월	수학은 어떻게 하면 잘할 수 있을까?
7월	성장과 배움이 있는 평가 설명하기, 1학기 교육과정평가회

을 보여주는 아이가 집에서는 그렇지 않다는 것, 이성문제로 심각한 고민을 하고 있다는 것, 스마트폰 중독이 심각해서 방에서 잘 나오지 않는다는 것, 수학 스트레스를 심하게 겪고 있다는 것 등 다양한 이야기를 들을 수 있다.

또한 부모님들의 이런 담소는 서로 공감대를 갖게 하고 자연스럽게 우리 반 전체의 고민과 상호 상담으로 이어졌다. 그러면서 학부모님들의 자녀교육에 대한 관심과 자연스러운 협력관계를 불러일으키게 되었고, 이는 우리 학교 학부모 자치의 든든한 바탕을 이루었다.

공감을 얻은 의견들은 교육과정에 그대로 반영되었고, 이를 지원하기 위해 또 학부모님들이 머리를 맞대고 지원 방안을 협의하는 등 선순환적인 교육과정 운영 시스템이 자리를 잡았다. 예를 들어 작년에 5학년 학부모와 선생님들이 함께 기획한 '학부모와 함께하는 지하철 투어'라는 프로그램은 선생님과 부모님들의 협력으로 만들어낸 결과물이다.

갈등이 심한 학급 아이들의 관계를 어떻게 회복할 수 있을지

학부모와 함께 고민하였다. 많은 이야기 끝에 여행과 모험을 좋아하는 아이들의 특성을 반영하여 갈등이 심한 아이들을 한 모둠으로 묶어 지하철 투어를 진행하기로 하였다. 모둠별로 다른 지하철 투어 코스를 계획하고, 협력이 필요한 다양한 도전 과제는 학부모의 힘으로 만들어졌다. 아이들의 관계를 개선하기 위한 교사와 학부모의 진실된 고민과 노력은 꽤 효과가 컸다. 이후에 학생들의 갈등이 눈에 띄게 줄어들었기 때문이다.

_2017년 5학년 담임교사

민주적인 학교 운영 사례-학교교육과정설명회와 평가회

우리 학교의 교육과정설명회와 평가회는 연 3회 진행된다. 학년 초 교육과정설명회는 2월에 실시하며, 지난해 교육과정평가회에서 나왔던 교육공동체의 소중한 의견들이 학교 운영에 어떻게 반영되었는지 상세히 안내가 된다.

교육과정평가회부터 소개를 하자면, 우선 용어 면에서는 교육과정 기획협의회가 더 잘 어울릴 것 같다. 교육과정을 평가하는 것에 그치는 것이 아니라 학부모와 교사들이 함께 더 나은 다음 학기, 내년도 교육과정 기획을 위해 논의하고 합의하는 것에 중점을 두기 때문이다.

먼저 1학기 교육과정평가회는 각 학년 '함께 키우는 우리 아이 모임'에서 진행한 학년교육과정 평가의 내용들을 공유한다. 학생들의 소감을 함께 읽어보며 올해 목표로 한 학교교육과정이 얼마나 실현되고 있는지 점검하고 성찰해본다.

올해 수왕초등학교는 발전하는 생활공동체의 역량에 맞춰 3주체가 함께 만드는 교육과정평가회를 기획하였다. 학부모회, 아버지회 그리고 학생회가 주체가 되어 한 학기 활동을 정리하고 2학기 계획을 발표한 것이다. 특히 이번 학기에는 아버지회가 새롭게 조직되어 밧줄놀이, 가족탁구대회, 아버지캠프를 추진한 것이 눈에 띄었다.

학교를 구성하는 이런 다양한 공동체의 이야기를 듣고 본 활동인 교육공동체 테이블 토론에 들어가게 된다.

민주적 학교 운영	수왕초는 민주적이라고 생각하는가? 아이들은 민주시민이 되고 있는가? 수왕초(혁신학교)에서 학부모의 역할은 무엇인가? 학부모 참여도는 만족할 만한가? 더 활성화하기 위한 방법은?
전문적 학습 공동체	수왕초 아이들은 어떻게 성장하고 있는가? 수왕초 학력관에 대한 학부모님들의 생각은? 자녀와의 의사소통 성찰(행기바 인사약을 가정에서도 실천할 수 있을까?)
생활 공동체	학부모생활공동체(학부모회, 동아리, 아버지회) 운영 평가 학부모생활협약에 추가하거나 보완할 점, 실천할 수 있는가? 수왕문제해결 8단계 중 학부모 상담(5단계)에 동의할 수 있는가?
창의적 교육과정	1학기 교육과정 프로그램 평가(수왕문제해결 8단계, 의사소통 프로그램) 2학기에 더욱 강조했으면 하는 영역의 활동은?

4대 혁신 과제에 우리 학교가 얼마나 근접해 있는지를 생각해보는 의도된 주제들이다. 우리는 이를 통해 수왕초의 학교 비전과 학력관을 다시 한 번 합의하는 과정을 거치게 된다. 그리고 학년말 교육과정평가회에서는 이렇게 재합의된 학력 비전과 학력관에 따라서 올 한 해 부족했던 영역의 활동들을 반성하게 되고, 이를 보완하고 발전시킬 새로운 교육활동 프로그램들을 학부모님과 교사들이 함께 고민하는 과정을 거치는 것이다.

특히 작년 교육과정평가회에서는 학교 비전 중 '너를 존중하는 영역'이 부족하다는 학부모님들의 의견이 많았다. 그래서 이 부분에 대해 여러 번의 토의를 거쳐, 6학급의 특성에 따라서 1~6학년부터

학교 비전	교육 목표	범주	수왕형 학력	추구하는 학력
나를 사랑하고 너를 존중하는 행복한 우리 학교	나를 사랑합니다	지성	지식정보처리 자율적 행동 창의적 사고	- 다양한 영역의 지식과 정보를 처 리하고 활용하는 사람 - 스스로 생각하여 주체적으로 행 동하고 성찰하는 사람 - 다른 사람과 협력하여 자신만의 방법으로 문제를 해결하는 사람
	너를 존중합니다	심성	의사소통 능력 생태적 감성 능력 심미적 감성 능력	- 자신의 생각과 감정을 효과적 으로 표현하고 타인을 존중하는 사람 - 생태적 감수성을 가지고 자연을 아끼고 사랑하는 사람 - 예술적 감성을 바탕으로 삶의 가치를 발견하고 향유하는 사람
	행복한 우리입니다	시민성	도덕 능력 민주시민 능력 공동체 능력	- 성찰하는 습관으로 자신의 삶을 개척하는 사람 - 스스로 결정하고 결과에 책임질 수 있는 사람 - 공동체 활동과 발전에 적극적으 로 참여하는 사람

통일된 의사소통 및 문제해결 프로그램을 만들자는 의견에 모두가 합의하였다. 뿐만 아니라 부모님들이 준 많은 프로그램들이 교사들의 공감을 얻어서 새 학년도 학교중점교육과정으로 선정되어 운영되었다.

올해 1학기에 제시된 교육과정평가회 내용 중 학교 운영에 가장 큰 영향을 준 것은 학부모들의 교육활동 기획 권한 확대였다. 이제는 학부모들의 참여 의지와 자치 역량도 많이 발전하여, 학교행사를 직접 기획하고 운영해보고 싶다는 뜻을 전달해주신 것이다. 그래서 이를 반영하여 3주체 교육과정협의회를 올해부터 연 5회 확대하여 운영하게 되었다. 이는 학부모가 행사 지원자에서 한 걸음 더 나아가, 기획 단계부터 함께 협의하여 교육활동을 이끌어가는 주체적인 학부모상을 만들고자 하는 수왕초등학교 학부모님들의 열정이 고스란히 담긴 결과물이다.

민주적인 학교 운영은 기본 중의 기본!

민주적인 학교 운영은 혁신학교 운영의 전체적인 작동원리로 전문적학습공동체 운영과 생활공동체 발전을 보장하는 혁신학교 운영 초창기에 달성해야 할 매우 중요한 과제다. 이 시작 단추가 잘 꿰어져야 결국 그 학교만의 창의적인 교육과정이 구체화될 수 있고 궁극적으로 아이들이 성장할 수 있다. 그런 측면에서 수왕초등학교는 앞에서 말한 과정을 거치며 안정적인 시작을 할 수 있었다. '나를 사랑하고 너를 존중하는 행복한 수왕 교육'이라는 비전 아래 빠른 시간 안에 구성원들의 합의를 얻어 학교교육과정 목표와 수왕학력관을 세울 수 있었다. 수왕 교육이 지금처럼 스스로의 힘을 가지고 성공적으로 운영될 수 있는 것은 혁신학교 운영 1년 차부터 민주적인 학교 운영이 문화로 굳건히 자리 잡았고, 학교 비전이라는 그릇에 무엇을 담아야 할지 구성원들이 끊임없이 고민할 수 있는 장이 늘 마련되어 있기에 가능했다고 생각한다. 지금부터는 이를 실현하려는 교육 구성원들의 다양한 노력들을 이야기해보고자 한다.

2. 수왕초 비전을 실현하는 전문적학습공동체 '살림'

전문적학습공동체를 시작하다

매주 금요일 선생님들이 한자리에 모인다. 수왕초의 전문적학습공동체 '살림'은 함께 연구하고 실천하여 각 반의 살림을 잘 꾸려보자는 의미, 또 우리들의 교육과정과 수업을 살려보자는 의미가 함께 담겨져 있다. 자신의 수업과 교육과정에 대해 동료와 지속적으로 연구해본 경험이 없었으므로 처음에는 어떻게 시작해야 하나 막막했다. 초기에는 외부 강사를 불러 이야기를 들어보는 연수에서부터 시작했다. 그중에서 정성식 선생님의 연수는 큰 울림으로 다가왔다. 당시 선생님들에게 학교교육과정은 항상 부담이었고, 가장 먼저 시작해야 할 혁신이라는 점을 공감했기 때문이다. 이를 계기로 협력해서 학교교육과정을 만들어보는 것에서부터 진정한 의미의 전문적학습공동체가 시작되었다.

민주적인 학교 운영과 교육과정 운영의 주인이 되고자 다짐한 우리 학교 선생님들에게 함께 만드는 교육과정을 기획하는 과정들은 새롭게 다가왔다. 진심을 담아 내가 실제로 활용할 수 있는 실현 가능한 학교교육과정을 우리 손으로 만들어보고자 노력했다. 많은 논의를 거쳐 학교교육과정을 단순하지만 보기 좋게 간결화하였고, 복사와 붙여넣기가 아닌 진짜 우리의 철학을 담을 수 있었다. 이어지는 교육과정평가회에서 학생상, 교사상, 학부모상을 학부모와 함께 세우고, 이를 바탕으로 학교 비전을 수립하고 교육과정의 기본 틀을 만들었다. 2015, 2016, 2017, 2018년 해가 거듭될수록 교육과정은 정교해졌고, 학부모, 학생, 교원들의 의견을 반영하여 학교 비전과 수왕학력관을 실현하는 다양한 교육활동 프로그램들이 나왔다.

우리는 이런 경험을 통해 공동 연구, 공동 실천, 공동 성찰의 강력한 효과를 체험하게 되었고, 전문적학습공동체 '살림'을 더 체계적으로 실천하기로 하였다.

수업의 완성은 자신의 수업을 사랑하는 것!-나눔수업협의회

혁신학교교육과정을 기획하며 시작한 전학공은 점점 더 본질적인 내용으로 옮겨 갔다. 바로 수업이었다.

수업에 대한 고민은 매우 컸다. 교사에게 수업은 항상 하는 일이지만 항상 부담이 되는 일이다. 가장 공적인 영역임과 동시에 교사에게는 가장 개인적인 영역이기도 했다. 먼저 수업을 공개하는 압박감에서 벗어나고 싶었다. 그 압박감은 수업을 할 때 평가받는 기분과 잘해야 한다는 마음에서 비롯되었다. 수업공개의 목표는 잘하는 것이 아니라 이를 통해 배우는 것임을 마음에 되새겼다. 그리고 수업을 통해 수업자의 삶을 만나고 공동 성찰과 공동 연구를 위해 사후 수업협의회를 강화하고자 했다. 연수를 통해 함께 경험한 '좋은수업코칭연구소'의 틀을 이용해 성찰이 있는 '나눔수업협의회'를 기획하게 되었다.

● 살림 수업 나눔 공동 실천
- 수업공개는 잘하기 위해 하는 것이 아니라 교사로서 '나'를 표현하는 것입니다.
- 수업 방법과 기술이 아니라 수업자의 철학과 삶을 만납니다.
- 나의 틀을 내려놓고 수업자의 시선으로 갑니다.
- '너'의 수업이 아니라 '우리'의 수업 이야기를 나눕니다.
- 수업자를 평가하지 않고 수업자의 삶을 격려, 지지합니다.
- 수업자를 가르치는 것이 아니라 수업자가 성찰하도록 돕습니다.
- 수업의 빠른 변화가 아니라 꾸준한 성장이 목적입니다.
- 수업자의 문제를 해결해주는 것이 아니라 그것을 통해 나의 수업을 깊이 들여다봅니다.
- 나의 수업을 인정하고 사랑하는 것이 수업 혁신의 시작입니다.

수업공개에 대한 부담이 많이 줄어들었고, 점차 한 차시 수업을 잘하기 위해 수업공개를 하는 것은 큰 의미가 없다는 사실을 알게 되었다. 그리고 단원 전체를 기획하기 위한 사전협의회도 강화되었다.

수왕초의 수업 혁신은 계속 진행 중이다. 아마 끝나지 않을 것 같다. 수업에는 완성이 없고 수업 혁신에도 완성이 없기 때문에. 위의 말처럼 나의 수업을 사랑하고 수업에 대해 고민하는 것 자체를 사랑하는 일이 수왕초 수업 혁신의 궁극적인 완성이 아닐까 생각해본다. 적어도 나는 이런 과정을 거쳐 나의 수업을 사랑하고 교사로서 정체성을 갖게 되는 소중한 선물을 받았다. 올해 새롭게 합류한 선생님들도 같은 경험을 했으면 하는 간절한 바람이다.

학년교육과정을 공유하는 '공동 프로젝트 학습'

혁신학교 운영 초반에 학년교육과정을 나누고 함께 기획하려는 시도가 있었지만 선생님마다 교육과정 운영 방식이 다르고, 학년의 특수성이 있어서 '교육과정을 어떻게 함께할 것인가?'에 대한 타협점을 찾기가 쉽지 않았다. 그런데 올해는 혁신학교에 합류한 교사가 많아 학년교육과정 공유에 대한 요구가 많았다. 그래서 지금까지 해왔던 다양한 학년들의 교육과정 재구성, 프로젝트 운영 방식들을 공유하며 교육과정의 질을 높이고자 '공동 프로젝트'를 진행하게 되었다. 이를 위해 여름방학 중 공동 프로젝트를 기획하기 위한 살림협의회를 추가로 개최하였다.

- 공동 프로젝트 주제를 협력이라는 가치에 중점을 두고 '함께 모으는 힘'으로 정하기
- 벼 베기 체험, 세종마을대장정, 학예회를 소주제로 정하기
- 대주제, 소주제와 관련 있는 학년별 교과 성취기준을 분석해서 교육과정 재구성하기

- 프로젝트 주제와 관련 있는 온작품 도서를 선정해서 수업하기
- 프로젝트가 끝나고 나면 학년별 프로젝트 결과를 전시하고 공유하며 성찰하기

위 내용들이 당시에 나왔던 중요한 합의 사항이다. 이 밖에도 노동요를 부르면서 벼 베기 체험을 하는 등 전 학년이 공통적으로 적용할 수 있는 아이디어들이 많이 나왔다.

의사소통 역량 신장을 위한
수왕문제해결 8단계와 의사소통 프로그램

2017 학년말 교육과정평가회에서 학생들의 의사소통 역량이 부족하다는 의견이 많았다. 의사소통 역량은 수왕형 학력에 포함되어 있으며 너를 존중한다는 학교 비전에도 나올 만큼 중요한 역량이었다. 하지만 가정은 물론 학교에서도 이를 실현하기가 쉽지 않았다. 가정에서는 언제나 그렇듯 아이들의 언어 습관 및 의사소통 교육에 어려움

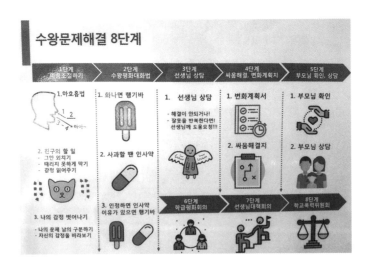

을 겪었고, 학교에서도 교사들이 의지를 가지고 노력했지만 쉽지 않았다. 모든 구성원들이 문제의식을 가지고 있었다.

의사소통 역량을 신장을 위해 고민한 결과 학년 간의 교류가 많은 학교인 만큼 통일된 의사소통 교육 방식이 있어야 한다는 결론에 도달하게 되었다. 이를 위해 겨울방학 중 의사소통 교육 방법을 각자 하나씩 연구해 오기로 합의하였다. 곧 2월이 왔고 오랜 논의를 거쳐 수왕초등학교의 문제해결 8단계와 의사소통 교육 프로그램이 탄생하게 되었다.

수왕초의 의사소통 교육 프로그램은 정유진 선생님의 '행복 교육학'을 많이 참고하였다. 정유진 선생님의 연수를 경험한 선생님이 많았고, 다른 이론에서도 충분이 그 효과가 검증되었기에 자연스럽게 의견이 모아졌다.

4월이 되자 이 프로그램들은 학생들 사이에 완전히 정착되었다. 1학기 학생다모임회의에서 진행한 학생교육과정평가회에서 친구와의 갈등이 많이 줄어들었고, 친구들과 소통할 수 있는 능력이 많이 좋아졌다는 매우 긍정적인 반응이 나타났다.

3. 학생들을 삶의 주인으로 만드는 학생자치

앞서 말한 것처럼 우리 학교는 궁극적으로 민주적인 학교 운영을 바탕으로 학생들을 자기 삶의 주인으로 기르는 것을 목적으로 하므로, 학생의 자치역량을 기르는 것을 중요시하였다. 시작은 쉽지 않았다. 우선 아이들이 학생다모임을 싫어했다. 기본적으로 회의는 지루했고 회의의 결과들이 제대로 학교 운영에 반영되지 않았다. 또 선후배

간 공동체의식이 없어 선후배 연계 활동도 원활하지 않았다. 이를 해결하기 위해 여러 학교의 사례를 찾아 분석해보았지만 초등에서는 대표적인 사례를 찾기 어렵고 이벤트식의 단발성 활동이 많았다. 그래서 우리 학교만의 자치활동을 만들어가기로 했다.

학생공동체 문화를 만드는 '육남매 활동'

예전에는 동네라는 물리적 공간을 두고 나이가 다른 아이들끼리 어울리는 경우가 잦았다. 또래끼리의 공동체 문화를 경험해보는 소중한 경험이었다. 상대적으로 나이가 많은 아이들은 골목대장으로서 리더십을 갖고 이끌었고, 그것을 보고 자라는 동생들도 있었다.

수왕초에서는 이런 동네 골목길 또래 문화를 학교에서 재현해보고

조원을 찾아라

감사 캐리커처 콘테스트

수왕스타K

독도골든벨

싫었다. 바로 육남매 활동이다. 5, 6학년 아이들에게 리더십을 발휘해 동생들을 이끌어보는 경험을 하게 해주고, 그것을 바라보며 다음 리더로 성장해갈 아이들의 모습을 그린 것이다.

2017년 1학기부터 시작한 육남매 활동의 효과는 탁월했다. 아이들은 선후배들의 이름을 모두 외우게 되었다. 또 더 이상 다모임이 지루하게 회의만 하는 활동이 아니라 함께 우리가 만든 활동들을 하고 함께 즐거워하는 시간임을 알게 되었다. 다음 활동이 무엇인지 기다리며 회장 오빠를 괴롭히는 후배들도 있었다.

육남매 활동이 가능해지려면 기본적으로 각 조에서 선생님의 역할을 하는 6학년 학생들의 리더십이 매우 중요했다. 그래서 6학년 아이들은 3월 '따뜻한 리더십' 프로젝트 활동을 통해 학교의 리더로서 주체성을 갖기 위한 특별한 경험을 하게 되었다.

수왕초만의 회의 시스템-'당신의 고민을 해결해드립니다'

육남매 활동으로 다져진 선후배 간의 끈끈한 공동체 문화를 바탕으로 학생다모임회의를 시작해야 할 시점이었다. 많은 고민과 준비를 한 끝에 2017학년 1학기 6월에 학생다모임회의를 처음으로 개최하였다.

학교생활문화 개선 회의는 학생들이 학교의 문화를 개선하기 위한 제안서를 내고 발표하는 것으로 시작한다. 이때 제안서는 6명 이상 학생들의 공동 제안을 받아야 유효하다. 이렇게 제안된 의견과 그 근거를 잘 들어보고 2~6학년 학생들은 그것을 통과시킬 것인지, 아니면 기각할 것인지를 결정한다. 이때 2/3 이상이 찬성했을 때만 결정이 날 수 있도록 하였고, 찬성 의견이 2/3가 되지 않는 제안은 좀 더 깊이 고민하자는 취지에서 디베이트 토론 주제로 넘기게 되었다. 모든 것을 투표에 맡기는 것은 결코 민주적이지 않다는 게 선생님들의 공통된 의견이었다. 찬반이 팽팽하게 갈리는 경우에는 양쪽의 의견 모두가 합당한 근거를 가지고 있었기에 디베이트 활동을 통해 좀 더 깊이 있게 이해하고 결정할 수 있는 기회를 주자는 것이다. 그래서 위의 의견 중 2/3가 되지 않은 의견은 디베이트를 통해 활발히 토론하고 결정될 수 있도록 하였다.

결론적으로, 2017년도 1학기에 시행되었던 학생다모임회의는 학교 디베이트대회와 연계된 프로그램으로 나름 괜찮았던 회의 방식이었다. 그러나 몇 가지 문제가 있었다. 그것은 아이들이 별로 재미있어하지 않았다는 것, 디베이트대회는 한 학기에 한 번인데 회의는 매달 해야 한다는 점, 준비하는 데 학생의 노력보다 교사의 노력이 더 필요하다는 점 등이었다. 그래서 2학기에는 수왕초만이 만들어갈 수 있는 정말 새로운 방식의 학교문화회의를 생각하게 되었다.

이것의 시작은 정말 우연이었다. 학생자치를 맡고 있는 필자가 우연히 방송에서 〈대국민 토크쇼 안녕하세요〉 프로그램을 보며 즐겁게 웃고 있을 때 들었던 생각. '유레카!' 많은 사람들의 고민을 들어보고 공감하며 해결책을 함께 논의해보는 프로그램의 구조가 우리 학교의 상황과 딱 맞았다. 우리 학교는 아이들도 적고, 서로를 알고 있으며, 서로에 대한 관심이 매우 많고 하루에도 같은 사람과 10번도 넘게 마주

친다. 이렇게 자연스럽게 학생들에게 다가가고 그것을 학교에 대한 고민으로 이어지게만 한다면 정말 재미있고 의미 있는 학생회의가 탄생할 것 같았다. 그래서 탄생한 전국 유일! 수왕초만의 회의 시스템 '당신의 고민을 해결해드립니다'가 드디어 시작되었다.

당신의 고민을 해결해주는 학생다모임회의는 반응이 꽤 괜찮았다. 고민왕 또는 고민해결왕이 되어 다음 회의의 게스트가 되길 원하는 학생들이 많았고, 회의에 생동감이 넘쳤다. 회의가 거듭될수록 가벼운 고민보다 진지한 고민이 많아졌고, 회의를 진행하고 참여하는 학생들의 역량도 높아졌다. 무엇보다 타인의 문제와 학교의 문제에 관심을 가지고 적극적으로 참여하며 자치역량을 키워가는 모습이 정말 뿌듯했다.

아이들에 대한 믿음을 바탕으로 한 수왕생활약속

우리 학교에는 2016년도부터 학생다모임에서 만들었던 수왕생활약속이 있다. 6학년 학생이 중심이 되어 시작하여 학생들이 모두 동의하여 정했고, 이를 지키기 위해 많은 캠페인 활동도 이루어졌다. 수왕생활약속과 관련된 중요한 화두는 '약속을 어기는 사람에게 어떠한 처벌을 내릴 것인가'의 문제였다. 학생자치약속을 운영하는 여러 학교에도 이와 비슷한 고민이 많을 것이다. 당시에는 선생님들도 많은 논의를 했지만 뚜렷한 답이 없었다. 학생들은 너무나도 자연스럽게 약속을 어겼을 때는 처벌이라는 공식을 생각하였고, 많은 아이들의 동의를 받아 수왕생활약속 처벌 시스템을 만들어가고 있었다.

교육적으로 승화시키기 위해 반성문의 형식에도 많은 노력을 기울였지만 역시 예상대로 많은 문제점들이 생겨났다. 기본적으로 학생이 학생을 감시하고 이를 토대로 반성문을 부과하는 것은 수왕생활약속의 취지에 맞지 않았다. 수왕생활약속은 타인과의 약속 이전에 자신과의 약속이며, 모든 공동체를 위한 약속이었다. 감시를 하고 반성문을 쓰니까 들키지만 않으면 그것은 올바른 행동이 되어버렸고, 점점 수왕생활약속이 변질되는 게 느껴졌다.

이에 학기말 다모임회의 때에는 학생들도 문제점이 많다는 의견을 냈고, 결국 교육과정평가회에서 많은 학부모님과 교사들이 새로운 형태의 실천 프로그램을 만들자는 결론을 내렸다. 그 새로운 시스템은 자기평가와 캠페인 활동을 강화하자는 것이었다.

2018년도에도 수왕생활약속에 대한 고민은 계속되었다. 학생회의 때 나오는 학생고민주제의 다수가 수왕생활약속과 연결되어 있었다. 수왕생활약속의 내용에 대한 문제 그리고 이를 계속 지키게 할 방법의 문제들이었다. 이런 고민들과 해결책들이 오가고 6학년 리더 그룹의 여러 차례의 회의, 전체 다모임회의를 거쳐서 2018 수왕생활약속 프로그램이 완성되었다.

이 프로그램은 월별 중점수왕생활약속을 중심으로 캠페인 활동 및 자기평가가 강화되었다는 데 핵심이 있다. 수왕생활약속은 세 가지 영역으로 나뉘어 있고, 영역마다 5가지의 내용이 있다. 이 중에서 회의를 통해 영역별로 가장 안 지켜지거나 필요성이 느껴지는 3개의 중점수왕생활약속이 정해진다.

이 중점생활약속을 홍보하기 위한 캠페인이 진행되는데 6학년에서 1학년까지 월별로 돌아가면서 맡기로 하였다. 4월에는 6학년이 캠페인을 맡았다. 학교를 열심히 돌아다니면서 캠페인을 진행했고, 한 주마다 2명씩 수왕생활약속 지킴이 활동을 하였다.

지킴이는 작년에 했던 감시자의 활동과는 분명한 차이가 있다. 포스트잇에 어기는 학생들 이름을 적어 알려주기는 하지만, 어긴 학생들에게 반성문을 쓰게 하지는 않는다. 다만, 포스트잇을 학생회장에게 제출하는데 학생회장은 이를 다음 학생회의 때 함께 읽어보며 반성의 시간을 갖게 한다. 이는 학생들이 자신의 행동을 스스로 반성하고 성찰하며, 수왕생활약속에 대한 실천력을 높이기 위해 의견을 모은 결과였다. 같은 맥락으로 월요일 격주 1교시 '자기성찰비타민'이라는 자기평가 시간에는 자신의 수왕생활약속 실천을 점검해보고, 자기평가 점수를 매겨 학생생활 게시판에 게시함으로써 스스로 약속을 잘 지킬 수 있도록 유도하고 있다.

기획부터 실천까지 학생이 직접 운영하는 학생 동아리

우리 학교 아이들에게 가장 인기가 높은 프로그램은 단연 학생 동아리 활동이다. 대부분의 학교에서 학생 동아리 활동이 내실 있게 이루어지는 것으로 알고 있다. 그런데 우리 학교는 6학급이라 인원이 작다 보니 다양한 동아리를 운영하기가 힘든 것이 사실이다. 또 학생의 흥미와 특성보다 어쩔 수 없는 운영상의 문제(시간, 예산)로 학교의 현실에 맞게 동아리가 운영되는 경우를 필자 또한 많이 경험하였다. 그럼에도 수왕초에서는 생활공동체의 자치역량 강화라는 3년 차 혁신학교 운영 계획에 따라 적지 않은 예산과 인력을 학생동아리에 투입하여 학생들이 원하는 다양한 동아리를 운영할 수 있었다. 또한 동아리를 기획하는 단계부터 학생이 주인공이며 교사는 조력자라는 원칙을 분명하게 지켰다. 5, 6학년 학생들이 직접 기획하여 3, 4학년 후배들을 모집하고 담당 교사와 예산과 관련된 계획에 대해 심사를 받았다. 또 교사는 동아리 운영에 지나치게 개입하지 않으며 기본적인 질서를 유지하며 코칭하였다. 이를 통해 학생들은 더 책임감을 갖고 스스로 자치 조직을 만들어가는 힘을 키우게 되었다.

아이들은 스스로의 힘으로 성장한다-'2017 세종 교육공동체한마당'

수왕초 학생자치의 힘을 제대로 보여준 것이 2017 세종 교육공동체한마당이었다. 여기서 체험 부스를 운영할 학교를 공개적으로 모집하였고, 당시 수학연구동아리를 맡고 있던 학생이 당당히 걸어 나와 학교를 대표해서 체험 부스를 운영하고 싶다는 뜻을 밝혔다. 이 학생은 학년 초부터 학생의 힘으로 부스를 운영해보고 싶다고 이야기했었다. 결국 많은 논의를 거쳐 학생 동아리가 모두 참여하는 것으로 결론 내려졌다. 동아리 시간에 전시와 체험에 관한 다양한 의견이 오고 갔다. 가장 문제가 되는 것은 부스 뒤편을 장식할 3미터짜리 현수막이었다. 생각보다 가격이 꽤 비쌌다. 예상하지 못한 출전(?)이라 예산이 넉넉지

않아 담당자로서 고민하고 있을 무렵, 아이들이 우리가 다모임 때 만든 학교 비전을 붙이자는 아이디어를 냈다. 그리고 드디어 운명의 그날이 왔다.

이틀 동안 진행된 축제에서 첫날은 6학년, 둘째 날은 5학년이 부스를 담당하였다. 생각했던 것보다 정말 잘해주었다. 자신의 동아리에서 기획한 여러 가지 체험거리를 가지고 와서 중학교 언니, 오빠들을 리드하는 솜씨가 제법이었다. 사람이 줄어들자 다른 곳에 가서 손님(?)들을 모셔오는 적극적인 선수도 있었다. 나중에 6학년이 졸업하여 에세이를 남겼는데, 가장 기억에 많이 남았던 일로 이때 동아리 부스를 운영한 것을 꼽았었다. 필자도 돌이켜보건대 아이들이 가장 늠름했던 순간을 이때로 기억한다. 그렇게 아이들이 저마다 스스로의 힘을 기르고 있었다.

4. 수왕 교육의 꽃, 6학년 아이들은 어떻게 성장하는가?

수왕초에서 6학년 아이들은 무척 특별한 존재다. 6학급 학교에서는 같은 친구들과 6년의 교육과정을 함께 거치면서 올라오기 때문에 6학년 아이들의 모습이 수왕초 교육과정의 결과물이기 때문이다. 이제 필자는 6학년 아이들이 1년 동안 무엇을 경험하고 어떻게 성장했는지를 써보고자 한다.

6학년 담임교사인 필자는 교과를 비롯한 학교의 모든 교육활동들이 학생들의 삶과 연관이 있을 때 비로소 아이들이 배움을 경험한다는 기본적인 철학이 있다. 그래서 학교의 모든 교육활동과 교과교육과정을 모아 교육과정을 재구성해서 월별 프로젝트 활동을 운영하고 있다.

6학급 학교에서는 월별 행사가 많고 6학년 아이들이 중심적인 역할을 해야 될 때가 많다. 따라서 교육과정에 이를 반영하지 않으면 자칫 교육과정과 관계없는 의미 없는 행사로 전락할 수 있다. 따라서 매월 대표적으로 이루어지는 행사를 모아 프로젝트 주제로 선정하고, 이와 관련된 교과 성취기준을 조직하여 교육과정을 재구성하였다. 여기서는 주제와 관련 있는 온작품 책과 현장체험학습 장소가 함께 선정된다.

프로젝트 학습 평가-'월별 에세이 쓰기'

월말이 되면 한 달 동안의 경험을 생각해보며 자신만의 에세이를 쓴다. 아이들이 경험한 것을 바탕으로 새로운 생각을 할 수 있도록 교사는 많은 고민을 하고 에세이 주제를 던진다. 때로는 학생들의 수준에 맞게 선택해서 쓸 수 있도록 다양한 주제를 함께 던지기도 한다.

아이들의 서술은 풍부했다. 글쓰기에 자신이 없어 못 쓴다고 괴로워했던 아이들도 많은 양을 쓸 수 있었다. 원인은 분명했다. 한 달 동안 주제를 중심으로 삶과 관련 있는 의미 있는 경험을 했고, 많은 소재들을 획득했기 때문이다. 아이들은 자신의 경험을 바탕으로 점차 논리적으로 자신의 생각을 완성해갔다.

6월 프로젝트 주제는 "아! 대한민국"이었다 일제에 대한 우리나라의 저항과 민주화 운동을 사회 시간에 배웠는데, 우리나라 사람들의 나라를 사랑하는 마음이 느껴졌다. 일제가 아무리 탄압해도 계속해서 독립운동을 하는 독립운동가님들을 보면서 힘들게 되찾은 우리나라를 다시는 빼앗기지 말아야겠다고 생각했다. 에세이를 쓰면서 '자유를 위한 폭력은 정당화될 수 있는가?'에 대해 생각해보고 정당화될 수 있다고 생각하고 그 이유를 글로 써보았다. 독립운동가들이 할 수 없이 무력을 사용하면서의 생각과 기분이 느껴졌다. 다모임 시간에는 선생님 캐리커처 그리기 대회를 했는데, 선생님들께 쓴 감사의 글을 읽어보면서 우리 학교 학생들이 선생님들을 얼마나 존경하는지 느꼈다. 다모임 시간에 학교문화개선회의를 해서 학생이 학교에 대한 건의 사항을 받고, 토의를 하고 투표를 하는 학생자치활동을 했다. 많은 학생들의 의견을 모으면 더 좋은 해결 방법을 찾을 수 있다는 것을 알게 되었다.

얼마 전 졸업하여 중학교에 들어간 학생이 부모님과 함께 필자를 찾아왔다. 중학교 글쓰기 대회에서 1등을 하게 되어 고마움을 전하러 왔다고 했다. 어려서부터 책은 많이 읽었지만, 글 쓰는 것을 싫어해서 항상 아쉬웠는데 1년 동안의 경험을 통해 글쓰기에 대한 부담을 많이 덜게 된 친구였다. 또 프로젝트 학습으로 썼던 추리동화를 출판사에 보냈는데 당당히 뽑혀서 소년작가로 데뷔한 학생도 있었다. 교육의 효과를 명확하게 측정할 수는 없겠지만 교육과정 운영을 하면서 느꼈던 확신과 다양한 사례를 접하며 수왕초의 창의적 교육과정에 자부심을 느낄 수 있었다.

국회에 법안을 제출한 사연–'서울현장체험학습'

6학년 2학기 사회과에는 정치 단원이 등장한다. 아이들은 정치는 잘 몰랐지만 촛불혁명의 영향을 받아 정치에 대한 관심이 매우 높아서 어느 때보다 정치를 공부할 수 있는 좋은 기회였다. 아이들은 촛불혁명의 무대였던 광화문 광장과 청와대와 국회를 가보고 싶다는 의견을 내고 담임교사에게 강력히 요구하였다. 그래서 우선 청와대와 국회 견학 예약을 마치고, 본격적으로 이를 중심으로 한 교육과정을 기획하게 되었다. 이 단원의 중요한 성취기준 중 하나는 '정부, 국회, 법원의 역할을 알고 삼권분립의 필요성을 서술할 수 있는 능력'이었다. 아이들이 어떻게 하면 정부, 국회, 법원의 역할을 몸소 체험할 수 있을까? 이 단원을 디자인하며 스스로에게 던진 핵심적인 질문이었다. 결국 실제 학생들이 이를 체험할 수 있는 상황을 기획하여 역할극 대본을 만들고 직접 경험하는 시뮬레이션 학습을 구안하게 되었다. 법안을 국회에 제출하는 것에서부터 시작해야 했다. 아이들에게 어떤 법이 있으면 좋을지 물었다. 여러 가지 의견이 있었지만 미세먼지로 인해 체육활동을 하지 못하는 데 불만이 쏟아졌고 이에 대한 법안을 만들어보기로 했다(우리 학교는 체육관이 없어 미세먼지가 심한 날에는 체육을 할 수 없다).

이 법안을 시작으로 국회 통과, 국무회의 의결, 법원 판결 등의 절차를 거치는 시나리오로 모둠별로 역할극 대본을 작성하였다. 그리고 최종 차시에는 준비한 대본으로 시뮬레이션 역할극을 하며 정부, 국회, 법원의 역할과 삼권분립의 중요성을 직접 체험해보았다.

특히 "미세먼지 측정 신호등 운동장 설치에 관한 법안"은 어린이 국회의 자료와 조사 그리고 많은 노력을 투자한 꽤 잘 나온 법안이었다.

그대로 묻히는 게 아까웠는지 국회에 견학을 갈 때 우리 지역의 국회의원에게 직접 전달하자는 의견이 나오기까지 했다. 비록 이해찬 의원이 자리에 없어서 직접 전달하지는 못했지만, 이를 구실로 당당히 이해찬 의원 사무실에 들어가서 기념 촬영을 할 수 있었다. 아이들은 이날을 어떻게 기억할까? 국회와 청와대를 차례로 방문하며 학교의 주인을 넘어 세상의 주인공이 되는 그날을 꿈꾸었으리라 확신한다.

학예회는 더 이상 선생님의 스트레스가 아니다

수왕초는 매년 빠지지 않고 학예회를 한다. 처음에는 부담스러워서 격년제로 하자는 의견이 나왔지만 부모님의 높은 관심과 아이들의 적극적인 노력, 그리고 아이들이 성장하는 모습을 보며 그런 생각이 쏙 들어가곤 하였다. 그래도 부담은 사라지지 않았고 2학기만 되면 무엇을 할지 고민하게 되었다. 다행히 리더십이 발전한 6학년들은 학예회에 대한 많은 아이디어를 내주었다. 연극을 매우 좋아한다는 것과 꿈을 주제로 연극을 하고 싶다는 결론이었다. 연말에 함께 묻기로 한 타임캡슐을 떠올리며 학생들과 멋진 시나리오를 완성할 수 있었다.

20년 후 만나자는 졸업 앨범의 내용을 보고 아이들은 한 명씩 수왕초로 모이게 된다. 함께 만나 꿈을 이룬 자신을 당당하게 소개하면서 20년 전에 묻은 타임캡슐을 기억해낸다. 타임캡슐에 담긴 내용은 20년 후 자신의 모습을 상상하는 내용이었다. 그리고 말하는 대로 이루어진 자신의 모습을 발견하고, 「말하는 대로」라는 노래를 합창하며 극을 끝내게 된다.

큰 줄거리는 교사가 잡았지만 여기에 등장하는 구체적인 대사는 역할을 나누어 학생들이 스스로 쓰게 하였다. 미술 시간에는 소품을 만들고 음악 시간에는 노래를 연습하였다. 그리고 실제 연극처럼 타임캡슐을 학교에 묻고 20년 후에 만나자고 약속을 하였다. 아이들은 그날을 기억할 것이고 소중한 추억이 되어 현재 그리고 미래를 살아가는 힘이 될 것이라고 확신한다. 그리고 행복한 기억은 그 자체로 아이들을 성장하게 한다고 믿는다.

사람은 도전하고 성취하며 성장한다-'세종마을대장정'

10월 프로젝트 주제는 "세상을 보다"였다. 사회과에 세계지리, 문화에 대한 내용이 있었고, 마을을 탐방하고 싶다는 학생들의 의견을 반영한 것이다. 이 과정에서 마을에 대한 의견은 특별했다. 수왕초에는 매주 월요일 중간 활동 시간에 눌왕리와 수산리를 둘러보는 마을 걷기 시간이 있다. 30분 정도의 시간이 허락되었는데 저 마을 끝까지 가고 싶어 아쉬워하는 학생들이 많았다. 그래서 아이들과 두 시간 동안 우리 마을을 걸어보기로 약속을 하였다. 그런데 뒤편에서 한 학생이 손을 들었다.

"선생님! 우리 마을은 여기가 아닌데요?"

사실 우리 학교는 시골 학교이지만 공동학구에 해당되어 80%의 학생들이 도심지에서 통학을 한다. 그래서 아이들이 사는 마을은 고운동, 도담동, 종촌동, 아름동 등 매우 넓게 분포되어 있었다. 이 말을 듣자마자 순간 불안감이 다가왔다.

"너희들 마을을 다 걸어보자고?"

이 말을 한 것이 실수였다. 아이들은 벌써 좋은 생각이라는 답을 달기 시작했다. 되돌릴 수 없었다. 그렇게 무모하지만 의미 있는 일생일대의 도전이 시작되었다. 세종마을대장정이라는 이름이 붙었다.

출발은 학교에서부터 시작했다. 시골길을 걸어 산을 넘어 은하수공원으로 향했다. 고운동의 제천길을 걸으며 아름동, 종촌동 전망대를 지나 어진동 세종도서관에서 점심식사를 하였다. 호수공원에서는 한 시간 동안 카누와 고무보트를 체험하였고, 끝나자마자 곧장 도담동 원수산 정상에 올랐다. 해가 넘어가서 밤이 될 때까지 걷고 또 걸

었다. 오만 보 이상을 걸었으며, 오전 8시 30분에 출발한 우리는 저녁 7시 30분이 되어서야 도착할 수 있었다.

원수산 정상 문턱에서 도저히 못 걷겠다고 포기했던 친구가 기념사진을 찍고 내려갈 때 마침내 도착하여 모든 친구들의 박수를 받았다. 개인적인 문제로 걷기 힘들어했던 아이도 친구의 도움으로 결국 완주하였다.

힘들고 위험하니 언제든 포기해도 좋다는 담임의 말에 잔뜩 겁을 먹고 비장한 마음으로 길을 떠난 아이들의 눈에서 저마다 해내었다는 성취감이 밝게 빛났다. 그날은 달도 뜨지 않아 매우 어두운 날이었지만 이런 아이들의 땀과 눈빛으로 그 어느때 보다도 밝은 밤이었다. 학생과 더불어 교사도 많이 성장한 잊지 못할 날이었다.

우리가 만드는 졸업 앨범-'아름다운 마무리'

초등학교 6년을 아름답게 정리하고 희망찬 중학교 생활을 시작할 수 있도록 12월의 프로젝트 주제는 '아름다운 마무리'로 정하였다. 『데미안』을 읽고 자신을 성찰하기, 졸업공연 준비하기, 졸업 앨범 제작하기가 주된 활동이었다. 특히 졸업 앨범을 만들기에 가장 많은 시간을 투자하였다. 보통 작은 학교의 아이들은 졸업 앨범을 가지기 어렵다. 아이들의 인원이 많지 않아 단가도 높고 앨범업체에서도 잘 만들어주지 않기 때문이다. 그래서 실과, 미술 시간에 사진 편집 프로그램을 익히고 자신만의 졸업 앨범 만들기에 도전하게 되었다.

졸업 앨범에는 사진만 들어가지 않았다. 아이들이 지금까지 했던 월별 에세이 작품들과 기억하고 싶은 자신의 글도 있었다. 특이하게도 학기말 성적표가 대부분의 학생 앨범에 포함되었다. '아름다운 동행'이라는 이름을 가진 수왕초의 생활통지표로 교사의 솔직한 교과평가,

학생들의 자기평가에 교사와 부모님의 응원 글이 담겨 있었다. 수왕초의 성적표는 이렇게 아이들의 졸업 앨범에 남아 영원한 생명력을 갖게 되었다.

수왕초에서 우리들은 성장하고 있는가?

지난 3년 동안 수왕초등학교는 혁신학교로서 많은 것에 도전했고 경험했다. 1년 차부터 다져진 민주적인 학교 운영을 기반으로 학교교육과정의 뿌리가 되는 학교 비전과 목표를 분명하게 세웠으며, 수왕형 학력을 구체화한 창의적인 교육활동들이 운영되었다. 그 과정에서 구성원들의 자치문화가 형성되었고, 이 자치문화는 다시 반영되어 창의적인 교육과정으로 구체화되었다. 이런 점에서 나는 수왕초등학교가 혁신학교로 발을 내디디며 꿈꾸었던 교육의 본질을 실현하는 학교로 성장해가고 있음을 확신한다. 오늘도 수왕초의 모든 구성원들은 "나를 사랑하고 너를 존중하는 행복한 우리 학교"라는 비전에 어떻게 자신만의 이야기를 담아내고 성장해갈지 고민하고 있다. '어떻게 가르칠 것인가?', '어떻게 성장할 것인가?', '어떤 부모가 될 것인가?' 나는 이러한 물음이 부단히 발전하여 순수한 인간으로서 온전한 자신의 철학과 주체성을 가질 때 비로소 혁신학교가 완성된다고 생각한다. 수왕초등학교는 지금도 한 걸음씩 그 완성에 다가서고 있다.

세 번째 마당

유치원에서 고등학교까지

소담유치원(2018년 지정)
소담초등학교(2017년 지정)
소담고등학교(2017년 지정)

소담유치원은 '건강하게 더불어 소통하는' 비전으로
유아, 교사, 학부모가 함께 만들어가는 유치원입니다.
2016년 6월 1일 개원 후 준비 기간을 충분히 거쳐
2018년 3월 1일 혁신유치원으로 지정되었습니다.
아직 6개월 차 혁신이지만 스스로 배우고 건강하게 자라는 유아,
유아의 놀이를 존중하고 더불어 관계 맺는 교직원,
마을과 소통하며 참여하는 학부모가 넘치지도 모자라지도 않게
천천히 성장하는 중입니다.

소담유치원(2018년 공모 지정 운영)

천천히 다 같이 가는
소담유치원의 혁신 이야기

박진희

1. 넘치지도 모자라지도 않는 유치원

2016년 3월 15일, 양지고등학교 4층 소담유치원 개교준비실에 개교준비팀으로 오게 된 선생님 9명이 모였다. 바로 옆 개교준비실에는 다른 학교도 있었는데, 세종창의적교육과정을 바탕으로 혁신학교를 만들어보고 싶은 선생님들로 구성된 '소담초등학교 개교준비팀'이었다. 소담초등학교는 개교 전부터 이미 혁신학교 지정이 예정되어 있었다. 덩달아 소담유치원도 그렇게 될 거라고 알고 있던 선생님은 9명 중 7명이었다.

소담유치원은 6월 1일 개교할 예정이었으므로 개교준비팀[1]에게 주어진 시간은 3개월가량이었다. 그간 개교준비팀은 혁신유치원으로 어떻게 걸어갈 것인지 서로의 교육철학을 공유하기, 유치원 비전 정하기, 원가와 원훈 만들기, 교육과정 계획, 행정업무의 가지치기 등을 고민해야 했다. 개교준비팀은 먼저 소담유치원의 핵심 가치를 정하기 위해 토론하던 중 우리 유치원 이름의 의미는 무엇일까 찾아보기로 했다.

---

1. 낭시 양지고등학교는 2015년 신설 학교였기에 유휴 교실이 있었고, 그곳을 개교준비실로 활용할 수 있었다.

소담[소담] '소담하다'의 어근.

소담하다[소담하다][형용사]
 1. 생김새가 탐스럽다.
 2. 음식이 풍족하여 먹음직하다.
 3. 딱 알맞다.
 4. 넘치지도 모자라지도 않다.

개교준비팀이 찾아온 '소담'의 뜻은 위와 같았다. '소담'은 참 긍정적인 단어였지만 교육에 소담의 뜻을 녹여냈을 때엔 4번이 가장 마음에 들었다. 그렇게 만장일치로 소담 교육은 '넘치지도 모자라지도 않은'이라는 철학을 갖고 출발했다. 사실 넘치지도 모자라지도 않다는 것은 개인마다 인식하는 기준이 다르기도 하고 중간점을 알맞게 찾아야 한다는 것인데, 이는 쉬운 듯하면서도 굉장히 어려운 일이다. 우선 넘치지도 모자라지도 않은 교육을 바탕으로 좋은 유치원을 만들려면, 교사의 교육연구 시간을 충분히 마련해야 했다. 그러려면 공립유치원 교사가 하루 일과 중 가장 많은 시간을 할애[2]하는 업무를 경감하는 것이 첫 번째였다.

유치원 업무 중 교육과 가장 먼 것부터 제하기로 했다. 심층 토의 중 교육과 먼 것은 보여주기식의 업무들이라 생각했다. 유치원 소식지를 만들거나 대외적으로 유치원 자랑을 할 때 글을 쓰거나 동영상을 만들어야 하는 홍보 업무, 사람들 눈을 의식해 유치원 외부 환경을 꾸며야 하거나 교실 내 환경을 1학기에 한 번씩 평가해야 하는 환경 업무는 업무로 따로 떼어놓았을 때 지나치게 일이 벌어진다는 것을 알게 되었다.

---

2. 공립 단설유치원은 상위학교급과 달리 교직원 수가 적기 때문에 한 부서의 업무를 한 사람이 해야 한다.

홍보 업무는 교사보다는 교무행정사가 하는 것이 알맞고, 환경 업무는 교실 내 환경, 교실 외 환경으로 나누었다. 교실 내 환경은 유아와 함께 교육과정 중 만들어가는 것이기 때문에 담임이 자율적으로 맡는 것으로 했으며, 교실을 제외한 유치원 전체 환경은 변화가 필요하다고 생각한 사람이 맡는 것으로 결정되었다. 이렇게 홍보, 환경 업무가 제외되고 나머지 업무들도 경감시켜가기로 했다.

이때 업무분장도 같이 이루어졌는데, 전 학교에서처럼 '업무를 누구에게 줄까?'라며 소수의 관리자만 고민하고 상명하달식으로 업무를 맡는 형식이 아니어서 좋았다. 자기가 가장 하고 싶은 것을 고를 수 있는 기회가 되었고, 이 과정에서 의견이 부딪치면 서로를 설득하고, 어떤 것이 우리 공동체에 좋을까 생각하며 고민했다. 이 과정은 후에 우리 유치원의 민주적 분위기를 조성하는 데 큰 영향을 주었다.

업무분장 후 자신이 맡은 업무와 관련된 것들을 계획하고 실행, 품의하면서 개교준비팀은 더 주체적으로 나아갈 수 있었다. 하루에 한 번 약 3시간에서 4시간 동안은 주제에 따라 심층 토의를 했다. 주제는[3] 원목, 원화, 원훈 정하기, 원가 만들기, 교육과정 얼개 짜기 등 개교준비팀이 해야 할 일들을 중심으로 진행되었다. 이러한 시간들은 교사로서 크게 가치 있고 의미 있었다. 보통 대부분의 교사들은 자신의 학급을 관리하고 자신의 수업을 하며 개인적인 학교생활을 하곤 하지만, 소담유치원 개교준비팀은 이렇듯 가치 있고 의미 있는 시간을 보내며 우리의 학급, 우리의 수업, 우리의 아이들이라 생각하게 되었다. '우리'를 위해 고민한 과정은 자연스럽게 '전문적학습공동체'의 성격을 띠게 되었다.

---

3. 사실 원화, 원목 같은 것들은 나중에 아이들과 생활하며 함께 만들어갈 수 있는데, 이때는 아직 혁신교육에 대한 깊이 있는 연구가 이루어지지 않아 기존에 개교준비팀이 하던 대로 먼저 정하였다.

한기가 가시고 따뜻한 바람이 불어오는 봄 어느 날, '우리'를 위한 심층 토의 주제는 '우리가 원하는 교육의 방향'이었다. 토의 후 우리는 안개 속에 있는 듯한 불확실성과 그 불확실성에 대한 불타는 도전의 식으로 이중적 감정을 느꼈고 머릿속은 복잡해졌다. 그날 개교준비팀 손달래 선생님은 아래와 같은 일기를 썼고 이를 개교준비팀과 공유하였다.

소담유치원 개교까지 D-68

작년 ○○유치원에 발령 났을 때는 텅 빈 유치원을 채워나가기에 급급했었는데… 우리 소담은 준비할 시간이 있어 감사하다.

하지만 뭔가 좋은 결과를 내야만 할 것 같아 부담스러운 마음이 스멀스멀… 내 마음을 잡아먹고 있다. 비전을 세우고 기준을 하나하나 잡아나가며 우리는 잘하고 있는 걸까라는 불안에 휩싸인다.

우리가 원하는 교육은 무엇일까? 우리가 하려는 건 어떤 것일까?

협의 시간! 혜현샘이 던진 한마디로 우리는 잠시 깊은 생각에 잠겼다.

"여러분 우리가 하려는 혁신교육이 무엇인지 이야기 나눠봐야 할 것 같아요."

교사 1 교육과정의 군더더기를 덜어내는 것, 실행할 수 있는 것만 들어 있는 교육과정을 진행하는 것 아닐까요?

교사 2 나는 혁신교육 연수를 들으니 행복해지더라고~ 행복한 교육이 혁신교육 아닐까?

교사 3   아니 저번에 혁신교육을 하려면 교사들이 더 희생해야 한다
는 이야기를 들었는데 지금보다 더 많은 희생을 한다면 행복하
지 않을 것 같아요.

교사 4   그러게요. 우리 행복해지려고 여기 모였잖아요? 교육과정 짤
때 Ctrl+C, Ctrl+V 더 이상 안 하고 싶고. 우리가 스스로 만들
어가는 교육과정을 실천하려고 모인 거잖아요~ 그 과정에는 민
주적인 협의 문화, 함께 만들어가는 문화를 만들어야 하는데
그 과정에서 더 많은 노력이 필요하니까 그런 이야기를 한 게
아닐까요?

교사 5   그런데 지금 아이들 이야기가 빠진 것 같아요. 제일 중요한
건 아이들이잖아요. 아이들이 행복한 교육, 아이들이 중심이 서
는 교육이 혁신교육이죠.

교사 6   혁신교육에는 양 날개가 필요한 것 같아요. 민주적인 조직
문화와 군더더기 없이 실천 가능한 내용만 있는 교육과정! 그
양 날개를 가지고 아이들과 교사가 훨훨 날아가는 것이 혁신교
육 아닐까요?

교사 5   네. 교육과정은 덜어낼 것은 덜어내고 할 것만 하면서 교사
가 수업에만 집중할 수 있는 문화가 만들어져야죠. 수업을 잘
하는 교사가 진정한 교사니까요. 그리고 서로 배려하고 협력하
며 관리자도 함께 어우러지는 공동체가 돼야 하고요. 집단지성
이 중요한 미래 사회에서 개인주의로 흘러가는 현재를 반성하
고 함께 행복할 수 있는 미래를 만들도록 머리를 맞대어 계속
연구해야 할 것 같아요.

교사 7   저도 선생님 말씀처럼 교사와 유아가 함께 행복한 교육이

혁신교육이라고 생각해요. 더불어 교사와 유아가 자발적인 존재로 발전하는 교육이 진짜 교육이 아닐까요?

교사 8　기존의 획일적인 교육을 탈피하고 자유로운 커리큘럼을 시도하는 것이 아닐까요? 질적인 속도와 방향으로 진행해야 실패를 줄일 수 있을 것 같아요.

교사 9　혁신교육이란 건 아직 제 머릿속에 뭉게구름 같아요. 우리가 이 과정을 통해서 혁신을 배워가고 만들어가는 거겠죠? 정답은 없는 것 같아요.

교사 6　아직은 힘들기도 하네요. 지금 하는 것이 잘하는 것인가 막막하기도 하고요. 하지만 다른 분들도 3~4년이 지난 후에야 기본 상이 정립되었다고 그러잖아요. 우리가 그 과정에 서 있는 것 같아요.

　아이들이 중심에 있는 수업을 위해 우리는 지금 끝없이 고민하고 갈등하고 흥분한다. '정말 이렇게 가는 것이 맞는 것일까?'라며 자문할 때도 많다. 그러나 함께한 2주 동안 나는 살아 있음을 느낀다. 내 생각과 나의 비전이 살아나는 것을 느낀다. 우리가 기대한 만큼 잘 안 될 수도 있겠지만… 우리의 과정은 잘되고 있다고 자랑하고 싶다. 우리 잘하고 있는 거죠? 잘할 수 있겠죠?

2. 전문적학습공동체 선도 학교

　개교 후에 바로 혁신학교로 지정되는 것은 아니었다. 2016년 6월에 개교하여 2017년 2월에 2016학년도를 마무리한 후 교육철학을 다시 정비하고 2017학년도에 혁신학교로 지정되는 시스템이었다. 연구 업무를 맡은 선생님은 전문적학습공동체 선도 학교부터 해보는 게 좋겠다고 하였고, 그렇게 전문적학습공동체 선도 학교가 되었다. 개교 후에는 개교 준비할 때처럼 함께 만나는 시간이 턱없이 부족했다. 쉼 없는 학부모 전화 상담, 신설 학교 업무, 문서 작업 등으로 바쁜 시간들을 보냈고, 경감한다고 했던 업무들은 생각보다 경감됨을 몸으로 느끼지 못했다. 이런 바쁜 시간에 전문적학습공동체라니… 연구 담당 선생님은 그래도 최대한 부담이 되지 않는 선에서 해보겠다고 하였다.

교육청에서 전문적학습공동체를 위한 예산이 내려오면서 우리가 함께 읽어보아야 할 책을 사고, 같이 만나는 시간을 늘리고, 같은 취미 연수를 듣는 과정 생겨났다. 우리에게 유치원 생활에서 한숨 돌릴 수 있는 그런 시간들이 되었지만, 진정으로 교육연구가 이루어지거나 더 심층적인 토의가 이루어지지는 않았다. 그때 소담유치원 전문적학습공동체는 교사들이 모여 교육에 대해 토론하고 연구하는 기구가 아닌, 일이 많은 우리에게 쉼을 주는, 그러나 그 쉼 속에서도 '할 일이 있는데…'라며 걱정하는 그런 '사업'이었다. '전문적학습공동체' 구성원인 교사들이 그 개념을 깊이 이해한 상태가 아니었기 때문에 더 '사업'으로만 느껴졌을 것이다. 오히려 전체 교사가 만나는 전문적학습공동체 시간보다는 연령별 주간교육계획 협의회 때 수업에 대한 연구와 토의하는 과정이 전문적학습공동체 성격을 띠었다. 그렇게 '사업'으로서 전문적학습공동체가 이루어지고 있을 때, 10월 말 '2017학년도 혁신학교 지정' 공문이 도착했다.

'혁신학교', 우리에게 필요할까?

혁신학교 지정 관련 공문에는 혁신학교로 지정되고 싶으면 11월 말까지 계획서를 보내라고 쓰여 있었다. 이 문구를 우리는 11월 말까지 토의할 시간이 있고, 계획서를 내지 않으면 혁신학교 지정이 되지 않을 수도 있다는 것으로 해석했다. 공문이 도착하고 4일 후 교사들이 모여 '혁신학교 지정'에 대해 1차 심층 협의를 했다.

교사 1　우리 혁신학교 하는 거 아니었어요?

교사 2　그래도 한 번은 다시 이야기해보면 좋으니까요.

교사 3　마음은 부담이 되지만 그래도 교육청에서 혁신교육을 연구하라고 특별히 개교 준비 시간까지 넉넉하게 주셨는데 안 하는 것도 아닌 것 같아요.

교사 4　맞아요. 우리 해야 할 것 같아요. 교육감님께서 응원도 오시고 기대도 많이 하셨잖아요.

이런 내용들이 오갔다. 하지만 이때 약속한 책임에 의해 혁신학교를 해야 한다는 의견만 있었지, 우리가 주체가 되어 하겠다는 의견은 나오지 않았다. 각자 집에 가서 다시 생각해보고 이야기하기로 했고, 이튿날 2차 심층 협의가 이루어졌다. 1차 심층 협의보다는 더 자기 마음속 이야기가 많이 나왔다. 이야기 도중 "한 사람이라도 끝까지 혁신학교 지정이 싫다고 한다면 혁신학교를 하기에 무리가 있다"는 내용도 나왔으며 그 이야기엔 모든 교사가 동의하였다.

신설 학교이기에 업무가 많았지만, 소담유치원 교사들은 야근까지 불사하며 나름대로 유아 중심 교육과정을 운영하고 있었다. 이에 따른 교사로서의 자기만족도도 올라와 있는 상태였으며, 혁신교육에 다

가가고 있다고 느꼈다. 동시에 '혁신학교' 지정이 된다면 이것 또한 '전
문적학습공동체'처럼 교육청 사업이기에 결과 중심으로 보고서를 내
야 하진 않을까? 이 때문에 우리 업무가 더 많아지지는 않을까? 늘어
난 업무 때문에 교육연구에 쏟는 시간이 오히려 줄어들진 않을까? 하
는 두려움도 갖게 되었다. 이런 이야기가 오가며 최종 결정은 비밀투
표로 하기로 했다.

비밀투표 개표 결과는… 찬성이 단 두 표뿐이었다.

3. 그냥 소담유치원

평화로운 유치원, 정말 우리가 좋은 유치원일까?

2017학년도 시작은 정말 평화로웠다. 신설 학교 업무도 정착되어
갔고, 모든 선생님들이 업무에 능숙했다. 학기가 시작되고 소담유치
원 유아와 교사는 만들어가는 교육과정으로, 잘 진행하고 있었다.
다만, 학부모의 민원이 좀 유별났지만 우리 탓은 아니었다. 그냥 그
들이 지나치게 유별날 뿐이라고 생각했다. 예를 들어 한 아이가 이
전 기관에서도 갖고 있던 문제행동을 전적으로 현재 담임교사 책임
으로 돌려 민원을 넣거나, 유치원 밖에서 있었던 학부모 갈등을 담
임교사에게 분풀이하고, 같은 반 유아들을 각자 다른 반으로 배정
해달라는 등 오고 가는 민원 사이에서 교사들의 스트레스가 만만치
않게 커졌다.

이렇게 무리한 민원 제기가 이미 계획되어 있었던 교육과정에 크게
영향을 미치진 않았다. 다만 교무실의 사기가 점점 하락하고 있을 뿐
이었다. 우리는 좋은 유치원이 되려고 노력했는데, 교육과정이 이상한

건 아닌데, 오히려 다른 유치원보다 유아 중심으로 이루어지는데… 학부모 민원은 왜 이렇게 일어나는 걸까? 우리가 정말 좋은 유치원일까? 의문이 일어나기 시작했다.

혁신학교가 알려준 진정한 교육혁신

소담유치원에는 혁신교육에 대한 관심을 놓지 않고 세종창의적교육과정 사례 구현 집필, 혁신학교 교원과의 연구회, 수업 나눔 등 지속적으로 참여한 교사들이 있었다. 바로 필자와 강창아 선생님이다. 세종창의적교육과정 연구회 선생님들과 종종 만날 기회가 있었는데 그때마다 혁신학교에 대한 긍정적인 이야기들만 들려왔다. 힘들지만 행복하다고 했다. 학부모 민원은 혁신학교를 하기 전보다 훨씬 줄었고, 학부모들이 주체적으로 학교교육과정에 참여한다고 했다. 말로만 들었다면 한 번쯤 의심해보았겠지만 같은 울타리를 쓰고 있는 소담초등학교를 보고 있자면 그 말이 정말 사실이었다.

여느 날처럼 우리 반 아이들은 자유놀이를 하고 정리하고 있었다. 창문 쪽에 여자아이가 가더니 "어? ○○이네 엄마다!"라고 이야기했다. 아이들이 창문에 우르르 매달리고 나도 무슨 일인가 해서 보았다. 그날은 소담초등학교 학부모회가 주최하는 바자회 날이었다. 참여를 원하는 학부모가 아이와 함께, 집에서 안 쓰는 물건을 파는 행사 날이었던 것이다. 그 행사에 아직 유치원 자녀밖에 두지 않은 우리 반 학부모가 물건 값을 깎으며 즐겁게 참여하고 있었다. 모든 사람이 주인공이었다. 마을교육과정이었다. 지역사회의 참여였다. 새샘마을이 살아나는 현장이었다.

이 일이 있은 뒤 한참 생각했다. 혁신학교연구회를 하면서 그렇게 많이 들어왔던 교육 3주체를 눈앞에서 마주하게 되고, 우리 유치원도 그렇게 되고 싶었다. 학부모 민원에 시달리는 게 아니라 학부모와 함께 행복해지고 싶었다. 그 안에서 유아는 더 자율적이고 주체성을 가지고 행복을 찾게 될 것이라 생각되었다.

'혁신학교'라는 타이틀이 필요해요

10월 말, 학부모 민원에 점점 지쳐갈 때쯤 다시 혁신학교 공모에 대한 공문이 도착했다.

당시 연구업무 담당자였던 필자는 공문을 공람하였고, 그냥 기다렸다. 혁신학교는 구성원의 자율성을 기반으로 하기 때문에 작년처럼 부담으로 느낀다면 안 좋은 결과를 가져올 수 있겠다고 생각했다. 그리고 공람 후에도 아무 이야기가 없으면 다음 연도로 미뤄야겠다고 생각했다. 공람한 지 4일 뒤 한 선생님께서 말했다. "혁신학교 공문 왔던데, 우리 이거 안 해요?"

작년처럼 협의가 이루어졌다. 두 번의 심층 협의를 걸쳐 교사들의 혁신학교 공모 찬성 만장일치가 나왔다. 가장 인상 깊었던 이유는 "우리가 하는 교육과정이 충분히 유아 중심이고, 유연한 교육과정이지만 어떤 한계점에 부딪치는 느낌이 든다"였다. 우리가 이미 유연한 교육과정을 운영하지만 제자리걸음을 하는 느낌이었다. 혁신학교를 하면 뭔가 모르는 세계가 열릴 듯했다. 혁신학교 타이틀이 필요했다. 그렇게 소담유치원은 2018학년도 혁신학교로 선정이 되었다.

4. 혁신유치원으로 새 출발

혁신유치원으로 선정되고서는 알 수 없는 부담감이 생겨났다. 1월

에는 숨 고르기를 하려고 무던히 애를 썼다. 교사들끼리는 '최대한 부담을 갖지 말자'라는 이야기를 많이 하게 되었고 다행히 그 한마디 덕분에 부담도 점차 사그라져갔다. 2월에는 교육청에서 진행하는 혁신학교 1박 2일 워크숍에 참여하였고, 유치원 협의 문화, 학습조직화, 전문적학습공동체, 교육 3주체의 방향 등 많은 것을 협의하고 또 협의했다.

1) 교육과정의 혁신

진짜 숲을 가다

세종에는 유치원을 위한 아이다움교육과정이 있다. "아이다움교육과정이란 놀이와 친구를 좋아하는 아이들의 참주체적 삶과 국가수준 교육과정의 총론을 융합한 세종특별자치시의 유치원 교육과정이다." 라고 설명하고 있는데, 여기에서 강조하는 것을 간단히 단어로 표현하면 '유아, 놀이, 자연, 과정' 중심이라고 꼽을 수 있다. 숲 체험을 통해서 이 단어들을 교육적으로 녹여낼 수 있는데, 우리 소담유치원 가까운 주변에는 숲이 딱 하나 있었다. 바로 '괴화산'이라는 작은 산이다. 이 산은 소담유치원에서 어른 걸음으로 15분 정도 걸어가면 나오는데 유아들과 걸어가기엔 좀 힘들다. 만 5세 선생님들은 그래도 우리 나이 7살이면 다녀올 만하다고 했다. 만 5세가 걸어갈 수 있는 산으로 숲 체험을 일주일에 한 번씩 떠나기로 하였다. 문제는 만 3, 4세였다. 소담유치원 주변 공원에서도 자연을 느낄 수 있지만, 교사들은 진짜 자연과 생명이 우거진 숲에 가서 아이들과 생활하고 싶었고, 인근 산 다섯 군데를 사전에 탐방하였다. 안전하면서 숲을 느낄 수 있는 곳을 찾아 헤맸다. 노력한 만큼 적당한 장소를 찾게 되었고 차 타고 15분 정도 가면 어린이들이 놀기에 딱 알맞은 원수산 근린공원 쪽으로 장소를 택했다. 걸어갈 수는 없어서 혁신학교 예산 3,000만 원 중 1,000만 원가량을 숲 체험을 위한 차량 임차비로 편성하였다. 그 덕에 만 4세는 한 달에 두 번씩 숲 체험을 갈 수 있게 되었고, 만 3세는 한 달에

한 번 온종일 숲에서 있을 수 있게 되었다. 만 3세는 숲에 적게 가는 대신에 유치원에서 텃밭 활동을 아주 깊고 열심히 하고 있다.

발현적교육과정의 발현

발현적교육과정이란 교사가 유아의 흥미와 요구를 세심히 관찰하고 지켜보면서 아이들과 같이, 함께 알아볼 주제를 선정하여 교육 내용도 함께 정하며 생활하는 것이다. 이 과정은 이미 교사 중심으로 계획된 수업을 하는 것보다 훨씬 번거로울 수 있다. 어린이가 선정한 주제와 활동을 듣고 교사는 교육적 안목으로 가지치기를 해야 하며, 이 과정에서 전문적학습공동체를 통해 함께 고민해보아야 한다. 또 학급마다 아이 한 명, 한 명이 다르고 교사도 다르기 때문에 학기 초 처음 세워놓았던 연령별 교육과정은 학기가 진행될수록 학급교육과정으로 변화하게 된다. 소담유치원은 혁신학교가 되기 이전부터 발현적교육과정을 운영하고 있었는데 주로 만 5세에서 진행되었다. 그러나 모든 교육과정이 발현적교육과정으로 진행되는 것은 아니었다. 주제는 교사가 정하되 아이들의 의견을 받아 교사들이 협의해서 활동 내용을 구성하는 형식이었으며 연령별로 다 같이 비슷한 활동이 이루어졌다.

2018학년도 들어와서는 발현적교육과정에 더 다가가기 위해선 학급교육과정을 운영하는 것이 올바르다는 생각을 하게 되어, 올해부터는 학급에서 자율적으로 활동이 진행되고 있다. 예를 들어 만 5세 연령에서는 꿈(직업)에 대한 큰 주제는 공유하되 그 안에서 펼쳐지는 이야기와 활동은 오로지 아이들에게 묻고 맡기고 있다. 영화관 사장님이 되겠다는 여자 어린이는 팝콘을 만들어 팔고 또 그에 맞는 간판도 만들면서 유아 스스로가 주체적인 삶을 살아가는 법을 배울 수 있도록 말이다.

만 4세의 경우 혁신학교가 되기 이전에는 거의 교사의 계획 안에서 활동이 이루어졌다면 올해부터는 조금씩 발현적교육과정에 도전하기 시작했다. 한 학기에 두 번씩, 2주 동안의 자유주제 기간이 생겨났고, 그 기간에는 아이들이 하고 싶은 것, 교육적으로 유의미한 것을 중심으로 이루어지고 있다. 동물에 대해 알아보고 나서 자유주제 기간이 주어졌는데, 각 학급마다 아이들이 더 깊이 알고 싶은 동물을 선정하여 진행되었다. 활동 내용도 아이들의 아이디어 속에서 나오게 되었고 교사는 자신보다 더 번뜩이는 유아의 아이디어에 감탄했다. 이렇게 유아와 교사가 함께 만들어나가는 발현적교육과정이 조금씩 발현되고 있는 중이다.

2) 교사의 혁신

소담유치원의 전문적학습공동체 소소공(소통하며 배우는 소담 공동체)
소담유치원은 2016학년도에 전문적학습공동체 선도 학교를 해본 적이 있다. 그때엔 교사끼리의 많은 연구나 고민을 나누어 점진적인 발전이 되었다기보다는 한 달에 한 번 일회성 활동 위주로 진행되었다. 하지만 이제 그때의 교사들이 아니었다. 여전히 혁신교육이 뚜렷하지는 않지만 마음가짐이 달라졌다. 혁신학교처럼 전문적학습공동체 또한 자율성이 가장 중요하다. 먼저 담당자는 부담을 줄이고자, 전체 전문적학습공동체보다 연령별 전문적학습공동체를 중심으로 운영하는 것이 어떻겠냐고 의견을 제시했다. 모든 선생님들은 동의하였고, 각 연령별로 특색 있게, 알차게 활동을 구성하였다.
이렇게 구성되고 나서, 담당자는 다른 혁신유치원 부장 선생님과 유치원 장학사님께 비공식적으로 컨설팅을 받아보았다. 컨설팅 후 두 분

연령별 전문적학습공동체 세부 운영 계획

월	만 3세: 텃밭 가꾸기		만 4세: 숲과 교실		만 5세: 의미 있는 학급교육과정	
	활동 내용	방법	활동 내용	방법	활동 내용	방법
3	텃밭 활동 계획 수립	협의	전학공 주제 선정 '숲과 교실'	협의	경험 나누기	협의
4	텃밭 관련 도서 구입 및 모종 계획하기	공동 연구	숲과 교실 속 자유선택 활동 연계 방법 연구	독서 토론	학급교육과정 방향 설계 및 계획	협의
5	지속가능 발전 교육 도서 구입 및 토론	독서 토론	밧줄놀이	연수	발현적 교육과정의 이해	연수 전남 수석교사 황○○
6	지렁이 화분 만들기 감각통합놀이	수업 공유	*대 부설 유치원을 다녀와서…	토의	*대 부설 유치원을 다녀와서…	토의
7	바른 식생활 체험활동 공동 실천	공동 연구	숲 배경 영화로 교실 수업 활용하기	영화 감상	1학기 교육과정 연령별 공유	수업 공유
9	배추 심기 활동 계획	공동 연구	우리나라 주제 연계 '숲에서 하는 전통놀이'	수업 연구, 수업 공유	발현적 교육과정 적용	협의
10	가을 과일 샐러드 요리 활동	공동 실천 수업 공유	숲에 우리가 줄 수 있는 것 '숲아 고마워'	수업 공유	의미 있는 학급교육과정 구성하기	타 유치원 교사와 수업 공유
11	음식물 쓰레기를 줄여요	공동 실천 수업 공유	우리 숲, 우리 교실 일 년 돌아보기	1박 2일 워크숍	우리 학급 일 년 돌아보기	연수 고도원 아침마을 연수원
12	전학공 미니 컨퍼런스	연령별 전문적 학습 공동체 운영 발표	전학공 미니 컨퍼런스	연령별 전문적 학습 공동체 운영 발표	전학공 미니 컨퍼런스	연령별 전문적 학습 공동체 운영 발표

다 전체 모이는 시간이 한 학기에 한 번보다는 더 필요하다고 이야기하였고, 고민에 빠졌다. 4월 말, 때마침 교육감님이 혁신학교 전문적학습공동체를 응원하러 오신다는 소식이 왔다. 우리 유치원도 예외는 아니었고, 계획에 없던 전체 전문적학습공동체가 열리게 되었다. 그날의 주제는 '연령별 전문적학습공동체 1년 계획 발표와 지금까지 전문적학습공동체 경험 나눔'이었고, 전체 이야기 나누는 시간을 통해 선생님들 자율적으로 전체 전문적학습공동체 횟수를 늘리는 것에 동의했다. 그래서 전체 전문적학습공동체도 한 달에 한 번씩 진행하기로 자율적으로 결정되었다. 이렇듯 우리는 유아에게 좋은 교육자가 되려고 부단히 노력 중이다.

전체 전문적학습공동체 〈1학기 되돌아보기〉 운영 사진

3) 학부모의 혁신

유아교사들은 학부 때 '학부모'는 함께 협력하여 유아를 배움으로 이끄는 사람, 협력해야 할 대상이라 배웠지만, 정작 현직에 있다 보면 부모-교사 파트너십 형성에 부정적 영향을 미치는 상황이 많이 발생한다.[4] 연구에 따르면 현직 유아교사는 부모-교사 파트너십에 방해되는 요인으로 '교사에 대한 부모의 불신과 부정적인 시각', '부모의 무관심과 이기적이고 일방적인 태도', '상호 이해 부족과 가치관의 차이', '소통의 불능' 순으로 꼽았다. 물론 교사에게 힘이 되고 따뜻한 지지와 격려를 주는 학부모도 수없이 많지만, 교사도 사람이기에 부정적인 경험이 크게 한 번 생기면 트라우마처럼 상처가 길게 남는다. 이런 일이 애초에 시작되지 않았다면 얼마나 좋을까? 학부모에게 관심을 끌어내려면 어떻게 해야 할까? 소통이 활발하려면 어떻게 해야 할까? 학부모의 신뢰는 어떻게 얻어지는 걸까? 우리의 고민은 여기서 시작되었다.

소담유치원 첫 번째 학부모 동아리 '소담타래'

학부모도 유치원에서 활동하며 행복함을 느낄 수 있는 '유치원의 주인'이라는 것을 알려주고 싶었다. 그래서 학부모에게 유치원 안 공간을 내어주고 자유롭게 드나들 수 있도록 하였다. 그 공간의 임시 이름은 '학부모 동아리방'. 학부모에게 동아리 희망 조사와 의견 수렴을 하고 동아리를 하며 필요한 비용과 장소는 유치원이 지원하기로 하였다.

이렇게 모인 학부모 대상으로 브레인스토밍과 액션러닝을 통해 동아리 주제를 도출하였고, 학부모 리본공예동아리 '소담타래'가 탄생되었다.

---

4. 참고 논문: 「예비·현직 유아교사가 생각하는 부모-교사 파트너십」(윤갑정·손환희, 한국생태유아교육학회, 2014. 6. 30).

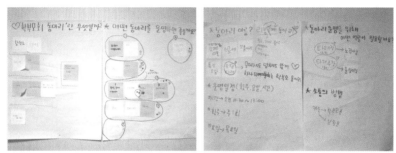

학부모 동아리 의견 수렴 가정통신문과 구축 완료된 학부모 동아리방

학부모 동아리 액션러닝 결과

학부모를 선생님으로 '꿈자람 선생님'

소담유치원에서는 2017학년도부터 주 1회 도서 대출 프로그램을 운영하고 있다. 운영하면서 어려운 점은 교사가 아이들의 대출 도서 바코드를 다 찍어줘야 하는 것이었다. 유치원에는 초등학교처럼 사서교사가 없어서 아이들이 책을 고를 때 도움을 줄 수 없고 상호작용도 못한 채 바코드를 찍어야 했다. 이 점을 개선하고자 학부모님께 도움을 요청했고, 사서 선생님으로 참여하는 학부모님을 우리는 '꿈자람 선생님'[5]으로 명명하기로 했다. 도서 대출뿐만 아니라 유치원에서 도움이 필요할 때, 예를 들어 원내 물놀이 행사가 있을 때, 현장체험

---

5. 학부모 교육 기부 명칭 공모를 학부모 대상으로 진행하였고, 공모한 명칭들을 두고 교사 회의에서 선택하였다.

학습을 갈 때, 직업체험 관련 학부모 교육 기부를 받을 때 등 학부모는 소담유치원에서 '꿈자람 선생님'이 될 수 있다. 이 좋은 '꿈자람 선생님' 덕분에 교사는 학급 아이들에게 더 집중할 수 있었고, 학부모는 유치원 교육에 더 참여하고 이해할 수 있었다. 현재 교육 기부를 통해 부모-교사의 파트너십이 자라나고 있는 중이다.

학부모가 원하는 연수 '소담스러운 학부모 배움터'

소담스러운 학부모 배움터란? 소담유치원 자녀를 둔 학부모님들의 자녀에 대한 이해 및 자녀교육 역량 강화, 유치원 교육에 대한 인식 제고를 위해 소담유치원 학부모 대상으로 운영되는 연수 프로그램이다. 여기까진 다른 유치원과 다를 바가 없지만 연수에 학부모 의견을 반영해 운영하는 것이 다르다. 1학기엔 학부모 담당 교사가 엄선한 강사진으로 4회 진행되고, 2학기엔 학부모의 요구를 반영하여 강사도 선정할 예정이다. 사실 1학기에 놀이와 관련된 연수와 숲 교육 관련 연수를 진행했는데도 참여율이 10% 정도였다. 시간이 문제인가 싶어 오전 연수, 오후 연수를 나누어 진행했는데도 참여율이 높아지지 않았다. 아직 학부모의 참여가 소소하지만 시간이 지나고 '소담유치원 학부모 연수 참 괜찮아!'라는 입소문을 타면 좋아질 거라 기대하고 있다.

5. 앞으로 걸어갈 길

소담유치원이 혁신학교로 시작한 지 6개월, 혁신학교로서 보여줄 만한 성과가 두드러지진 않지만 우리는 산책하듯 천천히 걸어가면서 많은 부분을 들여다보고, 개선하고, 격려하며 함께 나아갈 것이다. 소담유치원은 앞으로 해야 할 과제가 많다. KDI 주최 연구인 놀이 중심 수업 비평도 참여해야 하고 수업 혁신도 이뤄야 하며 이에 따른 컨설팅도 받아야 할 것이다. 이렇게 수업 중심으로 계속 연구할 수 있는 문화가 되려면 탄탄한 업무 경감 시스템도 구축되어야 한다. 글로는 고작 몇 문장이지만 이걸 실현해내려면 얼마나 많은 논쟁과 행동이 일어나야 하는지 혁신학교를 경험해본 선생님들은 알 것이다. 나아갈 길의 과정이 두렵지만, 한편으론 유치원 교육공동체 모두가 교육과정 중심으로 탈바꿈하여 모두가 행복해지는 모습을 막연하나마 기대도 해본다.

결국 우리는 '혁신학교'라는 제도를 통해 학생의 품으로 돌아가는 교사가 될 것이다.

소담초등학교는

2016년 5월 1일 한 명의 아이가 다니던 학교에서

곧 천 명의 아이가 다니는 학교가 됩니다.

한 명의 아이에게도, 천 명의 아이에게도 똑같이 마음을 나누고 있습니다.

'홀로서기와 함께하기로 삶을 가꾸는 교육'은

교사도, 학부모도, 아이도 알고 있는 소담초등학교 방향입니다.

소담초등학교(2017년 공모 지정 운영)

제안서로 시작하다, 소담초

유우석

소담초는 2016년 5월 개교하였고, 2017년부터 세종혁신학교를 운영하였다. 3년 차인 2018년 9월 현재까지 학군 내 아파트 입주가 끝나지 않아 아직 완성 학급이 아니다. 그에 따라 전교생 1명으로 시작되어 현재는 760명에 이르고 있다. 물론 학급 수도 이제 40학급을 넘어서고 있다. 잦은 학급 수의 변동, 이에 따른 시간 운영, 공간 운영, 그리고 사람의 구성 또한 변화가 많다.

그럼에도 개교 초기, 혁신학교 운영에 안착을 하고 있는 것은 학교 구성원들의 노력이 들어갔기 때문임은 말할 것도 없다.

본 제안서는 2015년 11월 세종시 교육청 '교육감에 바란다'에 올라온 제안서이며, 분량상 한계와 개인정보 보호를 위해 약간 수정을 하였다.

▶ 꿈꾸는 학교, 소담초 운영 제안서◀

제안자: 새로운 학교 준비모임

1. 제안 이유

2016년 5월 개교하는 소담초등학교를 학생, 교사가 가고 싶은 학교, 학부모가 안심하고 보낼 수 있는 학교, 지역사회가 함께 만들어가는 학교로 만들고자 학교 혁신의 철학을 공유한 새로운 학교 준비모임에서 소담초 운영 계획을 제안하게 되었습니다.

2. 새로운 학교 준비모임이란?

초등 혁신학교연구회에서 세종혁신학교의 철학을 공유하고, 행복한 학급 경영을 함께 공부하며, 세종창의적교육과정 Framework에 참여하고 있는 교사들이 행복한 학교를 만들고자 모인 공부, 실천 모임입니다.

3. 제안 내용

가. 혁신 철학을 공유하고 있는 혁신학교연구회 회원 중심의 소담초등학교 개교준비 TF팀을 제안합니다. 많은 혁신학교 사례에서 학교공동체가 어려움을 겪는 것은 구성원들이 학교 혁신의 철학을 공유하지 못한 이유가 크다고 생각합니다. 새로운 학교 준비 모임의 구성원들은 1년 동안 혁신학교연구회에서 세종 교육 학교 혁신 철학을 공부해왔습니다. 새로운 학교 준비 모임을 결성하고 '우리가 새로운 학교를 만든다면 어떤 것들이 들어가야 될까?'를 고민하고 오랫동안 이야기를 나누어왔습니다. 이러한 철학을 공유한 구성원이 학교의 다수가 될 때 혁신의 바람은 더욱 강하게 불 수 있을 것입니다.

그래서 제안합니다. 새로운 학교를 만들기 위해 새로운 학교 준비 모임이 다 같이 들어가는 방법입니다. 같이 새로운 학교를 차근차근 준비하는 것입니다.

나. 1년간의 준비 과정을 거친 소담초등학교의 2017년 혁신학교 지정을 제안합니다. 세종시의 혁신학교 유형은 기존 학교의 공모 심사를 통해 혁신학교 지정, '혁신학교를 하고 싶은 사람들은 모여!' 하고 만든 신설형 혁신학교가 있습니다. 혁신학교로서의 상당한 위상을 가지고 있긴 하지만 그만큼 그늘도 있다는 이야기를 종종 듣게 됩니다.

또한 세종시는 신설 학교가 꾸준히 개교하고 있는 상황에서 신설 학교의 혁신학교 지정, 기존 학교의 혁신학교 지정을 벗어난 다른 유형의 모델도 필요하고, 그것을 실험해볼 가치가 있다고 생각합니다.

즉, 혁신학교를 만들고자 하는 교사들이 모여 1년 동안의 과정을 거쳐 혁신학교는 만드는 것은 세종혁신학교의 새로운 모델이 되고, 과정을 통해 더 단단한 혁신학교의 모습을 갖추게 될 것입니다.

다. 교감 중심의 교무업무지원팀을 제안합니다. 새로운 학교 준비모임에서는 그동안 '업무 합리화'에 대한 논의를 진행해왔습니다. 교육과정 운영과 관련된 업무와 교육과정 운영과 관련되지 않는 업무로 업무를 나누고 있습니다. 교육과정 운영과 관련된 업무(학년 중심 예술제, 학습 준비물, 체육대회, 현장체험 학습)는 교육과정 관련 업무로 교무업무지원팀이 할 업무들은 아니라고 분류하였습니다. 그래서 교육활동을 하는 교사가 끝까지 책임지는 모델을 만들 것입니다.

라. 소담초 학군 중심의 마을학교공동체를 제안합니다. 소담초 주변에는 소담유, 소담중, 소담고가 위치하고 있습니다. 또한 가까이에 주민센터와 복합커뮤니티가 있기 때문에 지리적으로도 좋은 여건입니다.

주민센터와 복합커뮤니티 중심의 방과후학교, 돌봄교실 운영을 제안하고 학교가 협력하여 함께 운영하는 모델을 보여줄 수 있을 것이라 생각합니다. 또한 지역 카페와 함께하는 벼룩시장, 나눔 행사 등 학교가 마을의 중심이 되고 마을이 힘을 합쳐 한 아이의 성장을 돕는 그런 문화를 만들고자 합니다.

마. 교육과정 운영위원회 운영의 모델을 제안합니다. 대부분의 학교에 교무위원회가 있으나 학교장의 결정에 의해 제안한 내용이 좌지우지되는 경우가 많습니다. 의사결정기구의 성격을 가진 교육과정 운영위원회를 만들도록 하겠습니다. 위원회 구성은 학부모 대표, 학생 대표, 교원으로 하여 모든 구성원의 의견을 반영하는 조직을 구성하고자 합니다. 제안자가 사회자가 되고 발제를 하면 토킹 스틱을 이용한 1인 1발언 그리고 찬반 논의, 설득, 표결에 부치는 등의 방법으로 제안을 심의 의결합니다.

4. 소담초 학교교육과정 운영 계획 제안

소담초의 교육 비전은 이후 학교 구성원들과 함께 논의하여 변경할 예정이지만 새로운 학교 준비팀에서 논의해본 바로는 위와 같습니다. 전입생 중심의 학교이기에 조화롭게 어울림을 목표로 하여 '어울려 배우고 서로 존중하는 소담 공동체'를 지향힙니다.

5. 소담초를 세우기 위해 다음과 같은 계획을 가지고 있습니다.

개교가 되기 전까지 일상적 모임을 계속하겠습니다.

일상적 모임을 통해서 새로운 학교를 점점 구체화하겠습니다. 일상적 모임을 통해 정리를 하고 다시 계속 다듬어갈 작업을 통해 세밀하게 다가설 수 있도록 하겠습니다.

부족한 부분은 연수나 컨설팅을 통해서 채워나가겠습니다. 현재 새로운 학교 모임에서 준비를 하며 도움을 받고 싶은 분들입니다. 아직 구체적으로 일정 잡지 못했지만 일상적 모임을 통해 부족한 부분에 대해 도움을 요청하며 조금씩 채워나가겠습니다.

같이할 사람들을 찾겠습니다.

소담초등학교가 2016년 5월 개교로 알고 있습니다. 새로운 학교(소담초) 운영을 위해 같이할 사람을 더 찾고 철학을 공유하며 비전을 세우도록 하겠습니다. 각자의 날개를 지닌 많은 사람이 함께 같은 방향으로 멀리 날아갈 수 있도록 하겠습니다.

꿈을 꾸겠습니다.

청년의 장점은 낭만이라는 말을 들었습니다. 새로운 학교가 그저 주어지지 않는다는 것을 알고 있습니다. 구체화하다 보면 어려움에 부딪힐 수 있고 지금은 생각지도 못했던 돌발 사태가 벌어질 수도 있습니다. 그러나 학교 혁신이라는 방향성을 '낭만'으로 해결해가겠습니다. 누구도 소외되지 않는 교육, 누구나 존중받는 교육에서 말하는 대상이 비단 학생만을 일컫는 것은 아닐 것입니다. 같이 근무하는 선생님도, 학부모도 그래야 합니다. 어려운 일이 있더라도 모두 함께할 수 있는 방법을 찾겠습니다. 그래도 어려우면 도움을 요청하겠습니다.

배움을 실천하겠습니다.

2015년 학교 혁신과 교육과정 재구성, 배움중심수업 등의 연수에서 이론 수업을 듣고 실습도 같이 했습니다. 이제는 실천할 차례입니다. 우리가 만드는 새로운 학교에서 실천하며 부딪혀보겠습니다. 그렇게 해보라고 교육감님이 그런 연수를 마련하시고 우리에게 기회를 주신 것이라고 생각합니다. 배움이 실습을 넘어서서 실천하는 과정을 보여주는 우리가 되겠습니다.

개교 2년 차에 혁신학교를 시작하다

소담초등학교는 2015 세종초등혁신교육연구회에서 출발한 신설 학교 개교준비 TF팀과 전국 단위에서 전입한 혁신 역량을 지닌 교사들이 모여 혁신학교의 기틀을 마련해왔다. 우리의 논의는 교육을 왜 하는가(철학), 무엇을 담는가(내용), 어떻게 할까(방법), 무엇을 이루나(학력)에 대한 측면에서 이루어졌다. 이 바탕에는 담임교사제도의 유한성을 넘어 6년간 학교를 다녀야 하는 아이들 삶의 연속성을 바라보자는 신념이 담겨 있다. 우리 아이들이 본교를 졸업할 때 어떤 모습으로 자라길 바라는가에 대한 깊이 있는 고민을 통해, "아이들은 자기 삶을 꾸리고, 타인을 경험하러 학교에 온다"는 결론을 얻었다.

이에 '홀로서기와 함께하기로 삶을 가꾸는 교육'이란 학교 비전을 설정하였고, 같은 맥락에서 '배울 힘을 키우는 아이, 나눌 품을 넓히는 아이'라는 학생상을 지표화하였다. 교육 목표와 비전, 철학은 학교 상징을 통해 좀 더 선명해졌다. 자생력과 선한 영향력을 뜻하는 민들레와 소담하게 열매 맺는 매실나무가 교화와 교목으로 각각 정해졌고, 교표도 자립과 상생의 가치를 담아 시각화하였다. 철학에 근거하여 구성원이 공동 창작한 교가 '멀리 멀리 날아서'의 노랫말은 아래와 같다.

산과 들과 강물이 저마다 그러하듯 내 숨 쉬고 내 빛깔로 내 삶을 살아가네
나의 마음 홀씨 되어 멀리멀리 날아서 한 송이 민들레 되어 배움의 뜻 펼치네

배울 힘 키우고 나눌 품 넓혀 삶을 가꾸는 사람이 되자 홀로
서서 함께하는 소담초등학교

학교철학을 아이들에 앞서 교사들이 먼저 구현해야 한다는 성
찰은 소명의식과 책임의식을 북돋웠다. 먼저, 참여한 만큼 성장하
는 학교문화를 만들기 위해 애썼다. 협의 문화를 바꾸고, 그 안에
서 구성원 모두가 자기 숨을 쉬고 자기 목소리를 내어 우리의 것
을 만들어보고자 하였다.

_〈2017학년도 신규 혁신학교 공모 운영 계획서〉 일부 발췌

다소 어려운 이 말은 작년에 혁신학교를 준비하며 고민했던 이야기
들을 정리한 것이다. 학교의 상징이 박제되지 않도록 의미를 부여하며
숨을 불어넣었다는 뜻이다.

어쨌든 2016년 5월 개교한 소담초등학교의 과정을 전부 얘기하는
것은 어렵지만 우리 아이들에 대한 충분한 대화를 통해 학교가 무엇
을 해야 하는지에 대해 쉼 없이 이야기했다는 것이다. 그것이 특별한
활동이 아닐 수도 있으며, 어쩌면 실천으로 이어지지 못한 것도 있을
수 있다. 하지만 다음 이야기를 만들어갈 힘이 된 것은 분명하다.

학부모에게 '당신의 자녀가 다니는 학교의 비전이 무엇인지 아세
요?'라고 물어본다면 대답할 수 있는 부모님이 얼마쯤 될까? 혹은 교
사에게 '당신 학교의 비전이 무엇인지 아세요?'라고 물어본다면? 비전
의 문구가 중요한 것은 아니다. 다만 그 비전이 문구로만 존재하느냐,
실천을 동반하느냐가 중요하다. 소담초의 비전은 '홀로서기와 함께하
기로 삶을 가꾸는 소담 교육'이다.

소담초 운영 방향틀을 잡다

소담초는 다양한 실험을 하고 있으며 이는 혁신학교를 먼저 시작한 학교의 경험을 토대로 소담초의 구성원들이 재구성하여 만들었음은 당연하다. 또 아직 완성이 아니라 빈자리를 채워가는 중이다.

학교교육과정의 대강화를 추구하고 있다. 학교교육과정은 학교 비전을 어떤 과정을 통해 만들어왔고, 그 과정에서 우리가 합의한 것은 무엇인지를 기록해두었다. 아직 합의가 되지 않은 것은 되지 않은 그대로, 논의가 된 부분은 논의가 된 만큼만 기록하였다.

그 비전과 철학은 개교를 준비한 학습공동체 팀에서 논의한 것부터 지금까지 각종 협의와 평가회를 통해 조금씩 보완되고 있다.

그럼에도 각종 지침은 논의의 한복판에서 좀처럼 치우기 어렵다. 지침을 성실히 수행하는 방법은 '정해주는' 것이다. 정해주지 않는 것은 체계가 없는 것으로 표현된다.

소담초 교육과정 체계도

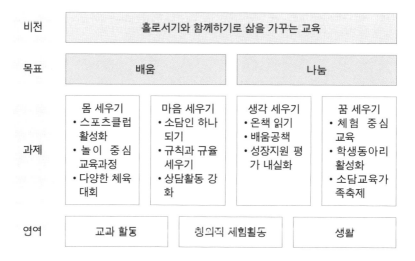

비전	홀로서기와 함께하기로 삶을 가꾸는 교육			
목표	배움		나눔	
과제	몸 세우기 •스포츠클럽 활성화 •놀이 중심 교육과정 •다양한 체육대회	마음 세우기 •소담인 하나 되기 •규칙과 규율 세우기 •상담활동 강화	생각 세우기 •온책 읽기 •배움공책 •성장지원 평가 내실화	꿈 세우기 •체험 중심 교육 •학생동아리 활성화 •소담교육가족축제
영역	교과 활동	창의적 체험활동		생활

▶ 학생상
- 배울 힘을 키워 꿈을 찾는 아이
- 나눌 품을 넓혀 함께 크는 아이

▶ 교사상
- 공감하고 소통하며 행동을 이끌어주는 교사
- 실천하는 삶으로 보여주는 교사
- 연구하고 성찰하는 교육 전문가

▶ 학부모상
- 우리 아이들을 내 아이처럼 품는 학부모
- 지지하고 동행하는 학부모

⇨ 교육 3주체의 자치 규정 수립
(생활협약으로 표현)
1. 학부모회 운영 체제 구성
2. 교사회 운영 체제 정립
3. 학생다모임 규정(약속) 수립

⇩

학교상
- 협력하고 참여하는 소담교육공동체

소통과 나눔의 지속성을 고민하였고, 그 원리를 권한과 책임의 분산에 두었다. 즉 협의체가 그 기능을 하려면 권한이 필요하므로 협의체마다 고유의 권한이 있고, 그것은 다른 협의체와 조율, 협력이 되어야만 작동 가능하다. 일례로 교실 마실을 통한 학년교육과정 책임 운영을 위한 협의체가 있다. 학년교육과정은 책임 운영이 기본이지만 다모임, 기획회의, 두레, 3주체 협의의 결과에 서로 영향을 주고받는다.

두레 회의는 지난 평가회를 통해 새롭게 구성된 협의체이다. 문제 인식은 다음과 같다.

① 학교 규모가 점점 커져 다른 학년과 교류의 어려움(전체 회의의 한계)이 있고,

② 한 학년당 8학급이 될 가능성이 있기 때문에 학년부장에게 책임과 권한의 분산이 필요하며,

③ 교사의 역량은 공문 처리가 아니라 교육활동을 기획하고 실천하고 평가하는 일이며,

④ 학교 전체와 학년의 연계성을 살릴 수 있는 방안이 필요하고,

⑤ 학년부장들의 잦은 회의에 대한 피로감도 있으며,

⑥ 무엇보다 교수학습 기관으로서 자리매김할 수 있는 시스템 구축이 필요하다.

그 과정을 살펴보자.

① 학교교육과정과 학년교육과정을 씨줄과 날줄로 묶으며 서로 자연스레 연계성이 확보될 것으로 보았기 때문에 기능 중심의 학교 업무를 교수학습 중심으로 전환하였다.

② 학교지원부장(교육환경 중심 및 학생자치), 교육과정지원부장(학교교육과정 중심), 수업지원부장(교사의 수업 지원 및 학생 평가 중심), 교사지원부장(교사의 역량 강화 중심), 학생생활부장(학생생활 중심)으로 하되, 이들은 업무지원팀으로 학년 및 학급의 일을 제외한 학교 일을 분담하였다.

③ 학생자치 두레의 진행 간사는 학교지원부장이 되며, 학년별 1~2명이 참여하여 학생자치 두레가 되면 월 1회 학생자치에 대한 기획, 운영, 실천을 하고 공유하는 식이다. 그에 따른 의사결정은 자치 두레에 있다.

④ 협의체가 구성되면 협의체에 맞는 의사결정 권한에 합의를 하고 협조한다.

⑤ 두레는 단기적 사안에 대한 의사결정과 장기적으로 그 주제에 대해 연구하며 방향을 설정하는 학습공동체이다.

⑥ 그러므로 그 협의체가 그 역할을 수행하고 지속성을 담보할 수 있다고 보았다.

소담초등학교 주요 협의체

범위	협의체 이름	참여	내용	비고
교직원 다모임	다모임	• 교직원 전체	• 학년 활동 공유, 안건 등	
기획 회의	기획 회의	• 교장(감), 부장, 행정실	• 현안 논의, 교육과정 운영 의사결정	
두레	교육과정	• 교육과정지원부장 • 학년별 학년부장	• 학년교육과정 운영 논의	
	수업	• 교사지원부장, • 학년별 1~2인	• 수업 성장 중심 협의	
	평가	• 수업지원부장 • 학년별 1~2인	• 학생 평가 중심 협의	
	학생자치	• 학교지원부장 • 학년별 1~2인	• 학생자치 지원 협의	
	학생 생활	• 학생지원부장 • 학년별 1~2인	• 학생 생활 관련 협의	
교실 마실	교실 마실	• 동학년 교사	• 학년별 교육과정 운영	
학습 공동체	학습공동체	• 전 교직원	• 온책, 교육 에세이, 교육 행정	
교육 3주체 협의회	교사회	• 실 근무 교사	• 인사자문위(성과급, 학폭 등 교사위원 추천) • 3주체 협의회 참여	3주체 협의 (생활협약, 학기말 교육과정 평가회, 월 1회 연석회의)
	학생회	• 재학 학생	• 학생자치 • 3주체 협의회 참여	
	학부모회	• 재학 자녀 학부모	• 학부모회 운영(동아리 중심 활동) • 3주체 협의회 참여(생활협약, 교육과정 평가, 연석회의)	
동아리	교사 동아리	• 교직원	• 영상 제작, 스포츠, 합창, 실과, 북아트, 책(아이)	
	학부모 동아리	• 학부모	• 책, 놀이, 영화, 요리, 교통, 풍물, 아버지회	

*두레: 공동으로 일을 하기 위한 조직을 두레라고 하는데, 옷감을 짜는 베틀의 원리, 씨줄과 날줄로 구성된 것을 업무체계에 들여와 두레라고 명명함. 예: 학생자치 두레.

소담초등학교 협의체 도식

정유숙

협의체 중 기획회의는 의사결정기구로 두었다. 참여자가 학교장, 교감, 행정실, 학년부장, 업무부장으로 구성되어 있으며, 각종 현안 논의에 대안 안건을 받고 협의를 진행하여 의사결정이 이루어진다. 학년의 교육활동, 학교의 업무, 행정실 등 모든 업무를 총체적으로 살필 수 있다. 그리고 두레회의에서 결정하기 무거운 안건들도 기획회의를 통해 이루어진다.

기회회의는 한 달에 1번, 교육 3주체가 만나 협의를 한다. 즉 각종 현안을 논의하고 이번에는 소담초 교육 3주체 생활협약을 만드는 중심 기구가 되었다.

협의체 나름대로의 권한을 부여하고 전 구성원이 학교를 총체적으로 바라볼 수 있도록 한 운영체계에 대해서는 평가할 만하다. 하지만 아직 협의체에 참여하는 구성원이 협의체를 바라보는 태도, 공유의 방법, 협의체 내에서의 구성원 발언의 강도를 조절하는 것은 여전히 해결해야 할 문제이다.

표면상 의사결정기구인 학습공동체가 있지만 실제 영향을 미치는 것은 대단히 복잡하다. 그중에서 친목회와 동아리의 역할도 한몫을 한다. 시대의 흐름인지, 요즘에는 친목회의 역할을 동아리가 대신하고 있다는 생각도 든다. 학습공동체는 아무래도 공식적이지만 동아리는 비공식적이며 그에 따라 훨씬 자연스러운 공유가 가능하다. 소담초 동아리는 매우 건전하며 역동적이다. 학부모 동아리도 마찬가지이며 더 나아가 학생과 같이 하는 활동들이 점점 늘어나고 있다.

교육 3주체가 만들어가는 소담 교육

도전이고 실험이다. 문서상으로만 존재하는 교육 3주체가 아니기 때문이다. 주체는 생각하고 실천하는 사람이다. 주체는 살아 있다. 살아 있음을 인정하는 순간부터 처음부터 하나하나 맞춰가야 한다. 때로는 돌아가고, 때로는 멈추기도 한다.

주체는 책임지는 사람이다. 권한만큼 책임이 있으며 이 둘의 관계는 많은 부분 겹칠 수밖에 없다. 겹치는 부분이 적을수록 의사결정 구조를 다시 들여다봐야 한다. 어쨌든 교육활동에서 기획하고, 운영하고, 평가하는 것이 권한이며 책임이다.

소담초에서의 실험은 권한과 책임의 문제이며, 그것이 교육과정 운영의 그릇을 넓힐 수 있는가의 문제이다. 그곳에 교육 3주체가 있다.

소담초의 학부모회는 2017년에 구성하면서 '소담가족다모임'이라고 명명하고 동아리 중심의 활동을 시작했다. 동아리 하나하나가 매우 활동적이다. 학교를 벗어나 시청 공모 사업을 하며 아이들과의 교육활동 영역을 펼치고 있는 동아리, 지역의 행사에 공연을 나가는 풍물 동아리, 매주 금요일 하교하는 아이들과 같이 놀아주는 동아리, 얼마 전에는 지역 어르신까지 모셔 영화제를 연 영화 동아리, 그리고 소담아버지회가 있다.

활동은 동아리 중심이지만 이 활동을 기획 조정하는 역할을 담당하는 학부모회 임원이 단단히 구성되었다. 즉 운영이 매우 체계적이다. 체계적인 조직에서 체계적인 활동이 나온다. 조직 내에서 기획, 운영, 평가가 가능하기 때문이다. 그래서 학부모의 성장은 눈부시다.

소담초등학교 아버지회는 2017년 3월 학부모회(소담가족다모임) 회의에서부터 창립에 대해 지속적으로 논의를 진행했다. 개교 때부터 엄마들 중심으로 다양한 활동들이 펼쳐졌고, 그 활동에 아빠들이 참여하는 것에 대한 의견들이 나왔다. 그런 타의적(?) 의견을 바탕으로 2017년 5월 10일, 최초의 6인이 교무실에 서먹하게 마주 보고 앉았다.

문제의 짜장면을 시켜 먹었다. 교무실에서 짜장면이라? 현재의 아빠들 세대에게 학교 교무실은 두려움의 공간인 경우가 대부분이었는데, 그곳에서 짜장면이라니. 하나 정말이지 꿀맛이었다. 허기가 져서 그랬는지 정말 꿀맛 같은 짜장면이었다. 그 짜장면 한 그릇으로 우리는 의기투합했고, 첫 번째 행사의 개략적인 계획과 발대식 일정까지 잡아버렸다. 그것도 준비모임 첫날에.

(중략)

소담초 아버지회는 그렇게 시작했다. 번갯불에 콩 구워 먹듯이. 첫 만남을 오래도록 간절히 기다린 사람들처럼. 순식간이지만 오래 준비한 것처럼 멋지게 첫발을 내디뎠다. 연구혁신부장 선생님의 말처럼 "시작은 짜장면이지만, 끝은 창대하리라!"는 아름다운 메아리가 여전히 우리의 귓가를 맴돌고 있다.

_『어쩌다 혁신학교』(살림터, 2017) 중 일부

소담교육가족축제

10월 말 우리 학교는 축제를 한다. 3주체가 모두 참여하는 가장 큰 행사이다. '소담가족다모임이 올해 축제에는 무엇을 하면 좋을까?' 우리는 8월 말 SNS를 통해 학부모들의 의견을 받았다.

먹거리장터, 플래시몹, 포토존, 체험 부스, 달고나, 게임 부스, 페이스페인팅 등 여러 의견들이 나왔다. 1차로 임원들과 축제 담당 선생님의 회의가 진행되었는데 이때 그룹에서 나온 의견을 공유하고 축제 TF팀을 꾸리기로 했다.

축제 TF팀장은 내가 맡게 되었다. 팀원 구성을 어찌하면 좋을지 고민에 빠졌다. TF팀원을 모두 임원으로 구성하면 임원들의 일이 너무 많아질 것 같았다. 임원들 중 일부는 동아리지기를 겸해서 각자 준비 중인 것이 있었다. 그때 임원은 아니지만 임원만큼 열심히 참여하는 소담가족이 생각났다.

모두가 함께해야 하는 축제이니 다 같이 해보자는 생각이었다. 팀원 구성은 열흘 뒤에 있을 9월 정기 다모임에서 하기로 마음먹고 지원을 받아 팀원을 구성하였다.

TF팀은 3주체 연석회의에도 함께 참석해 의견을 조율해가며 축제 일정을 짰다. 축제 일정이 정해진 다음 세부 기획회의에 들어갔다. 먹거리 부스에서는 어떤 음식을 얼마만큼 판매할 것인지 정하고 아이들의 의견을 수렴하고자 급식실 앞에서 메뉴 선호도 조사도 시행했다. _『어쩌다 혁신학교』(살림터, 2017) 중 일부 학생자치도 학생자치 두레를 중심으로 한 활동들로 채워나가고 있다. 아이들이 기획하고 운영하고 평가하는 학교로 나아가고 있으며 이를 학급에서 받아안아 학생자치가 조금씩 성장하고 있다.

다른 일도 그렇지만 특히 학생자치는 학생 스스로 기획하고 실천하는 힘과 교사들의 적극적인 지원이 맞아야 한다.

소담초등학교에서는 중요한 문제를 개인이 결정하는 일은 거의 없다. 학생들 또한 함께 문제를 해결하고 의사결정을 한다. 현장체험학습을 앞두고 버스에 함께 앉을 짝을 정할 때, 운동장이 좁아서 한 번에 여러 학년이 사용하기 어려울 때, 함께 정한 규칙을 어길 때, 학교에 옆문이 없어서 등하교 시간이 오래 걸릴 때 등 작은 일, 큰일을 막론하고 협의를 통해 결정한다.

● 학급다모임 학급에서 일어나는 일들을 협의한다. 주로 학년, 학교보다는 학급 내에서 일어나는 친구들 간의 갈등 해결, 학급 규칙 준수에 대한 협의가 많다.

● 학년다모임 학년에서 일어나는 일들을 협의한다. 학급보다 큰 단위의 협의로, 서로 다른 학급의 아이들 간의 갈등 해결, 여러 학급이 공통적으로 관련된 문제에 대해 협의한다.

● 전교학생다모임 4~6학년 학급별 대의원 1인이 학급·학년다모임에서 협의한 내용을 정리해서 참여한다. 많은 내용들 중 학교 단위에서 모든 학생이 함께 논의할 주제를 선정하여 함께 토의하며, 그 자리에서 결정하거나 다시 학급으로 돌아가서 2차 협의를 하기도 한다. 전교다모임에서 논의 중이거나 결정된 사항은 학생다모임 게시판과 학교 방송을 통해서 전교생에게 알린다.

● 연석회의(3주체 협의회) 교사, 학부모, 학생 대표들이 모여 학교 현안에 대해 논의한다. 1학기에는 3주체 생활규정 제정, 2학기에는 소담교육가족축제를 기획하는 것이 가장 큰 주제들이다.

● 학교운영위원회 전교학생다모임의 임원 두 명이 참관인으로 참여한다.

_소담초 자치 운영 사례

교육 3주체가 만들어가는 교육과정의 장점은 ① 교육과정의 풍부한 구성이 가능하다는 것이다. 단편적으로 봐도 학부모 풍물동아리가 교과 전통 악기 수업에 들어올 수 있다. ② 우리 학교의 환경에 맞는 우리 학교 교육을 실현할 수 있다. ③ 학교, 마을이 안전한 공간이 된다. 배움의 기반에는 안전이 있어야 한다. 서로 알고 지내는 마을은 서로서로 안전을 책임지는 사람이 된다. 학교폭력 사례에서 가장 큰 문제는 당사자는 해결되었지만 부모님끼리의 감정이 남아 있는 것이다. 중요한 문제는 당연히 해결되어야겠지만 실제 대부분은 오해와 소통의 부재로 생긴다. ④ 주체로 살아가는 경험을 한다는 것이다. 이 경험은 풀뿌리 민주주의의 기초가 됨과 동시에 건강한 공동체를 만든다.

그럼에도 우려되는 바도 있다. ① 급속한 성장을 하는 학부모의 학교 교육 참여에 학교는 준비가 되어 있는가. 학교의 준비는 이러한 방식에 대한 설득, 공감이 우선시되어야 한다. 그러나 이러한 처지에서는 '내어줄 것밖에' 없다는 생각도 할 수 있다. ② 한 지붕 세 가족이 살며 생기는 마찰을 극복하며 나아갈 책임 주체가 있는가. 일을 진행해가며 생기는 갈등은 필연적이다. 하지만 이러한 갈등은 처음 해보는 경험들이다. 그리고 그 갈등을 잘 해결해나가지 못하면 생각보다 내상이 크고, 학교에 대한 낙인이 매우 클 수 있다.

소담초의 교육 3주체가 함께하고자 하는 실험은 매우 의미 있고 소중하다. 그것이 학교자치의 중요한 사례이기도 하고 그 구성원이 교육주체로서 살아보는 경험이 되기 때문이다.

소담초 생활교육

생활교육을 학교로 제한하는 것은 무리가 있다. 공간적으로 가정과 학교 그리고 아이들이 일상을 지내는 학교 주변 곳곳에서 영향을 받고, 생활 속에서 주로 만나는 부모님, 친구, 학교 구성원 등도 서로 영향을 주고받는다. 구체적으로 어떠한 경로로 영향을 주고받는지 규명하기는 쉽지 않지만, 연관성은 분명히 있으며 그에 대한 논의의 필요성에 공감하고 있다는 것은 합의할 수 있다.

소담초등학교 생활교육 체계도

고은영

소담초는 2018년 6월 22일, 생활협약 선포식을 했다. 방법은 간단하다. 학생, 학부모, 교사들이 각각 학교 비전을 중심으로 열 개의 약속을 정하고 다 모인 자리에서 선포하는 자리였다. 이 간단한 행사를 위해 준비하는 것은 쉽지 않다. 먼저 책임을 지는 주체의 형성, 그 주체가 마음을 모아가는 과정, 그리고 각 주체 간의 협의는 지루하고 힘들

〈소담초등학교 생활교육 시스템 운영〉(이성원)

기도 하다. 하지만 그것이 생활교육을 버티는 힘이기 때문에 성급하게 서두르기보다는 긴 시간을 두고 가야 한다. 소담초의 경우에도 생활협약에 대한 구체적인 논의는 3개월 동안 했지만, 준비 기간은 1년 이상이 걸렸다.

후속 조치로 ① 생활협약 실천을 위한 일주일의 집중 기간 운영, ② 안전한 학교생활을 위한 학교 출입 규정(출입증 사용), ③ 생활교육 시스템-학급, 학년에서 대처하기 어려운 사안을 다루기 위해 학교 차원에서 교사, 학부모로 구성된 인력풀을 활용한 상담 시스템을 운영한다는 것을 안내하였다. 추후 학교 차원에서도 어려운 사안은 교육청 차원에서 대처할 수 있는 방안이 나오기를 기대한다. 이를 단순히 '학폭을 교육청으로 이관하는' 문제로 접근할 것인가와는 조금 다르게 접근하기를 바란다.

즉, 학교는 안전해야 한다. 학생뿐만 아니라 학부모도, 교사도 안전해야 한다. 학생의 문제는 본인의 문제이기도 하고 옆 친구의 문제이기도 하다. 예를 들어 수업에 지속적으로 지장을 주는 학생이 있다고 가정하면 이는 그 아이의 문제이며, 그 아이로 인해 반 학생들 전체의 문제이기도 하다. 또한 부모님의 문제이며, 그 반 담임의 문제이다. 단순하게 보이지만 해결하기는 쉽지 않다. 혹 오해와 왜곡이 생기고, 문제가 확대되면 교실은 붕괴된다. 여기에서 학생도, 학부모, 교사도 불안하다.

학교 차원의 성실하고 신뢰 있는 대처로 모두가 안전함을 느낄 수 있도록 해야 한다. 그로써 학교의 신뢰를 회복해야 한다.

즉 "상황(생활협약 지속적 위반 사례, 진로, 학업, 관계) 발생－교장의 학생, 학부모 면담을 통해 생활 프로그램 안내－교감 중심의 상담팀 구성(교사, 학부모로 구성된 5, 6명의 상담팀)으로 1, 2주간의 프로그램 운영－프로그램 종료 후 학생, 학부모 면담 후 학교로 복귀"라는 형태로 진행되는 과정을 가지고 있다.

계획만 안내되었을 뿐 아직 사례는 없지만, 신뢰를 바탕으로 한 초기 사례는 무척 중요하다. 이때 학교장의 새로운 리더십이 요구되는 한편, 새로운 리더십의 위상을 갖게 될 수도 있다. 학교장에게는 교사 관리라는 제한적인 리더십에서 교사를 보호하는 리더로서, 학생과 학부모에게는 신뢰의 상징으로 리더십을 발휘할 수 있는 기회이다. 즉 교육에서는 그 지역의 리더가 되는 것이다.

결국 학교는 '안전'이 확보되는 공간이라는 인식은 교육 주체 모두에게 다양한 교육과정을 운영하기 위한 필요조건이다.

남은 과제들

소담초가 자치 역량을 갖추기 위해서 걸어온 길을 살펴보면 다음과 같다.

먼저, 학교문화 형성을 위해 노력했다. 민주적인 학교문화를 만들어 가는 과정에서 여러 시행착오를 겪었다. 누가 어떻게 논의해야 하는가, 어떤 방식으로 결정해야 하는가 등은 쉽지 않은 문제다. 시행착오 또한 소중한 경험으로 작용하여 이러한 경험들을 바탕으로 협의체를 구성했다. 아직 완전하지는 않지만 그 협의체가 작동하고 있고 지금도 진행형이다.

두 번째는 생활교육에 대한 합의이다. 복도에서 뛰어도 되는가, 누가 어떻게 지도할 것인가, 그럼 교사는 어떻게 할 것인가 등 끊임없이 물음과 협의가 계속되었다. 학년 간의 편차도 있었다. 그 결과물은 생활협약이다. 이제 생활협약을 유지시키기 위한 노력이 필요하다. 앞으로 논의해야 할 일은 무엇인가. 우선 학력관에 대한 논의를 통해 교육과정으로 운영하고, 그것을 표현하고, 명시적으로 안내해야 한다. 기존의 지식 암기 혹은 이해 수준의 지식에서 벗어나야 된다는 것은 인정하지만, 그래서 앞으로 어떻게 정의하고 운영하고 표현하고 평가할 것인가는 합의되지 않았다. 교육청에서 '세종의 학력'이라고 정의를 내리고 있으나 아직 교육청의 문서에 머물고 있다. 형식적으로 존재할 뿐 아직 실행하고 있다고 하기에는 부족하다. 학교가 그곳으로 달려가기 위한 시간이 필요한 것이다.

학력은 무엇이고, 어떻게 교육과정을 운영할 것이며, 평가는 어떻게 할 것인가. 또 학력 표현을 어떻게 할 것인지 그 방법을 만들어내야 하는 과제를 안고 있다. 다행스러운 것은 논의할 준비가 되어 있다는 것이다.

우리 학교 어느 선생님의 말처럼 소담초의 이름에는 '소'라는 글자가 주는 편안함이 있다고 한다. 소소한 이야기, 소담한 이야기 등의 이름을 붙이면 굳이 멋지게 화려하게 하지 않아도 되어 부담이 적다고 한다.

더 나은 세상을 바꾸는 것은 작은 생각이고, 작은 실천에서 시작된다. 소담초는 이름마저 마음에 드는 학교이다.

세종시에 유일한 혁신고인 소담고등학교는
'존중과 배려로 더불어 성장하는 학교'라는 비전 아래
단 한 명의 학생도 꿈을 쉽게 포기하지 않도록 모든 소담 가족들이 노력하고 있습니다.
개교한 지 1년 반밖에 지나지 않았지만,
학생들에 대한 믿음과 그들이 보여주는 성장의 힘으로
부족한 부분들을 하루하루 채워가며 더 나은 미래를 꿈꾸고 있는 학교입니다.

소담고등학교(2017년 공모 지정 운영)

흔들리며 피어나는 소담고,
1년 반의 기록

윤정하

이상과 현실의 조화를 고민하다

"혁신학교란 무엇입니까?"라는 질문을 받을 때, 나는 "혁신학교란 학생들의 주체성과 자율성을 존중하는 학교입니다"라거나 "혁신학교란 교육의 본질에 충실한 학교입니다"라고 상황에 맞춰 둘 중에 하나로 대답한다. 그중에서도 후자로 답할 경우 교육의 본질이 무엇이냐고 하면, 국가교육과정의 교육 목표를 예로 들어 말한다. 아래는 2015 개정 교육과정에서 말하는 초·중등학교가 추구하는 인간상이다.

우리나라의 교육은 홍익인간의 이념 아래 모든 국민으로 하여금 인격을 도야하고, 자주적 생활 능력과 민주시민으로서 필요한 자질을 갖추게 함으로써 인간다운 삶을 영위하게 하고, 민주 국가의 발전과 인류 공영의 이상을 실현하는 데에 이바지하게 함을 목적으로 하고 있다.

이어서 2015 개정 교육과정은 그 구체적인 인간상으로 자주적인 사람, 창의적인 사람, 교양 있는 사람, 더불어 사는 사람을 제시하였다.

그리고 이러한 인간상을 구현하고자 6가지 핵심역량인 자기관리 역량, 지식정보처리 역량, 창의적 사고 역량, 심미적 감성 역량, 의사소통 역량, 공동체 역량이 학교의 전 교육과정 통해 중점적으로 길러져야 한다고 하였다. 여기까지는 초·중등학교 모두를 아우르는 목표이고, 고등학교의 목표까지 마저 옮기면 다음과 같다.

고등학교 교육은 중학교 교육의 성과를 바탕으로, 학생의 적성과 소질에 맞게 진로를 개척하며 세계와 소통하는 민주시민으로서의 자질을 함양하는 데에 중점을 둔다.

우리 교육의 본질이 무엇인지를 나만의 언어로 표현하기에는 아직 교육에 대한 나의 공부와 경험이 부족하다. 그래서 가장 공식적이고 교육계에서 널리 통용되고 있는 국가교육과정에서 제시한 교육 목표를 곧 우리 교육의 본질이라고, 나의 동의를 보태어 말하고 싶다(참고로 말하면 국가교육과정상 교육 목표는 이전의 2009 개정 교육과정, 2007 개정 교육과정, 7차 교육과정들을 보아도 크게 다르지 않다). 고등학교 목표에 집중하여 다시 말하자면, "학생의 적성과 소질에 맞게 진로를 개척하며 세계와 소통하는 민주시민으로서의 자질을 함양하는" 것이 우리나라에서 고등학교가 추구해야 하는 교육의 본질(목표)이다. 혁신고등학교의 근본적인 어려움은 바로 이 지점에서 발생한다. 국가가 '공식적'이고 '명시적'으로 제시한 목표를 학교가 충실하게 달성하려 하면 할수록 오히려 적지 않은 학교 구성원들로부터 큰 공감을 받지 못하는 역설이 성립한다. 누구나 다 아는 사실이지만, (국가교육과정상) '어디에도 없는' 명문대 진학이 (고등학교 현실에서는) '어디에나 있는' 교육 목표로 작용하는 것이 우리의 모순된 교육 현실이다. 이러한 현실 속에서 전국에 있는 혁신고들은 '민주시민의 자질 함양'이라는 본질적 목표와 '명문대 진학'이라는 현실적 목표 간에 조화를 고민하며 성장해나갈 수밖에 없는 숙명을 안고 있다.

내가 속한 소담고도 이러한 고민에서 예외인 학교가 아니다. 개교할 때 교원들이 함께 정한 우리 학교의 교육 비전은 '존중과 배려로 더불어 성장하는 행복한 학교', 교육 목표는 '창의성과 인성을 겸비한 민주시민 육성'이었다. 이러한 교육 비전과 교육 목표는 우리가 생각했던 교육의 본질이었고 이것을 실제로 교육과정에 구현하기 위한 다양한 교육적 노력들을 수행해가고 있다. 그리고 쉽지 않은 문제이지만 우리가 정한 교육의 본질을 중심에 두고 추구하되, 명문대 진학을 갈망하는 현실적인 문제를 외면하지 않기 위한 치열한 고민을 우리는 아래와 같은 말로 정리하였다.

우리는 혁신학교, 그중에서도 혁신고등학교를 통한 교육의 변화를 꿈꾼다. 하지만 입시 위주의 교육 문화가 자리 잡은 우리나라에서 혁신학교는 성공하기 힘들다는 것이 일반적인 평가다. 그러나 일반적인 고등학교 교육의 대전제를 바꾸어보면 혁신고의 성공 가능성은 있다. 입시를 위해 고등학교의 교육과정을 구성하는 것이 아니라 교육과정이 교육의 본질에 맞도록 구성될 때 입시는 자연스럽게 따라오는 결과물이라는 대전제의 전환이다. 그리고 이에 맞게 혁신고의 교육철학(목표), 교육과정이 구성되어야 하고, 구체적이고 교육적인 실천 과제들을 해결해가며 고등학교 교육의 변화를 이끌어야 한다.

_〈소담고 운영 계획서〉 중 혁신학교 운영 철학 부분

우리는 이러한 고민과 실천, 그리고 그에 따르는 성장통 속에서 하루하루를 보내고 있다.

혁신학교의 열매를 맛보게 되다

내가 혁신학교의 본격적인 맛(?)을 접하게 된 것은 2015년 1월에 있었던 혁신학교 심화연수였다. 기존 학교 체제에 대해 의구심이 쌓여가고 이것을 어떻게 해소할 수 있을까 하고 고민하던 차에 혁신학교 연수를 한다는 안내 공문을 보고 신청한 것이 나를 혁신학교 교사로 자리매김하게끔 만들었다. 연수에서 서울과 경기 지역 혁신학교 1세대

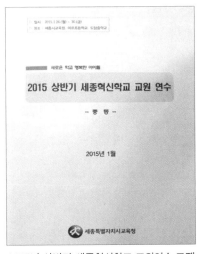

2015년 상반기 세종혁신학교 교원연수 교재

의 전설과도 같은 선생님들로부터 5일간의 연수를 듣게 되었는데, 그동안 막연하게만 알고 있었던 혁신학교라는 껍질 안에, 속이 꽉 찬 교육 실천의 알맹이들을 하나하나 채워 넣는 기분을 느꼈다. 그 알맹이들은 혁신학교의 교육과정, 수업, 생활교육, 학생자치, 학교문화 등 모양과 맛이 서로 다른 아주 매력적인 것들이었다. 연수 때 받았던 책자를 가끔 뒤적여보면서 그때 그 연수가 어쩌면 내 인생의 중요한 전환점 중 하나가 된 것이 아니었을까 하고 반추해보기도 하였다.

세종시 최초이자 유일한 혁신고, 소담고 속으로 뛰어들다

세종시 최초의 혁신고가 생긴다는 말을 들은 것은 2015년 가을 즈음이었던 것 같다. 학교를 옮겨야겠다고 생각하던 차에 소담고가 혁신학교로 개교한다는 소식을 듣고 그동안 생각해왔던 것들을 새로운 환경에서 만들어봐야겠다고 결심했다. 그래서 고등학교의 새로운 교육과정을 준비하는 연구회 모임의 활동을 시작으로 새로운 학교를 만들기 위한 준비를 하나하나 해나갔다. 이 과정에서 지금도 함께 일하고 있는 동지 교사들을 만나게 되었는데, 그들과 함께 새로운 학교의 모습에 대해서 이야기를 나누고 그 모습을 그려나가는 과정은 참으로 행복한 순간들이었다.

2016년부터 본격적으로 가동된 연구회 활동은 서울, 경기에 있는 혁신고들을 방문하거나 그 학교들의 핵심 교사들로부터 연수를 듣고, 혁신고의 철학과 운영에 대해 배워가는 과정으로 짜여졌다. 그리고 그해 연말에 혁신고 지정에 대한 정

지정 심사를 위한 혁신고 운영 계획 발표

식 절차가 시작되자, 연구회 회원 중 직접 혁신고로 옮기려고 하는 교사들끼리 따로 학습공동체 팀을 꾸려 공식 혁신고 준비팀에 지원하게 되었다. 다행히 준비팀에 선발되었고, 본격적으로 혁신고 운영 계획서를 만드는 것을 목표로 그동안 배워왔던 것을 토대로 우리만의 혁신고 운영 계획을 수립하였다. 혁신학교 선정을 위한 첫 단계인 운영 계획 발표 자리에는 바로 옆 학교인 소담초 교육가족들도 함께하였는데,

새로운 희망을 같이 말할 수 있는 동지 학교가 있어서 참 반가웠다. 두 번째 단계는 면접이었는데, 그동안 준비해온 운영 계획을 심사위원들과의 집단 면담을 통해 구체적으로 밝히면서 준비팀의 실행 의지를 더욱 다지는 계기가 되었다. 이러한 과정을 거쳐 소담고는 2017년 3월 1일 자 혁신고로 탄생을 하게 되었고, 지금까지 좌충우돌하면서 지내오고 있다.

개교, 공동교육과정, 그리고 혁신의 삼중고

2017년, 개교 첫해는 올해와 비교해보면 큰 사건사고(?) 없이 지나간 무난한 시기인 듯 느껴지지만, 그 당시로는 꽤 큰 어려움의 연속이었다. 먼저 하나의 학교를 개교시킨다는 것은 그 자체로 힘든 일이었다. 학교 시설 구비, 각종 규정 마련, 교복 제작, 학교문화 형성 등 안정된 학교에서는 이미 다 마무리된 일들을 해야 함과 동시에 학교가 평상시 수행해야 하는 일들도 해야 했기 때문이다. 하지만 이러한 개교에 따르는 업무 부담을 안고 있음에도 불구하고 완전하지는 않지만 소담고는 구성원들의 동의를 얻어 개교 때부터 업무전담팀을 꾸려 운영하였다. 그 이유는 학생들과 가장 밀접하게 지내는 담임교사들의 업무 부담을 조금이라도 줄여주기 위한 목적이 있었는데, 이 기조는 현재까지 유지되고 있다(단, 학생 생활과 관련한 업무는 학년부에 포함되어 있다). 어쨌든 업무전담팀을 운영했다 하더라도 개교로 인한 업무 부담은 상당했다.

두 번째는 우리 학교와 가장 가까이에 있는 보람고와의 공동교육과정을 운영해야 하는 일이 있었다. 개교 전부터 준비 과정이 있었고, 개교 후에 본격 가동되었다. 전국 최초이자 유일하게 정규 시간 내 두 학교 간 학생들을 상호 이동시켜 수업을 듣게 한 것이었는데, 세종시의 교육 브랜드인 캠퍼스형 공동교육과정의 한 부분으로 시작된 것이었다. 학생들의 과목 선택권 확대라는 좋은 취지에서 시작된 일이었지만, 과목 선택의 다양성이 부족했고 일의 추진 과정이 번거로운 면이 있어 개교 첫 학기까지만 해보고 양 학교의 합의로 학기말에 더 이상 시행을 하지 않기로 결정되었다. 지나고 나서 보니 개인적으로는 이런 것을 시도해보았다는 것과 총괄 실무자인 나의 업무로서의 의미만 남은 것 같아 아쉬움이 컸다. 무엇보다 학교를 개교시키고 혁신을 하기 위해 쏟아야 했던 에너지의 상당 부분이 이 사업에 할애된 부분이 있어, 그러한 아쉬움이 더 크게 남는다. 양 학교가 더 충분한 시일을 두고 합심하여 체계적으로 준비했더라면 어땠을까 하는 생각을 해보았다.

마지막은 혁신 그 자체에 대한 것이다. 이것은 다시 두 가지로 나눠 볼 수 있는데, 하나는 업무적인 측면이고 또 다른 하나는 철학 공유의 측면이다. 먼저, 업무적인 측면을 말하자면 이렇다. 내 생각에는 대다수의 교사들이 혁신학교를 어려워하는 이유 중에 하나는 혁신학교는 업무가 많아 힘들 것이라고 생각한다는 점이다. 일 년 반 정도 근무해본 나의 경험으로는(특히 업무전담팀을 했었던 나로서는) 혁신학교가 일이 많은 것은 어느 정도 사실인 듯하다. 왜냐하면 각종 수많은 규정과 지침, 매뉴얼로 운영되는 학교의 복잡하고 일상적인 업무 구조에 더해서 여러 교육과정의 부문에서 교육의 본질을 추구하기 위한 혁신을 추구해야 하기 때문이다. 물론 세종시는 혁신학교마다 교무행정사를 한 사람씩 추가로 배치하여 업무 경감을 도모하고 있지만, 워낙에 일의 총량이 많아서 그런지 아직 우리 학교의 교사들은 그에 따른 업무 경감을 크게 체감하지 못하고 있다. 좀 더 올바른 방향의 업무 혁신은 기존 업무 중 교육에 불필요한 것들을 줄이거나 없애고 남아 있는 것들도 교육의 본질에 맞도록 조정해나가는 것인데 아직 진전된 부분이 많지 않다. 그 이유가 우리의 역량 부족인지 기존의 것들을 과감히 버리지 못하게 하는 구조적인 측면의 문제인지 면밀히 분석을 해볼 필요가 있다.

두 번째는 혁신 철학에 대한 공유인데, 사실 이것이 가장 할 말도 많고 힘든 부분이 아닌가 한다. 몸이 힘든 것보다 마음이 힘든 것이 진정으로 사람들을 힘들게 한다. 그런데 혁신학교는 근본적으로 기존 학교와 운영 철학의 다름에서 비롯되기 때문에 이 부분에서 학교 구성원들 간에 마음 맞추기가 모든 이들에게 상당한 에너지와 집중력을 요구하고, 때로는 서로 간에 오해와 상처를 남기기도 하였다.

이렇듯 소담고는 개교 작업, 공동교육과정 수행, 혁신의 실천이라는 삼중고 속에서 2017년 한 해를 보냈고, 2018년은 이 중에서 아직 완성되지 못한 개교 작업과 앞으로 계속되어야 할 혁신의 과제를 계속 진행하고 있다.

학생들이 만든 교가와 교복

개교에 따르는 대표적인 일 중 하나는 학교의 상징인 교가와 교복을 만드는 일일 것이다. 보통 교가는 초대 교장 선생님이 쓴 것을 그대로 쓰는 경우가 많은데 소담고는 혁신학교로 출발한 것이니만큼 이를 학생들에게 맡겨보기로 했다. 작곡은 음악 교사가 맡았고, 학생들은 작사를 맡았다. 1학년에 3학급밖에 없었기 때문에 수업 시간을 활용해 학급별로 가사를 만들었고 이를 모아 완결된 하나의 가사로 만들었다. 놀랍게도 각 반에서 핵심적인 내용들을 모으니 원래부터 하나였던 노래처럼 곡이 만들어졌다. 교사와 학생의 멋진 협업이었다고 생각한다.

오- 소신 있고, 오- 담대하게, 우리의 꿈이 가득한 곳
오- 아름다운, 오- 빛이 나는, 우리의 소망 가득한 곳
성장하는 우리 모두 꿈을 펼쳐요
꿈을 향해 우리 모두 비상의 날개를 펼쳐요
희망찬 우리들 행복한 배움터
우리가 만들어요 우리 모두의 꿈을
모두가 함께하고 존중과 배려로
더불어 성장하는 소담고등학교

교복의 디자인도 학생들에게 맡겨보기로 했다. 교복 디자인 대회를 열어 학생들의 디자인 작품을 받았고, 평소 그림 그리기나 디자인에 관심이 많았던 학생들이 호응을 해주었다. 보통은 교복 업체가 제시하

본인이 직접 디자인한 하복 디자인 옆에 선 학생들

는 디자인을 그대로 쓰기 마련인데, 소담고는 시간과 노력이 더 들어가더라도 학교의 상징으로 오래 남게 될 교복을 학생들의 손으로 만드는 것이 더 큰 의미가 있다고 판단한 것이다. 학생들이 직접 만들고 투표를 통해 선정한 것이니 행정 편의적으로 만들었을 때 발생할지 모르는 교복 디자인에 대한 불만도 거의 없었고, 학생들이 학교에 대해 조금 더 신뢰할 수 있는 좋은 계기가 되지 않았나 싶다.

자율과 협력의 생활공동체 실현, 3주체 공동체 생활협약을 실시하다

아마 관내에서 소담고를 아는 사람들이 소담고 하면 제일 먼저 떠올리는 상징은 혁신학교 또는 3주체 공동체 생활협약(이하 '협약')이 아닐까 한다. 내가 혁신학교에 몸담기로 결심한 이유는 앞에서 얘기한 혁신연수 중 다른 학교의 협약 운영 사례를 접하고 이것을 꼭 실현해보고 싶다는 결심에서 비롯되었다. 나는 상벌점제를 운영하는 학교에 근무했을 때, 어떤 교사보다 열심히 학생들에게 상점과 벌점을 부여하며 이를 통해 생활상의 바람직한 변화를 이끌어내고자 하였다. 하지만 상벌점을 누적시키면 시킬수록 학생들의 변화를 발견하기보다 이 시스템이 안고 있는 여러 문제점들을 더 인식하게 되었다. 상점보다는 벌점을 통해 학생들을 통제하기 위한 목적, 교사와 학생 간에 상벌점을 매개로 생겨나는 거래 관계, 그런 '마일리지'라는 이름을 내세우면서도 학생이 상점으로 벌점을 정당하게 상쇄시키려는 것을 달갑게 용인하지 않는 모순 등 과연 상벌점제가 교육적으로 최선인가에 대해 깊은 의문을 갖게 되었다. 이러한 고민을 하던 차에 접한 서울 국사봉

중의 협약 운영 사례는 가뭄에 내린 단비와 같이 느껴졌다. 그래서 새롭게 만들어지는 학교에서 이것을 꼭 실현해보리라 마음을 먹게 되었고, 개교 준비 시 이를 제안하였는데 다행히 팀원들이 흔쾌히 동의해주었다. 그리고 개교 이후에는 서울 선사고의 큰 도움을 받았고, 담당 교사와 학생회를 중심으로 협약이 추진되었으며, 동료 교사들과 학부모들의 지지와 협조를 얻어 현재는 소담고의 중요한 교육과정으로 자리매김하였다.

소담고의 협약은 개교와 동시에 몇 개월간의 치열한 과정을 거쳐 만들어졌다. 우선, 학생들이 지켜야 할 규정을 강한 것과 부드러운 것으로 나누어 이원화시켰다. 즉, 지키지 않았을 경우 징계가 따르는 강한 타율 규정('공동체 저해 행위에 관한 규정')과 지키지 않더라도 바로 징계로 이어지지 않고 약속을 한 각 주체 내에서 위반 사항에 대해 해결을 모색하는 부드러운 자율 약속(협약)으로 나누었다.

협약은 만들어가는 과정 자체도 하나의 교육과정인지라 개교일과 동시에 뚝딱하여 만들어지는 것이 아니었고, 또 그렇게 만들어서도 안 된다는 생각이 들었다. 그렇지만 최초의 협약이 완성되기까지 몇 개월이 소요될 것으로 예상되었으므로 그때까지 무규범 상태로 마냥 있을 수만은 없었다. 그래서 최소한의 질서 유지를 위해 '공동체 저해 행위에 관한 규정'을 먼저 제정하였다. 물론 이것도 '혁신학교답게' 학생들에게 어떤 행위들이 공동체의 질서를 저해하는지 물었고, 그 목록을 정리한 것에 토대를 두어 규정을 만들었다. 개교한 학기 초에 이 규정이 만들어져 있었기 때문에 협약이 만들어지기까지 몇 개월 동안 학생들의 생활 질서가 크게 무너지지 않았다고 생각한다.

협약은 처벌보다는 자율적인 인간에 대한 신뢰를 바탕으로 운영되는 것을 근본 철학으로 한다. 기존의 상벌점제가 행동주의에서 말하는 자극과 반응 작용에 토대를 두어 운영되는 것이라면 협약은 인본주의 또는 구성주의의 관점에서 학생들에 대한 신뢰를 기반으로 학생들이 스스로 자신의 환경(약속)을 지속적으로 구성하는 것을 운영 원리로 삼는다. 그래서 협약은 상벌점제보다 단기간에 즉각적인 효과를 보기 어려운 체계를 갖고 있다. 바로 이 지점이 현재까지도 협약의 효과성에 대해 많은 논란과 이견들을 발생시키는 부분이다(일부 사람들은 협약의 효과성을 혁신학교의 효과성과 등치시켜 말하기도 하는데, 이 지적은 일부 동의가 되는 면이 있다). 특히, 학교교육과정의 여러 분야 중에서 가장 합의가 어려운 영역이 생활교육의 영역이고 협약은 바로 그 생활교육의 중심에 있다. 학급 운영이나 수업은 교사 각자가 자신의 판단으로 상황을 주도할 수 있는 부분이 있지만 생활교육은 소위 말하는 '한목소리'가 필요한 부분이기 때문에 교사들끼리 그 '한목소리'를 맞추려 계속 토의하다 보면 결국 학생들을 어떤 존재로 바라보느냐 하는 밑바닥(?)까지 다다르게 되는 경험을 할 수 있다. 협약의 제정과 운영이 바로 그 부분을 정면으로 다루고 있고, 그래서 정말 쉽지 않은 교육과정의 영역이라 생각한다.

협약 제정은 각 주체 내에서 만들고 싶은 약속, 주체 상호 간에 요구하고 싶은 약속들의 내용들을 모으고 정리하는 것부터 시작이 되었다. 징계까지는 연결되지 않으나 그래도 원활한 공동체 생활을 위해 서로에게 필요한 내용들이 약속들로 채워졌고, 이것들은 설문을 위해 정제된 말로 정리되었다. 주체별로 약속 하나하나마다 공식적인 약속으로 제정되기에 타당한지에 대한 설문이 진행되었고, 이렇게 모아지는 과정에서 쟁점이 될 만한 부분들을 추려내었다. 그리고 쟁점 중의 쟁점 몇 가지를 3주체가 다 모이는 공청회 자리에서 직접 면 대 면으로 토론을 했다.

이때의 쟁점은 세 가지였는데 '학생의 두발, 화장, 피어싱 어떻게 할 것인가?', '학생의 수업 시간 외 휴대폰 사용을 어떻게 할 것인가?', '교복과 사복을 섞어 입는 것을 어떻게 할 것인가?'였다. 그때는 잘 인식하지 못했지만 지나고 나서 보니 쟁점 내용들이 모두 학생 약속으로만 이루어진 것 같아 아쉬움이 남는다. 하긴 최종적으로 만들어진 약속 내용을 보아도 학생, 학부모, 교사 모두 20가지 약속이었지만, 학생 약속들은 약속 하나하나마다 지켜야 할 세부 사항들이 부연되어 있어, 이 협약이 학생들에 대한 교사와 학부모의 통제 욕구(?)가 굉장히 크게 반영된 것이 아닌가 하는 생각이 들었다. 물론, 첫해의 협약 제정은 학생들도 합의하여 이루어졌다. 그렇지만 학생 약속만 주요 약속 밑에 세부 약속이 들어간 것과 그 세부 약속들도 용의복장을 중심으로 한 매우 구체적인 내용이라는 점은 아무래도 이 협약이 학생의 외적인 행동 변화에 가장 초점을 두는 협약이라는 의구심을 떨쳐내기 어려웠다. 어쨌든 공청회 자리는 예상했던 대로 치열했고, 그 자리에서 결론이 나기에는 너무나 시간이 짧았다. 그렇지만 3주체가 대등한 모양새로 상호 소통하고 토론하는 시간이었고, 이 과정 자체가 학생들을 민주시민으로 길러내기 위한 한 걸음이라고 생각했다.

공청회 이후에는 다시 2차 설문이 들어갔고, 이를 토대로 각 주체별 의견 수렴의 과정이 있었다. 이 과정에서 주체 간에 서로 팽팽하여 좁혀지지 않던 몇 개의 항목들에서 괄목할만한 양보가 이루어졌다. 각 주체의 2차 설문조사 결과를 보면서 서로 양보가 쉽지 않은 부분들을 다시 확인하게 되었고, 이대로 계속 대립을 지속하기보다는 이제는 합의를 이루어야 한다는 진전된 생각으로 각 주체별로 양보를 하지 않았을까 생각한다. 특히, 외부의 강제는 없었지만 학생들이 2차 설문조사 결과를 보고 자발적으로 약속 내용을 학부모와 교사가 원하는 방향으로 양보해주었던 장면이 짠하게 다가왔다.

의견 수렴이 끝나고 학생, 교사, 학부모가 3인씩 구성되는 학교 공식 기구인 '학교규정 제·개정 심의위원회'의 협의를 통해 협약에 대한 사실상의 최종 결정 과정이 있었다. 사실, 성인이 우세한 위원회에서 학생들의 의견이 일방적으로 밀리지 않을까 우려가 있었는데, 다행히 회의 시작 전에 서로 합의한 원칙이 이러한 우려를 불식시켜주었다. 즉, 3주체가 대등한 권리를 갖는 '민주적 의사결정 원칙', 주체별 약속은 지키게 될 각 주체의 의견을 가장 존중하는 '당사자 의견 존중의 원칙'을 회의 시작 전에 합의한 후 회의를 진행했다. 난항이 예상되었던 것과 다르게 회의는 매우 화기애애하고 즐거웠다. 이렇게 3주체가

3주체 공동체 생활협약 공청회

학교규정 제·개정 심의위원회

협약 선포식

교내에 부착된 협약

합의한 약속은 학교규정 제·개정 심의위원회 및 학교운영위원회를 거쳐 완전히 소담고만의 공식적인 약속으로 탄생했다. 여기까지 소요된 시간이 약 3개월이었다.

사실, 협약은 만드는 과정도 만만치 않았지만 정말 쉽지 않은 부분은 그것을 잘 가꿔나가는 것이었다. 자극과 반응, 위반과 처벌로 이어지는 체계가 아니라 말 그대로 '자율적'으로 약속 준수의 문화를 만들고 그것을 지속적으로 유지시켜야 하기 때문에 이 부분은 몇 사람의 노력으로는 성취되기 힘들었다. 학생 약속은 학생회가, 교사 약속은 교사회가, 학부모 약속은 학부모가 주체가 되어서 준수를 위한 문화를 조성하고 약속 위반에 대한 적절한 대응책을 마련해야 했다. 하지만 소담고는 모든 것이 처음이었으므로 협약 또한 좌충우돌의 시련기를 겪을 수밖에 없었다. "협약을 체결했는데 학생들이 잘 지키나요?" 소담고의 협약에 대해서 외부로부터 가장 많이 듣는 질문이지만, "네, 저희 학생들은 잘 지킵니다"라고 당당하게 얘기할 수 없었다. 일부 학생들은 본인의 편의를 위해 규정을 악용하기도 하고, 처벌이 없기 때문에 규정을 무시하기도 했다. 반면에 또 다른 학생들은 '우리가 만든 약속이니 우리가 지켜야 된다'는 생각으로 약속 이행의 모습을 보이기도 했다. 그러나 협약을 만든 이유가 3주체가 상호 존중하며 배려하는 학교공동체 문화를 만들기 위한 것이었으므로 약속은 최대한 지켜져야 하고 이를 위한 다양한 준수 방안의 노력들이 지속되어야 한다. 아직도 많이 부족하지만 각종 캠페인 활동, 협약 관련 각종 대회, 교과 수업 활동과 수행평가, 연말 협약 포럼 등 다각도로 준수 노력들이 이어지고 있다.

개교 2년 차를 맞이해서는 신입생까지 포함한 전교생이 다시 협약 개정을 논의했고(이 과정 역시 만만치 않았다), 현재는 약속이 주체별

20개에서 13개로 더 간결하게 표현되어 있다. 2년 차 협약 중 학생 약속은 학년별 약속에 대한 신뢰와 준수의 정도 차이가 커서 이에 대한 정확한 진단과 자율 준수를 위한 학생회 차원의 노력이 더 필요한 상황이다. 그리고 학생들보다 다소 소홀히 되는 교직원 약속과 학부모 약속에 대한 공유와 이행도 지속적으로 한다. 학생 약속만 강조되어서는 학생들의 약속에 대한 신뢰가 크게 높아지지 않을 것이기 때문이다. 자율과 협력의 생활공동체를 이루기 위해 무엇보다 중요한 것은 주체 간에 긴밀한 관계와 소통이 지속적으로 이루어지는 것이다. 이러한 이유로 협약은 여전히 많은 어려움을 안고 있지만, 그럼에도 불구하고 학생들에게 자율과 책임 의식을 길러주고 더 나아가 민주시민의 역량을 키워주기 위해 포기하지 않고 가야 하는 길이라 생각한다.

학생자치, 학교 안 작은 사회를 만들어가다

학생자치는 협약과 더불어 나를 혁신학교로 이끈 중요한 동기였다. 학교의 다양한 일 중에서 학생들을 가장 밀접하게 만날 수 있고, 무엇보다 민주시민의 역량을 기르는 데 이만한 일은 없다고 생각했기 때문이다. 학교는 사회와 동떨어져 있는 비사회가 아니라, 학교 또한 사회의 축소판으로서 그 안에서 생활하는 모든 사람들은 학교라는 사회의 구성원이자 넓게는 지역사회의 구성원이다. 그래서 학생자치는 학교의 중요한 교육과정의 하나이자 학교 사회를 운영해가는 동력 그 자체라고 할 수 있다. 따라서 학생들은 꾸준한 학생자치활동을 통해 사회 구성원 간에 협력적으로 소통하는 방법, 갈등을 원만하게 해결해가는 방법, 사회 조직을 민주적으로 구성하고 운영하는 방법 등을 자연스럽게 터득하게 된다. 과장을 보태어 말한다면, 학생자치는 학생들을 오롯한 민주시민으로 길러내는 가장 핵심적인 교육과정 그 자체라고 생각한다. 국가교육과정상 고등학교의 교육 목표도 그렇고, 더군다나 소담고의 교육 목표도 민주시민 육성이니 개교부터 학생자치를 성장시키는 것은 학교의 가장 중요한 과제 중 하나였다.

첫해 학생자치의 방점은 성공적인 협약의 제정과 준수, 안정적인 학생회 조직의 구성과 운영, 학생회 중심의 각종 학교 행사 기획과 운영이었다. 먼저 학생회 조직의 첫 단계인 학급회 인원 구성에 공을 들였다. 비록 전체 학생회장이 아닌 학급의 반장, 부반장(2년 차에는 이 명칭을 학급'회'를 운영한다는 차원에서 반장, 부반장이 아닌 회장, 부회장으로 부르기로 했다)이지만, 학생회장에 준하도록 임원 선거를 준비하고 진행했다. 선거관리위원회 구성, 공정한 선거에 대한 교육, 선거운동, 정책토론회, 선거 및 개표에 이르는 과정을 거쳐 학급회 임원을 선출했다. 성공적인 학생자치의 토대는 학급회에서부터 비롯된다고 인식했기에 품이 다소 들지만 굳이 이런 과정을 거친 것이다. 그리고 얼마 지나지 않아 학급회 선거보다는 조금 더 갖춘 형식으로 학생회장단 선거까지 무사히 치르고 학생회 조직의 기본 골격을 갖추었다.

학급회 임원 정책토론회

학급회 임원 선거 포스터

학생회에 주어진 첫 번째 미션은 협약의 제정과 말 그대로 '자율적'인 준수 문화를 형성하는 것이었다. 개교 첫해여서 오직 1학년뿐인 학생들이 스스로 자율적인 학생자치 문화를 만들어가는 것은 쉽지 않은 일이었다. 그래서 아무래도 초반에는 담당 교사를 중심으로 학생들에게 많은 도움을 주는 방향으로 학생회 활동이 이루어졌다. 회의를 준비하고 진행하고 기록하는 방법, 부서별 프로젝트를 준비하고 실행하는 방법, 교사들과 원활히 소통하는 방법 등 여러 방면에서 학생자치 담당 교사가 많은 노력을 쏟았다.

학생들의 역량이 드러나기 시작했던 것은 집행위원회 각 부서들이 프로젝트를 만들고 실행하면서부터였다. 각 부서별 알림을 위한 게시판 꾸미기, 할로윈데이 행사, 학생들의 고민을 들어주는 '귀를 기울이며' 등 다양한 프로젝트들이 학생들의 손으로 기획되고 진행되었다. 또한 체육대회, 학생독립운동기념일, 학생자치학교(간부수련회), 소담교육발표회(축제)까지 학생들이 주역이 된 행사들을 치러내며 학생들의 자발적이고 주체적인 역량은 날이 갈수록 성장해갔다. 개인적으로 특히, 기억에 남는 것은 학생자치학교 행사였다. 기존의 위탁형 간부수련회 형식이 아니라, 학생회 임원들이 학생자치활동에 대해 깊이 사고하고 의견을 나눌 수 있는 시간을 충분히 가졌던 것이 학생회의 역량을 한층 끌어올린 중요한 계기가 되었다. 학교 재정 운영상의 문제로 완제품 형태의 음식을 살 수가 없어 재료들을 하나하나 구입해 교사와 학생들이 함께 음식을 해 먹었던 것은 의도치 않게 학생들과 돈독한 관계를 다질 수 있는 흥미로운 시간이었다. 연말에는 1년간의 과정을 정리하는 차원에서 교육청 학생자치 우수 사례 대회에 응모를 했는데, 운이 좋게도 우수 학교에 선정되어 거기서 받은 상금으로 학생들과 나눔의 기쁨(?)을 누리기도 했다.

2년 차의 학생자치는 더 높은 수준으로 도약해보기로 했다. 우선 첫해에 정식 규정 없이 임시 운영 계획 형태로 운영되던 학생자치활동을 정식 규정인 '학생자치 규정' 제정을 통해 좀 더 공식적이고 권위 있는 활동으로 안착시키려고 했다. 보통의 학교에서는 학생생활규정 안에 학생자치와 관련된 규정이 하위 항목으로 있는 경우가 많은데 소담고는 학생자치활동의 중요성을 인식하고 이를 발전시키기 위해 별도의 '학생자치 규정'을 제정하기로 했다. 하지만 규정의 제정이라는 형식보다 더 중요한 것은 규정의 내용을 어떻게 구성할 것인가였는데, 2년 차 학생회부터는 삼권분립과 언론으로 이루어지는 조직에 토대를 두어 운영해보기로 했다.

학교는 사회와 동떨어진 것이 아니고 특히 학생회는 공식적인 위계를 갖추고 학생 사회를 운영하는 조직이니만큼 그 안에서도 학생들 간에 권력관계가 성립한다. 비록 규모와 복잡성은 국가 조직에 버금갈 수 없지만 학생회도 내부 조직에 권력관계가 존재하는 만큼 삼권

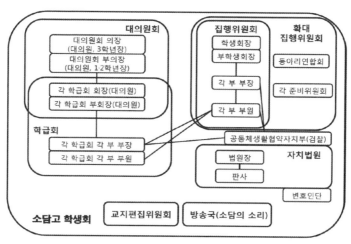

삼권분립의 학생회 조직도

분립의 국가 권력 구조를 그대로 옮겨와 운영해보는 것도 학생자치 성장에 획기적인 계기가 될 수 있을 것이라 생각했다. 다만 이를 정제되고 치밀한 언어로 규정화하는 것은 아직 학생들에게는 생소하고 어려운 일이라 생각이 들었기 때문에 큰 아이디어에 대한 것만 학생들에게 사전 동의를 얻어 규정 작성은 교사가 주도하였고, 공식적인 제정 승인은 학생 대의원회와 학교운영위원회 심의를 거쳐 완료되었다.

학생회 조직은 크게 집행위원회, 대의원회, 자치법원으로 구성하였다. 먼저, 집행위원회는 학생회장단(회장 한 명, 부회장 두 명)과 그 산하의 집행위원회로 구성되는데 이것은 국가 행정부에 해당한다. 그리고 각 학급 회장과 부회장들로 구성된 대의원회는 국가의 국회에 해당하고, 공동체 저해 행위에 관한 규정(선도 징계 규정) 중 경미한 사항을 어겼을 경우 이에 대한 교육 처분을 결정하는 학생자치법원은 국가의 사법부에 해당한다. 또한 삼권분립에 더해서 삼권 조직의 활동을 취재하고 비판하는 언론 역할로 방송반과 교지편집위원회가 또 다른 권력으로 공존하고 있다.

삼권분립의 관계는 학생회 임원을 구성하는 부분에서 두드러지게 나타났다. 집행위원회는 학생회장단 산하 다섯 개의 부서로 구성되어 있는데, 각 부서장은 학생회장단이 임명 후보를 지명하지만 그대로 임명할 수는 없고, 반드시 대의원회의 인사청문회를 거쳐야 한다. 인사청문회 결과 부장 후보자가 부적격으로 판정되더라도 학생회장단은 임명을 강행할 수 있지만, 향후 대의원회와의 원만한 관계를 고려했을 때 그러한 결정을 내리기는 쉽지 않다. 자치법원장의 임명은 더 까다롭다. 대의원회의 임명 동의를 반드시 얻어야 하기 때문이다. 반면 대의원회 의원들은 각 학급 회장과 부회장들로 구성되어 있기 때문에 만약 역할을 수행하는 과정에서 현저한 결격 사유가 나타나면 학급회

| 학생회 임원 인사청문회 | 학생자치학교 | 학생독립운동기념일 행사 |

로부터 탄핵을 당할 수 있다. 이렇듯 학생회 임원들은 조직들 간 권력 견제 속에서 역량과 인성을 갖추고 있어야만 본인이 원하는 자리에서 일할 수 있는 자격을 얻을 수 있다. 그리고 이렇게 어려운 과정을 거쳐 임원에 임명된 학생은 본인의 역할에 대해 큰 자부심과 책임감을 갖게 될 것이라고 기대하고 있다.

한편, 집행위원회 각 부서는 여러 가지 프로젝트를 기획하고 진행하는데, 그것이 적절하게 잘 이루어지고 있는지 대의원회로부터 감사를 받게 되어 있다. 또한 대의원회는 각 학급회를 통해 학생들의 다양한 건의를 수렴하고 이를 대의원 전체 회의를 통해 학생회의 대표 의견으로 공식화한다. 이러한 대표 의견은 학생회장단의 최종 승인을 받아야 하는데, 만약 학생회장단이 거부권을 행사하면 대의원회가 이를 만장일치의 재의결을 통해 학생들의 대표 의견으로 확정 지을 수 있다. 학생회장단과 대의원회 간에 긴장 관계를 통한 학생자치 성장의 동력을 마련해본 것이다.

하지만 학생자치의 역량이 크게 성장했다고 판단한 것은 삼권분립의 운영보다 다른 데서 나타났다. 그것은 학생회에서 오랜 시간 토의를 통해 작성하여 교사 측에 전달된 '건의서'였다. 사실, 삼권분립 운영의 시작은 교사의 아이디어로부터 시작된 것이라 온전히 학생들의 것이라 할 수 없었는데, 이 건의서 제출이야말로 완전히 학생들의 생각과 손으로 만들어진 것이었다. 건의서의 양은 방대하였는데, 그 안에는 혁신학교 운영에 대한 제언, 학생회 조직 및 운영에 대한 개선점, 학생들과 교사들 간의 관계 등 다양한 분야에 걸친 내용이 들어 있었다. 이것은 학생들의 치열한 고민의 결과였고 그 고민의 깊이는 학생도 당당한 학교 운영의 주체가 되어야 한다는 혁신학교 운영 철학과 닿아 있었다. 소담고의 학생자치는 이 건의서 제출 건을 계기로 그동안 교사들의 도움을 받아 운영되던 단계에서 학생들 스스로 학생회를 꾸려나가는 단계로 성장하게 되었다.

수업의 혁신과 전문적학습공동체

보통 학교가 개교를 하면 초반에는 학교 시설 구축, 여러 규정 제정 그리고 학생들에 대한 생활교육에 많은 에너지를 쏟고 이후에는 점점 그 방향이 교육과정과 수업으로 옮겨 가는 것이 일반적인 것 같다. 소

학교 교육 목표 만들기

한국사 토론 수업

연말 교육과정평가회

담고도 예외는 아니어서, 개교 첫해에 생활교육 영역인 협약과 그와 연계된 학생자치에 많은 에너지를 쏟았다. 그래서 상대적으로 교육과 정과 수업에는 크게 시간과 노력을 투여하지 못한 것이 사실이었는데, 그럼에도 불구하고 몇 가지 변화의 씨앗은 심었다고 생각한다.

개교 당시 전문적학습공동체 시간을 꼭 확보해야 한다고 생각했기 때문에, 학사일정과 시간표 편성에 많은 신경을 썼다. 그 결과 매주 금 요일은 과감히 방과후수업과 야간자율학습을 실시하지 않고, 학생들을 5교시 또는 6교시 후 귀가시키고 남은 일과 시간 동안 교사들끼리 전문적학습공동체를 꾸려갈 수 있는 시간을 확보했다. 이 시간은 오로지 교사들 간에 학생들을 위한 교육과정, 수업, 생활교육 등에 대해 협의하고 그것의 실행을 다짐하는 자리로 삼고자 했다. 무엇보다 궁극적으로 중요한 것은 수업이었기에 거부감 없는 수업공개의 문화를 만들고, 수업을 했던 교사의 의도를 가장 중요시하는 수업 나눔의 기회를 여러 차례 가지려고 노력했다. 그리고 협약과 연계한 교과 수업의 재구성, 교과 간 수행평가 융합을 몇 개의 교과에서 진행하기도 했다.

여전히 수업 혁신과 이를 위한 내실 있는 전문적학습공동체의 운영은 가야 할 길이 멀다. 아직은 거부감 없는 수업공개와 이에 따른 수업 나눔의 자리를 자주 그리고 자연스럽게 갖는 문화를 형성해야 하는 기초적인 단계에 머물러 있기 때문이다. 따라서 앞으로 교사들 간에 더 많은 소통과 마음 열기의 시간이 필요하다고 생각한다. 협약이든 학생자치든 결국 학교의 모든 활동은 수업을 중심에 놓고 이를 상호 보완하는 형태로 학교의 전체적인 교육과정이 운영되어야 하기 때문에 교사들 간에 협업이 절실하다. 결국 학생들의 변화는 교사와 학생들이 가장 많은 시간을 보내고 소통의 시간이 가장 긴 수업을 통해서 가장 효과적으로 이루어지기 때문에 수업에 대한 고민을 결코 포기할 수도 없고 포기해서도 안 된다.

민주적 학교문화 만들기

마지막으로 혁신학교 성공의 선결 조건인 민주적 학교문화에 대해서 이야기해보려고 한다. 소담고는 5년 차 미만의 교사가 거의 80%에 이를 만큼 저경력 교사 중심으로 교사들이 구성되어 있다. 특히, 경험이 꽤 중요하게 작용하는 진학 부문에서 저경력 교사들의 경험 부족이 우려의 목소리를 발생시키는 원인이 되기도 했다. 반면에 학교의 민주적 문화를 형성하는 부문에서는 비슷한 또래의 교사들로 구성된 것이 자연스럽게 수평적인 소통 문화를 만드는 데 긍정적으로 작용했다. 그리고 아직은 학교가 작아 교사 수가 적은 덕에 아담하게 마련된 회의실에서 늘 둘러앉아 협의를 하는 문화는 이제 소담고의 일상이 되었다. 다만, 많은 것들을 민주적인 협의를 통해 해결해나가다 보니 정해지는 과정이 더뎌지고, 때로는 갈등이 표면화되기도 하면서 최종 결정에 이르는 과정이 순탄치 않은 것도 사실이었다. 하지만 그렇게 더디고 어렵게 정해진 결과는 일부에 의해 정해진 결과보다 더 장기적으로 더 큰 위력을 발휘하게 되어 있다고 생각한다. 그것이 민주주의의 힘이기 때문이다.

한편, 민주적인 학교문화를 만들어가는 데 중요한 한 축을 담당한 분들은 교장 선생님과 교감 선생님이었다. 당신들의 권한을 크게 사용할 수 있었는데도, 혁신학교다운 민주적인 학교문화를 형성하는 데 많은 '내려놓기'를 하였다. 그리고 절대다수의 교사들이 경력이 짧았는데도 교사들을 믿고 많은 자율권을 부여해준 결과 교사들은 각자의 자리에서, 그리고 서로 도와가며 이제까지 소신껏 교육활동을 할 수 있었지 않나 싶다.

3주체 간에 민주적인 소통 구조를 만들어가는 것도 중요한 부분이었다. 특히, 아직 성인이 아닌 학생이 성인인 교사와 학부모와의 민주적인 소통 관계를 맺는다는 것은 쉽지 않은 일이고 여전히 그것은 많은 논쟁과 고민을 던져주었다. 혁신학교는 그동안 교사와 학부모 중심으로 학교를 운영해왔던 것에서 조금은 더 학생들에게 자율권을 주는 방향으로 운영될 수밖에 없는데, 이 지점에서 기존의 관성과 충돌하는 지점이 여러 군데 있었다. 예를 들어 협약을 만드는 과정에서 있었던 용의복장에 대한 논의는 학생을 어떤 존재로 바라보느냐 하는 각자의 학생관, 교육철학을 드러낼 수밖에 없는 문제였다. 사람들 간에 근본적인 철학이 부딪치는 문제는 정답이 없기 때문에 통일된 하나의 의견을 만들어내기가 사실상 불가능에 가까워 보였다(그래서 이러한 문제들은 종종 표결에 의한 방법까지 가야만 했다). 다시 말해, '교사와 학부모가 학생들을 어디까지 믿고 기다려줄 수 있는가?', '그들이 실패를 통해 성장할 수 있는 기회를 어느 범위로 언제까지 허용할 것인가?', 더 근본적으로는 '우리가 시도하는 새로운 교육의 방법으로 과연 학생들을 주체적으로 성장시켜갈 수 있는가?'에 대한 교사와 학부모의 고민이 있었다.

혁신학교가 힘들다고 한다면 여러 분야에서 어려움이 있겠지만, 내가 생각하는 가장 힘든 분야는 바로 이 지점이라고 생각한다. 그러나 이처럼 어려움이 많은 부분이 있었지만 학생들을 잘 교육시켜야 한다는 같은 목적을 공유한 것을 바탕으로 교사와 학부모들은 그들 내에서 혹은 서로 간에 합의점을 찾으려는 끊임없는 노력을 시도하였다.

학교를 변화시키는 것은 학교 구성원들이 합의한 딱 그만큼만 가능하다는 말을 들은 적이 있는데, 소담고의 경우가 그러하지 않았나 생각한다. 비록 서로 간에 생각이 다를지라도 계속해서 대화를 시도하고 대안을 찾기 위해 보냈던 시간들은 당장의 결과가 눈앞에 보이지 않더라도 그 자체로 충분히 중요한 과정이었다. 민주주의는 대체로 느리고 많은 갈등이 수반되지만, 서로 간에 토의와 토론, 이해와 인내라는 만만치 않은 과정을 거쳐 만들어진 합의는 일부가 결정하여 전달되는 방식보다 훨씬 더 강한 힘을 발휘한다는 것을 우리는 경험을 통해 깨달아가고 있다.

다시 현실, 행복한 학교를 꿈꾸다

2018년 10월 17일. 1년간 치열했고 말도 많았던 2022학년도 대입제도 개편안이 발표되었다. 개편안의 핵심은 정시를 30% 이상 확대하도록 한 것인데, 그동안 학생부종합전형을 중심으로 한 수시 확대 움직임에 큰 제동을 건 것이었다. 정시 확대 주장은 대입의 공정성을 강조하고(개인적으로 정시는 수시보다 공정하다기보다 객관적인 방법이라고 생각한다), 수시 확대 주장은 학생들의 미래 역량 강화와 공교육 정상화를 강조한다.

이분법의 위험성을 감수하고 단적으로 말하자면, 혁신고는 수능을 확대하는 움직임 속에서는 큰 성장을 이루기 어렵다. 한 줄 세우기 시험은 치열한 경쟁을 용인하고 고착화하며, 그 경쟁 또한 다양한 분야의 다양한 능력이 아닌 몇 개의 과목에 한정된 선택형 문제풀이 수업에 집중될 것이다. 이러한 분위기에서는 학교의 다양한 수업과 활동을 통해 학생들의 주체성과 자기결정력을 성장시키는 것은 사실상 불가능하다. 물론, 각종 입시 부정과 수시에 대한 불신이 팽배한 현실에서 정시 확대를 주장하는 이들의 입장도 충분히 공감되는 부분이 있다. 그러나 양쪽 다 문제점이 있다면 한쪽을 기본으로 하고, 다른 한쪽을 보완하는 방향으로 갈 수밖에 없다. 학생들의 미래, 학교의 미래, 우리 교육의 미래를 생각한다면 어느 것을 취하고 어느 것을 보완해야 할지 답은 자명하다.

소담고로 돌아와 이야기를 마무리하자면, 이처럼 소담고가 처해 있는 외부의 입시 현실은 녹록지 않다. 그것이 비록 혁신고에 조금 더 나은 수시 중심이라 하더라도 어쨌든 그것은 입시이다. 치열하다 못해 잔인한 경쟁 속에서 우리는 학생들에게 남을 배려하고 존중하는 법을 가르칠 수 있을까? 아니 배려하고 존중해야 한다는 당위를 설득시킬 수 있을까? 입시 너머로 학생이 평생 동안 살아가는 데 필요한 기초 역량을 길러주고, 민주시민의 자질을 갖추도록 우리는 우리의 교육적 신념과 의지를 모을 수 있을까? 무엇보다도 학생들이 학교에서 배움의 행복을 느끼도록 도움을 줄 수 있을까? 당장 답을 주기 어려운 문제들이 우리 앞에 산적해 있다. 그러나 이것을 해결해나가려는 의지가 전혀 없다면 그것의 해결 가능성은 0%이다. 반면에 어떻게든 노력해간다면 그것의 해결 가능성은 1% 이상이 된다. 그렇다면 선택지는 분명하다. 그것이 해결되는 것이 옳다고 생각한다면 말이다.

가야 할 길이 너무나 어둡고 까마득해 보이지만, 희망은 희망을 믿는 사람에게만 허락된 것이라는 누군가의 말처럼 희망에 대한 믿음과 내딛는 한 걸음 한 걸음이 중요하다. 그러면 언젠가 학생들이 더 행복한 학교와 더 행복한 미래를 이야기할 수 있는 날이 오지 않을까. 꼭 그날이 왔으면 좋겠다.

네 번째 마당

아이다움 유치원을 꿈꾸다

두루유치원(2016년 지정)
한빛유치원(2018년 지정)
보람유치원(2018년 지정)

두루유치원은 2015년 3월에 개원하여,
2016년부터 현재까지 3년 차 10학급의 혁신유치원입니다.
"스스로 해보고, 함께 놀자"의 비전을 가지고,
아이들에게 진짜 놀이란 무엇인가를 교육공동체와 함께 고민하며
유아, 학부모, 교직원 모두가 함께 성장하는 유치원을 만들어가고 있습니다.

두루유치원(2016년 공모 지정 운영)
두루유치원,
스스로 해보고, 함께 놀자

최성미

우리는 교사인가요?

매서운 칼바람이 옷깃을 여미게 하던 2015년 겨울. 두루유치원 교무실에 20여 명의 교직원들이 모였다.

"혁신유치원을 하면 일거리가 더 늘어나는 게 아닐까요? 지금도 일이 이렇게나 많은데요."

"혁신유치원을 하게 되면 어떤 성과를 내야 하는 것 아닌가요?"

기대와 희망을 가진 사람도 있었던 만큼, 오해와 걱정, 고민이 우선인 사람도 있었다.

그때 누군가 가슴 한편에서 꺼내고 싶지만, 꺼내기 힘들었던 한마디를 던졌다.

"지금 하고 있는 업무 처리보다는 수업 잘하는 교사가 되고 싶어요."

유치원의 하루는 참 바삐 돌아간다. 많은 사람들은 아이들이 하원하거나, 방과후과정 시간이 되면 교육과정을 담당하는 유치원 교사의 역할은 거의 끝났을 것이라 생각하지만 유치원의 하루는 이제부터 다시 시작이다.

하원 지도나 방과후 교사와 교대를 한 후, 교실 청소와 교구 정리, 교실 안전 점검 및 세탁물 관리를 한다. 당일 있었던 원아의 특이 사항과 처치 사항, 출결석 여부를 간단히 기록하고, 해당 원아 학부모와 통화한다. 주기적으로 학부모들과 개별 면담이나 전화 상담을 하고, 교육과정 운영에 관련된 협의나 전달 회의에 참석한다. 매주 발행되는 주간교육계획안과 안내 사항을 작성하고, 매월 말에는 수기로 출석부를 기록한다.

그런 다음 원감 선생님이나 행정사가 업무 성격별로 나눠 준 공문을 교사들이 각자 접수한다. 협의가 필요하거나 결과 보고를 해야 하는 공문이 있으면 교사가 순서에 맞게 처리한다. 그 외 다음 날 원내 행사나 외부 방문객이 예정되어 있으면 모여 준비를 한다. 여기까지 하면 벌써 퇴근 시간이 다가온다. 정작 중요한 수업 준비는 하나도 못했는데 말이다.

이쯤 되면 교사 스스로에게 질문을 던져본다. 수업을 하는 교사인지 행정업무를 처리하는 직원인지 말이다. 그래도 다음 날 초롱초롱한 눈으로 유치원을 찾아올 아이들을 위해 다시 힘을 짜내어 수업 준비를 시작한다.

유치원 수업은 교과서가 없다. 교과서가 없다는 것은 좋은 것일까? 나쁜 것일까?

그것은 교사가 어떻게 받아들이느냐에 따라 다르다. 어떤 교사는 교과서가 없어서 아이들과 교실 상황에 맞추어 너무도 다양한 놀이 활동을 할 수 있으므로 구속받지 않아 좋다고 하고, 어떤 교사는 아무것도 정해진 것이 없으니 교육과정 시간 내내 무엇을 해야 할지 오히려 힘들다고 한다.

그런데 아이들과 수업을 해본 교사는 안다. 분명한 것은 교사가 조금이라도 더 고민하고 준비를 갖춰놓은 다음 날은 우리 집 곳간에 두둑이 양식이 쌓여 있는 것처럼 마음 든든하다는 것을….

퇴근 시간은 이미 상당히 지났고, 숙제처럼 쌓인 행정업무 처리와 전달받은 회의 과제 처리를 하느라 오늘도 내일 수업 준비는 하지 못했다.

좌충우돌 '전문적학습공동체'를 시작하다

신설 유치원 개원을 앞두고 정신없이 바빴던 2015년 봄. 두루유치원 10명의 교사 중 20년 경력 교사가 1명, 10년이 채 안 된 교사가 3명, 경력이 3년이 안 된 교사가 6명이었다. 교사들의 연령이 적은 구성원이 많았던 관계로 유치원 분위기는 밝고 의욕적이었지만, 한편으로 어떻게 함께 전문성을 키워가야 할지는 우리의 숙제였다.

"전문적학습공동체 해보면 어때요?"

"그게 뭐예요?"

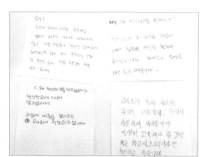

두루유치원 교육과정 평가 및 전문적학습공동체 모습

"쉽게 말해 우리끼리 공부하는 모임이에요."

"뭔지는 아직 잘 모르겠지만 같이 공부하고 싶어요."

그렇게 우리는 혁신유치원으로 가는 첫 단추이자 어설픈 전문적학습공동체를 시작하였다. 학습공동체를 시작해보자고 제안한 필자도 실제로 주체가 되어 학습공동체를 이끌어본 경험이 없었기에 고민을 거듭하는 날들이 이어졌다.

첫해에는 전국에 유명하다는 외부 강사를 잔뜩 섭외했다. 프로젝트 학습법으로 유명하다는 초등 교사, 경기도의 유명한 혁신학교 교사, 인천의 유치원 원장 선생님까지…. 전국구로 강사님을 모시는 터라 강사 섭외와 연수 진행에 많은 시간과 노력이 할애되었다. 이 정도 노력이면 우리 선생님들의 전문성은 눈에 띄게 팍팍 성장할 것이라고 자신만만했다.

매달 2번째 주에 세 시간씩 진행되는 연수가 1년 가까이 이어졌다. 하지만 연수를 받는 날에는 야근까지 하면서 업무 처리를 하는 날들이 이어지고, 안 그래도 부족한 수업 준비는 더욱 하지 못했다. 연수 장소에 모인 선생님들의 얼굴에는 피로감이 역력했다. 이게 아닌가 싶었다. 마치 유명한 과외 선생님의 수업 내용을 그대로 받아쓰지만, 정작 내 것으로 만들 시간이 없는 것 같은 상황이었다.

다음 해 겨울 전체 교직원이 모여 며칠에 걸친 진지한 교육과정평가회를 시작했다.

첫 평가회 시간, 쉽사리 의견을 입 밖으로 내뱉지도 않고, 고개를 끄덕이고 있기만 하는 엄숙한 분위기가 이어졌다. 상처를 들춰내면 아프고 보기 싫지만, 결국 상처를 낮게 하려면 환부를 드러내어 적절한 치료법을 찾아야 한다. 오랜 시간을 전달받고, 기록하는 것에 익숙했던 교직원들은 스스로 의견을 내는 것에 익숙하지 않았던 것이다. 우리는 시간이 걸려도 우리 모두의 생각을 편히 나누는 협의 문화를 만들기 위해 노력하는 것으로 차근히 실타래를 풀어나갔다.

협의 문화에서 가장 어려운 점은 구성원들이 어렵게 도출한 결론이 의사결정의 최상위에 있는 결정자에 의해 한순간에 번복되거나, 빅마우스bigmouth라 불리는 말이 많은 누군가 때문에 구성원들이 제대로 의견을 말할 기회도 얻지 못하는 경우이다. 이러한 경우 구성원들은 회의하고 싶은 의지나 욕구도 사라지고, 성취감도 얻지 못한다. 이 부분을 경계하기 위해 두루유치원 협의에는 "모두가 참여하기, 찬반 여부와 개인 의견 모두 내기, 3분 이내로 말하기 등" 우리만의 작은 규칙을 만들기도 했다.

"업무 처리를 하느라 수업 준비를 여전히 못해요."

"내년에는 외부 강사 연수는 그만 받았으면 좋겠어요. 소화도 못 시키는데 과식하는 기분이에요."

우리가 겪었던 문제점과 고충들이 하나, 둘 흘러나왔다. 혼자만의 고민이라 생각했던 문제들이 사실은 우리 모두가 인식하고 있는 문제라는 것을 알게 되었다. 그 해결책은 어느 한 사람의 뛰어난 능력으로 문제를 해결할 수 있는 것도 원장, 원감 선생님이 해주는 것도 아니었고. 모두가 머리를 맞대야 했다. 며칠간에 걸친 교육과정평가회를 통해 문제점을 진단하고, 해결 방법을 찾아나갔다. 허심탄회하고, 편안하게 의견을 나누는 분위기 속에서 눈을 번쩍 뜨이게 하는 아이디어가 나오기도 하고, 서로의 답답한 마음을 조금은 어루만져줄 수 있기도 했다.

먼저 전문적학습공동체를 원활히 진행하기 위해서는 하고 있는 업무의 명확한 분석과 행정업무 경감과 효율화 과정을 선행해야 했다. 업무를 분석하고, 경감하는 방안을 찾기 위해서는 많은 시간과 노력이 필요했지만 그 과정을 진행한 후에서야 항상 모자라다고 느꼈던 시간이 우리에게 돌아오고 있음을 서서히 느끼게 되었다. 그동안 운영해온 전문적학습공동체의 문제점은 외부 강사의 도움으로 우리들의 전문성을 향상시킬 수 있을 것이라는 잘못된 오류에서 시작되었음을 발견했다. 외부에서 주어지는 지식은 결국 공동으로 연구하고, 실행해보고, 시행착오를 겪는 과정을 겪어야 진짜 우리 것이 되며, 전체 구성원이 함께 성장할 수 있는 것이었다.

전문적학습공동체가 나아갈 방향에 대한 발견과 업무 경감을 통해 교사에게 가장 필요한 수업 준비 시간을 확보한 것이 너무나 감격스러웠고, 모두에게 감사했다. 이제 우리가 할 일은 아이들에게 선생님을 돌려주는 것이었다.

수업을 다시 들여다보다

매주 월요일은 연령별 학습공동체를 통해 같은 연령 교사들이 한 주 동안 진행할 수업을 함께 연구했다. 매주 화요일에는 전체 학습공동체를 통해 촬영된 수업 한 편을 모든 교원이 함께 보며, 협의하는 '수업 나눔'을 진행하였다.

일반적으로 다른 유치원에서도 '동료장학'이라는 이름으로 수업 연구를 한다. 하지만 '동료장학'을 통해 전문성이 향상되었다고 생각하는 교사는 그리 많지 않다. 똑같이 수업을 공개하고 함께 협의를 하는데, '동료장학'과 두루유치원의 '수업 나눔'에는 어떤 차이가 있었을까?

그 차이는 바로 방법에 있다. 보통의 '동료장학'을 바라보는 시선의 중심에는 교사가 있다. 교사의 행동, 말, 교수 방법에 초점을 두기 때문에 수업 속 교사들은 일방적인 평가를 받는다는 인식을 떨치기가 어렵다. 따라서 '동료장학' 속 수업은 동료에게 보여주기 위해 수업을 준비하고, 교사 중심의 교수학습 방법을 사용하기 쉽다. 마치 잘 짜인 극본에 의해 연극이 이루어지는 것처럼 말이다. 이런 공개수업의 주인은 아이가 아닌 교사가 되곤 한다.

두루유치원 수업 나눔 계획안

두루유치원의 '수업 나눔'에서 바라보는 시선의 중심은 아이들이다. 동료들은 교사가 아니라 아이를 중심에 두고 바라본다. 아이들이 수업 중 어떤 이야기를 하는지, 친구와 어떤 상호작용을 하는지, 어떤 반응을 보이는지 관찰한다. 그리고 그 안에서 아이가 어떤 경험을 하고, 성장을 보이는지를 살피는 것이 가장 중요하다.

'수업 나눔' 속에서 아이들이 때로 교사가 의도하지 않은 배움과 경험을 하는 것을 확인할 때도 있고, 수업의 흐름은 생각지도 못했던 방식으로 진행되기도 한다. 그래도 교사가 추구한 수업 방식에서 조금 벗어났다고 해서 이것이 틀리다고 바라보지 않는 것이 바로 '수업 나눔'이다.

'수업 나눔' 속에서 교사의 역할은 안내자이며, 조력자이다. 수업의 중심에 아이들이 있도록 배려하고, 설사 교사의 의도에 다가서지 않아도 초조해하지 않는다.

'수업 나눔'을 진행한 교사는 제3자의 눈으로 우리 반 아이들을 바라봐준 동료 교사의 코멘트를 듣고 놀라기도 하며 아이의 새로운 면을 발견한다. 때로는 머릿속에 자리 잡은 특정 아이에 대한 이미지가 잘못된 선입견이었음을 느끼기도 한다.

'수업 나눔' 속의 공개수업계획안은 전문적학습공동체 구성원들과 함께 만든다. 수업을 공개할 교사가 본인 학급 아이들의 요구나 현재 수업 흐름에 맞는 수업계획 초안을 마련해 오면, 학습공동체 속에서 수업계획안을 다시 들여다본다.

이 과정에서 초안은 완전히 뒤집히거나 더 좋은 아이디어가 더해져 수정 보완되기도 한다. 동료들과 함께 디자인한 수업은 더 이상 나만의 것이 아니다. 함께 수업계획안을 고민해보는 것의 장점은 무엇일까. 공개하는 교사의 부담감이 줄어들고, 우리의 연구물이기 때문에 다른

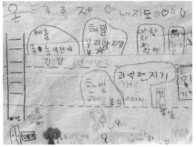

온두루 축제 시 아이들의 축제 계획 및 축제 준비 참여

학급에서도 그대로 수업을 해볼 수 있는 좋은 공유물이 된다.

한 해 동안 동료들과 함께 계획한 많은 수업을 보며, 전문적학습공동체 안에서 같이 연구하고 고민했던 공개수업안이 각 학급에서 어찌저렇게 다르게 진행이 되는지가 놀라웠다. '과연 수업의 주인은 아이들이 맞구나'라는 생각이 들었다. 교사가 제시하는 한 가지 물음에 아이들이 저마다의 속도와 방법으로 성장하고 배우며, 경험하는 모습을 보면서 획일적인 한국 교육의 문화가 이제 유치원에서만큼은 비껴가길 소망했다.

우리 아이 제대로 바라보기

가만 보면 교사들만큼 가르침에 대해 욕심 많은 집단도 없다. 예전에는 지금 내가 알고 있는 모든 것을 아이들에게 전달해야만 교사의 소임을 다했다고 믿었다. 아이들이 하원 길에 엄마에게 오늘 유치원에서 배운 봄꽃 종류가 무엇인지 재잘재잘 말하는 것을 보면, 이보다 흐뭇할 수가 없다. 그게 교사라고 믿고 살았다.

수업授業이라는 단어는 "주로 정해진 과정을 따라 정해진 시간과 장소에서 지식과 기능을 가르쳐주는 의미"를 담고 있다. 용어가 주는 사전적 느낌은 지극히 수동적이다. 그래서인지 아이들에게는 무엇이든 알려주고, 가르쳐주어야 한다고 생각하게끔 한다.

그런데 참 이상했다. 유치원 수업에 대한 고민을 하면 할수록 수업 속 아이들은 너무나 능동적이었다. 자꾸 먼저 해보겠다고 설명이 채 끝나기도 전에 달려들고, 설명대로 하기보다는 제각기 하고픈 대로 해보다가 틀리기도 했다. 그럴 때면 "틀렸어. 선생님 말을 잘 들었어야지." 하면서 다시 아이들에게 설명해주곤 했다.

점차 아이들을 바라보는 눈이 바뀌고, 교사의 태도가 변화하면서 자연히 수업의 방식도 변화하였다. 교사가 제시한 정답 찾기를 기대했던 것에서 나아가 자기 생각을 다양하게 표현할 수 있게 허용해주고, 행사나 교육활동을 할 때 놀이 방법을 아이들과 함께 능동적으로 만들어 충분히 참여할 기회를 주었다.

놀잇감을 양보해줘야 하는 불편한 존재였던 친구가 이제는 다양한 생각을 가진 멋진 친구가 되었으며, 나보다 재미있게 놀잇감을 다룰 줄 아는 존재였다는 사실에 소중함을 느낀다. 밖에 나가는 것을 귀찮아하고 자연과 환경의 변화를 느끼기보다 새로 들어온 장난감에 더 눈을 반짝이던 아이들이 이제는 함께 무언가를 만들어내는 것에 희열을 느낀다. 친구의 울음에 귀를 막던 아이들은 친구의 눈물에 반응하고, 달려가 안아주는 모습에서 우리 안의 변화를 체감했다.

굳이 바른 자세로 바라보고 있지 않더라도 누워 있거나 친구와 약간의 수다를 떨고 있더라도 놀랍게도 아이들은 교사의 이야기를 다 듣고 있다는 것을 알았다. 처음에는 흥미를 보이지 않고, 주위를 배회하던 아이도 친구들의 놀이에 호기심을 보이며, 결국에는 조금씩 참여하는 모습도 보았다. 시시해 보이는 플라스틱 뚜껑도 자기들만의 이야기가 가미되면 즐거운 장난감으로 변화시킬 줄 알고 있었다.

이쯤에서 우리는 유치원에는 '수업'이라는 용어가 더 이상 맞지 않는다고 느껴졌다. 아이들의 특성에 맞게 '놀이'라고 부르는 것이 적절했다. 유아기는 더더욱 어렵지만 천천히 돌아가야 한다. 일방적인 가르침이 아니라 아이들은 스스로 자발적인 '놀이' 참여를 통해 더욱 재밌게 경험을 하고 성장한다는 것을 '수업 나눔'을 통해 깨달았다.

아이들의 변화와 밝은 표정을 보면서 학부모도 전에 없던 신뢰와 지지, 관심을 보내주었다. 혁신유치원을 시작하기 전에는 유치원 교육과정에 관심도 없이 개인적인 요구와 민원이 많았는데, 작년 한 해는 단 한 건의 민원도 발생하지 않았다.

작년부터 활성화된 학부모 동아리에서는 아이들의 산책 활동을 위한 모기 퇴치제, 자외선차단제를 만들어주었다. 또 아이들이 책을 보는 자리에는 편안한 쿠션과 방석도 손수 짜주는 등 동아리를 통해 배운 것을 고스란히 아이들에게 다시 돌려주었다.

학부모들의 동아리 활동은 자연스레 유치원 교육에 대한 관심으로 이어졌고, 감시의 시선이 아니라 도움과 지원을 위한 따스한 시선으로 바뀌었다. 또한 유치원 행사나 교육활동에 적극적인 학부모들의 참여속에서 교육과정을 운영하는 교직원들은 점점 신뢰와 자신감이 붙었다.

아이들은 스스로 선택하고 놀 수 있을 때 진정한 배움과 성장을 얻는다. 우리는 어쩌면 어른들의 좁은 생각 안에 아이들을 가두고 각자의 틀 속에서 아이들을 키워왔는지도 모른다. 그 생각의 틀을 서로에게 강요하느라 정작 중요한 교육의 주체인 아이들을 놓치기도 한다. 진짜 유아중심교육이란 무엇인지, 그것이 잘 실현되고 있는지 제대로 다시 바라보는 것은 그래서 더욱 중요하다.

아이들도 스스로 해보고 싶다

모든 학교마다 설렘과 긴장감이 공존하는 학기 초. 유치원의 학기 초는 더욱 예민하고 특별하다. 호기심 가득한 눈으로 씩씩하게 유치원에 들어오는 아이, 현관에서부터 유치원에 가기 싫다고 우는 아이, 엄마가 돌아서는 모습을 보자 그제야 선생님에게 안겨 울음을 터트리는 아이까지….

한 명의 교사가 최대 25명까지 돌보아야 하는 유치원 교실에서 머털 도사처럼 분신술을 쓸 수만 있다면 쓰고 싶은 마음이 간절하다.

두루유치원은 2018학년도를 준비하며 도전 아닌 도전을 했다. 보통 유치원에서는 아이들의 입학이 확정되면 신발장과 사물함에 담임교사가 미리 자리를 정해 이름표를 붙여둔다. 학기 초의 혼란함을 조금이나마 줄인다고 생각했고, 으레 매년 시작하는 연례 행사였다.

우리는 항상 어떤 일을 협의하기 전 암묵적인 약속을 했다.

"익숙한 것을 낯설게 보자"

왜 아이들의 자리는 미리 정해져 있어야 할까? 왜 학기 초에는 모든 것이 완벽하게 세팅되어 있어야 할까? 아이들은 과연 이곳이 내 유치원, 우리 유치원이라는 생각이 들까?

아이들과 함께 만들어가는 새 학기를 위해 아이들의 참여 기회를 학기 초부터 대폭 확대해보자는 의견을 모았다. 그 결정에는 물론 많은 고민도 따랐다. "신발이 섞이거나, 자기 신발을 찾아가지 못할 것이다", "학기 초 혼란함이 가중될 것이다" 등등.

그래도 우리는 건강한 용기를 내보았다. 아이들에게 직접 사용하고 싶은 사물함과 신발장 자리를 정해보자고 했다. 늘 어른이 정해주거나

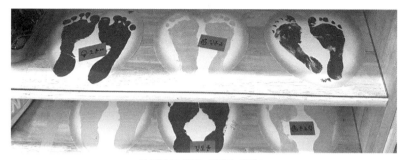

아이들이 만든 신발장 이름표

누군가가 이미 정해놓은 자리가 자신의 자리라고 생각했던 아이들은 당황하면서도 기뻐했다.

어른들의 예상과 달리 아이들은 너무도 빨리 내 자리를 인식했다. 물론 신발을 잃어버린 아이는 없었다. 내 사물함, 내 신발장은 이제 내 선택이라는 소중함이 가미되어 내 것이 되었다.

새 학기를 시작하는 한 달은 오롯이 아이들과 내 자리, 내 교실, 우리 유치원을 함께 만들어가는 것으로 시작했다. 선생님도 친구들도 낯선 큰 건물 안에서 아이들이 차분히 내 공간, 우리 공간을 만들고 꾸밀 수 있도록 배려했다.

우리 교실 안에 배치될 장난감, 교구, 키우고 싶은 동식물까지 함께 인터넷과 책자를 뒤져 골랐다. 아이들은 선생님이 사놓은 장난감이 아니라 스스로 가지고 놀고 싶은 장난감과 교구를 선택했고, 그것을 존중해주었다(물론 약간의 조정하는 과정은 필요하다).

1년간 수백 번 부를 학급 이름도 마찬가지였다. 선생님들끼리 고심하여 고른 학급 이름이 아니라 아이들과 직접 토론하고 고민하여 학급 이름을 만들었다. 당분간은 2주 가까이 3-1반(만 3세 1반), 3-2반(만 3세 2반)이라는 어색한 이름으로 자기 교실을 찾아가야 했지만, 우리 반 이름을 정해보자고 했을 때 아이들의 어리둥절한 표정이 아직도 기억이 난다.

이미 정해진 것에 익숙했던 아이들이 신이 나 우리 반 교실에 적절한 이름을 생각해 왔다. 가정에도 학급 이름을 아이들과 만들고 있는 상황에 대해 미리 양해를 구하고, 가족들과 이야기를 나눠보도록 부탁드렸다.

아이들과 함께 만든 학급 이름

그렇게 여러 날, 여러 번의 학급 다모임을 통해 "행복한토끼반, 용감한반, 무지개빛 큰나무반, 지구반, 신비별꽃반, 기분좋은반, 푸른솔반, 하하호호반, 꿈별반, 보석반"이라는 두루유치원 학급 이름이 만들어졌다.

선생님이 미리 정한 학급 이름과 잘 만들어진 학급 이름표를 찾아 정해진 자리에 가방과 신발을 놓았던 아이들은 이제 제각기 힘을 모아 만든 교실 이름표를 보고 자기가 정한 자리에 가방과 신발을 올려두고 들어온다. 아직 어려서 할 수 없을 것이라 생각하기도 했다. 그러나 아이들은 역시 무엇을 상상하든 상상 이상이었다.

우리 모두는 조금 더디고 힘들었지만 신나게 아이들과 함께 새 학기를 시작했다. 지난 시절 교사들이 머리를 모아 이름 짓고, 업체에 의뢰해 만든 비싼 학급 명패들은 버리기 아까워 역사로 남겨두기로 했다.

지금 우리 교실 앞에는 아이들의 손길로 만든 다소 부실해 보이지만 정성 가득한 학급 이름표가 붙어 있다. 등원을 하며 교실에 들어오기 전 아이들이 한 번씩 만져보는 관광 명소이다. 학급 이름에 관심도 없던 아이들은 이제 부모님에게 우리 반 이름의 뜻을 설명하고, 다른 반 아이들에게 다른 반 학급 이름은 왜 그렇게 정했는지 물어보기도 한다. 이러한 시도는 아이들이 유치원에 좀 더 빨리 적응하는 것에 도움이 되었다. 놀라운 변화였다.

'킨더가르텐kindergarten'이 시작된 독일을 가다

2017년 여름, 뜻을 모은 여섯 명의 두루유치원 학습공동체 교사들은 유치원 교육의 시작 '독일'로 유치원 탐방 여행을 떠났다. 비행기 표와 숙식비, 독일어 통역 가이드 비용까지 모두 열정이 담긴 사비를 털어서였다. 어디선가 연수비용을 지원받았다면 더 좋았겠지만 그래도 좋았다.

유치원을 견학하는 것에는 많은 노력이 필요했다. 처음에는 유치원 견학을 연결해줄 여행사를 수소문하다 실패했다. 다음으로 구글google에서 독일의 여러 유치원 홈페이지를 뒤지고 번역기의 도움을 받아 열 곳의 유치원에 메일로 방문 요청을 해보는 무식한 방법을 써보았지만, 단 한 곳에서 아쉽지만 안 된다는 답장을 받았을 뿐이다.

유치원 섭외에 골머리를 썩일 즈음 세종시교육청 유아 담당 장학사님에게 우리의 고민을 우연히 말씀드릴 계기가 있었다. 그러자 흔쾌히 독일에서 살다 오신 남양주에 있는 유치원 원장님과 연락이 닿게 해주셨다. 남양주의 유치원 원장님과 연락을 주고받다 드디어 독일의 한 유치원 원장님의 메일을 건네받을 수 있었다. 몹쓸 영어 실력이 참 아쉬웠지만, 우리의 요청을 담은 간절한 메일을 보냈고 드디어 와도 좋다는 답변을 받았다. 야호!

한꺼번에 여섯 명이나 되는 유치원 소속 교사가 함께 국외 연수를 가는 부분이 고민이 될 것이라 생각되어 원장, 원감님께 조심히 계획을 말씀드렸다. 우려와 달리 두 분은 교사로서 한 단계 더 성장할 수 있는 계기가 될 것이라며 흔쾌히 좋은 연수가 되길 바란다는 지지와 격려를 해주셨다.

드디어 두루유치원 독일 유치원 원정대가 출범하게 되었다. 이제 숙박과 비행기, 그리고 우리의 질문을 대신 전해줄 통역가가 필요했다. 여섯 명의 독일 유치원 원정대는 가성비를 고려해 낯선 땅에서 헤매지 않도록 교통편과 숙박업체, 비행기 티켓, 그리고 통역 가이드까지 꼼꼼히 준비하였다. 독일의 교육체계와 유아교육에 대해 독서토론과 사전 조사를 거쳐 독일 유치원 원장님과 교사에게 궁금한 점을 정리하는 시간도 몇 차례 가졌는데 실제로 유치원 탐방에 큰 도움이 되었다.

우리가 다녀온 유치원은 AWO 노동자 연대에서 비영리로 운영하는 숲 유치원 세 곳이었다.

유치원들의 이름은 야생의 곰들Die wilden Erdbären, 야생의 사슴들 Die wilden Rehkids, 야생의 사자들Die wilden Erdlöwen/Hanau 1로 처음 이름을 듣는 순간, 피식 웃음이 날 만큼 재미있었다.

첫 번째로 방문했던 '야생의 곰들'은 숲 깊숙한 곳에 있었다. 모처럼 숲 속의 진한 나무 향기와 자박자박 밟히는 마른 나뭇잎의 감각을 느끼며 깊은 자연의 편안함을 만끽했다. 유치원에 가는 내내 매끈한 보도블록과 아스팔트만 밟을 우리 아이들을 생각하니 이곳 아이들의 유년 시절이 매우 부러워졌다.

숲 속에서는 놀이가 한창이었는데 아이들은 나뭇가지 덤불 속에서 놀기도 하고, 나무뿌리를 찾아내어 작은 집을 만들기도 하였다.

특히 나무뿌리로 만드는 작은 집은 벌써 며칠째 탐색하고 있는 놀이라고 했다. 선생님은 재촉하지 않았고, 아이들은 제각기 집을 완성시킬 나뭇잎이나 나뭇가지를 찾아왔다. 선생님은 조심히 나무 밑둥에 깔려 있는 이끼를 한 줌 주워 와 나무뿌리

독일 아이들이 만든 나무뿌리집

집 위에 얹어주었다. 유심히 선생님을 쳐다보던 아이들도 어디선가 이끼를 찾아와 나무뿌리집 옆과 위에 얹으며 형태를 갖춰가는 집의 모습에 뿌듯해했다. 정말로 요정이 살 듯한 작은 나무집이 완성되었다. 아무도 함께 만든 나무뿌리집을 망가뜨리거나 장난을 치지 않고, 정말 소중한 보물처럼 바라보며 놀았다.

우리 교실에서 친구가 애써 만든 블록을 일부러 망가뜨리고 속상해 우는 친구 옆에서 "블록을 왜 여기서 만들었어?"하며 친구 탓만 하던 장면이 떠오르며 이러한 협력과 마음의 여유가 부러웠다.

'야생의 사자들'은 하나우 1(Hanau 1)의 오버하우젠 야생동물원 숲 속에 있어 동물들과의 자연스러운 교감이 가능했다. 아이들은 동물원 안을 자유롭게 돌아다니는 작은 동물들에게 먹이를 주거나, 관찰하며 유대감을 느낄 수 있었다.

드넓은 들판이 있는 오래된 과수원에 있는 '야생의 사슴들'은 사유지이지만, 유치원으로 쓰도록 허락해주어 사용하고 있다고 했다. 유치원 선생님이 직접 과실나무를 심고, 아이들과 가꾼 과실나무에 아이들과 선생님이 힘을 모아 밧줄을 매어 놀이를 하고 있었다.

야생 동물원과 과수원 속에 있는 유치원이라…. 상상만 해도 아이들의 호기심과 흥미를 최대한 자극할 수 있는 멋진 장소였다. 동물원과 과수원을 개방해준 독일인들에게 유치원이 얼마나 존중받는 곳인지 느껴졌다.

'야생의 사슴들'에서는 밧줄놀이를 막 시작하려던 참이었는데, 밧줄을 묶을 때 아이들이 선생님 옆에서 밧줄을 잡아주고 함께 매는 모습이 너무 자연스러웠다. 스스로 맨 밧줄그네를 사이좋게 나눠 타며 신나 하는 모습을 보니 어떤 비싼 장난감보다 더 스릴 넘치고 재미있어 보였다. 그곳에서 운 좋게도 요리수업을 하는 모습도 보았는데, 오이 껍질을 깎거나 당근 같은 채소를 진짜 칼로 잘라보고 있었다.

인상 깊었던 점은 요리 재료를 가공하지 않은 채, 재료 본연의 맛과 질감, 향기를 탐색해보도록 하는 자연적인 요리수업이었다. 또 진짜 칼날이 있는 작은 칼과 감자깎기 칼을 쓰도록 허용하는 모습이 놀라웠다(물론 칼을 쓰는 방향이 자신의 몸 쪽으로 하지 않도록 안전 지도를 철저히 한다고 한다).

우리나라 나이로 네 살이나 다섯 살 정도 되어 보이는 한 여자아이의 요리 활동이 오랫동안 눈에 띄었는데, 처음부터 끝까지 혼자서 세 가지 정도의 채소를 아주 느릿느릿 천천히 잘라보고 있었다. 선생님은 요리 활동 내내 안내를 해줄 뿐 채소를 잘라준다거나 거들지 않았는데, 우리 일행 여섯 명이 오히려 칼을 쓰고 있는 조그만 아이를 조마조마한 마음으로 지켜보았다. 진짜 칼을 쓰는 이유에 대해 물어보니,

독일 숲 유치원 밧줄놀이와 요리 활동

어려서부터 가짜가 아닌 진짜 도구를 사용하면 오히려 더욱 안전하게 사용하는 법을 배울 수 있다고 하였다.

작은 상처만 생겨도 언성을 높이고, 화를 내는 학부모 앞에서 안절부절못하며 사과하는 교사들의 모습과 아이들이 다치지 않게 하려고 바깥놀이를 하지 않는 한국의 유아교육기관들이 생각났다.

독일의 유아교육기관은 숲 유치원이 아니어도 바깥 활동을 아주 중요한 교육활동으로 여긴다고 한다. 그 이유는 흙과 나무, 벌레를 만지고 느끼며 자연을 체험하는 것이 유아기에 중요한 배움이라고 생각하기 때문이다. 그들은 건강한 몸을 만들면 학령기에 학업도 더 잘할 수 있게 된다고 생각했다.

독일의 유아교육기관에서는 읽고, 쓰고, 셈하는 등 학습에 대한 교육은 하지 않고, 하고 싶은 놀이를 하며 놀 수 있게 격려한다. 학부모들도 이러한 체험 위주의 교육활동을 지지하고, 지식 위주의 교육활동을 해달라고 민원을 넣거나 요구하지 않는다고 한다.

독일에 칸트, 헤켈, 니체 같은 세계적인 철학자들이 많다는 것을 알고 있었지만, 어쩌면 교육공동체 모두가 유아기부터 스스로 생각하고 고민하며, 마음껏 실행해보아야 한다는 철학을 가지고 아이들에게 기회를 주고 있는 것은 아닐까라는 생각이 들었다.

독일 선생님들과 원장 선생님은 친절하고 배려심이 있어서 수업 중 불청객의 방문도 아주 흔쾌히 받아주었고, 우리의 다소 귀찮은 질문에도 즐겁게 대답해주었다.

독일 선생님 한 분이 한국의 유치원 상황을 궁금해했는데, 한 교사가 담당하는 아이의 숫자가 최대 25명 정도라고 하니 꽤나 놀라는 눈치였다. 독일 유치원에서는 교사가 담당하는 아이들이 10명에 성인 2명이라는 말을 듣고 많이 놀라고 부러웠다.

독일 숲 유치원의 인상은 느긋하고, 큰 소리가 나지 않았다는 점이다. 선생님은 나무에 올라타거나 칼로 나뭇가지를 조각하는 아이들을 응원하다 필요할 때만 다가가 안전하게 노는 방법을 조용히 알려주었다.

간식 시간에는 물티슈나 은박지 등 일회용품을 사용하지 않았다. 손수건과 도시락, 물통을 모두 집에서 준비해 왔다. 아이들도 선생님들도 집에서 싸 온 생 채소나 투박한 빵 종류를 간식으로 먹었다. 간식이라 하면 핫도그나 쿠키, 음료수같이 입에 맛있는 것만 찾는 필자의 딸이 생각났다.

숲 유치원의 일상적인 모습에서 자연환경을 생각하는 태도, 식습관의 차이를 쉽게 발견할 수 있었다.

독일 아이들은 같은 유치원 가방을 메고 다니지 않았다. 한국의 유치원과 어린이집은 한결같이 같은 디자인과 로고가 찍힌 가방을 메고 다니는데 평소에도 그 모습이 좀 부자연스러워 보였다. 아이들마다 개성과 성격이 형성되는 유아기야말로 스스로 의견을 내어 선택하고, 선택에 만족감을 얻는 중요한 시기인데, 그 선택의 기회를 애초에 차단해버리고 개성도 특징도 없는 천편일률적인 성인으로 만들고 있었던 것이 아닐까? 물론 로고가 찍힌 유치원과 어린이집 가방을 메고 다니면 좀 더 안전하다고 느낄지도 모르지만, 우리는 너무 어릴 때부터 아이들의 목소리를 무시하고 있는 것은 아닌지 고민하게 되었다.

그래서 올해 유치원 교육과정을 시작하며 유치원 가방을 꼭 통일해야 하는지에 의문을 던져봤다. 유치원 가방이 결코 저렴하지 않고, 더군다나 집집마다 유치원 가방으로 쓸 가방 한 개 정도는 있지 않을까 해서였다.

다행스럽게도 올해부터 두루유치원 가방 구입은 의무가 아니다. 아이가 가지고 다니고 싶은 가방은 유치원에서 쓰기에 적절하다면 무엇이든 괜찮다. 아이들이 알록달록 개성이 표현된 가방을 들고 다닐 수 있게 되어서 기뻤다.

독일에서 한국으로 돌아와 정신없이 바쁜 삶에 정신이 멍해질 즈음이면 그곳에서 느꼈던 여유와 배려, 자연환경을 보호하며 아끼는 마음들을 생각해보곤 했다. 가장 중요한 것은 바쁘게 무언가를 처리해내는 목적 달성이 아니라 함께 어떤 것을 성취해내는 과정에서 서로에 대한 배려와 격려가 있었는지를 돌이켜본다는 것이다.

독일 유치원 원정대 선생님들과 열흘 가까이 동고동락하며 몇 푼이라도 아껴보겠다고 마트에서 새벽부터 장을 봐 함께 요리했던 일들, 독일 화장실이 건식인 줄도 모르고 화장실이 조금 더러워 물을 끼얹었다가 도로 퍼내야 했던 일, 기차를 타려다가 이상한 사람에게 돈을 잃을 뻔했으나 한국 유학생의 도움으로 낭패를 피했던 일들을 떠올리며 우리는 함께 피식피식 웃는다.

독일 유치원 탐방은 분명히 동료성과 집단지성을 한 뼘 더 성장시키는 기회였고, 우리는 틈만 나면 다음번 도전을 얘기하곤 한다.

"다음에는 이탈리아 마을공동체 레지 에밀리아 어때?"라며….

'온두루 우리 반 일기'는 진행 중이다

아이들과 보내는 하루는 참 소중하다. 하루의 조각들은 이어져서 일주일이 되고, 한 달이 되고 일 년이 되며, 어느덧 졸업을 앞둔다. 하루를 점이라 생각하고 그것을 줄로 이었을 때 그 줄은 어떤 그림이 된다. 아이들에게 두루유치원에서의 1년은 어떤 그림으로 그려졌을까.

어떤 날들은 조각이나 부스러기가 되고, 어떤 날들은 멋지게 연결되기도 할 것이다. 언제부턴가 우리는 그 조각을 아이들과 잘 이어보고, 멋진 그림으로 그려보고 싶었다. 그 그림은 흔히 교육과정이라는 이름으로 불린다.

매년 모든 유치원에서는 구성원들과 교육과정을 만든다. 그런데 어찌하여 교육과정이 미션처럼 해치우기 바쁜 것이 되어버렸을까. 미션을 완료한 교육과정은 완벽했다 생각했고, 아이들과 학부모에게 미안하지 않았다.

돌이켜보면 아이들과 보내는 하루하루는 누군가의 계획으로 보내기에는 너무도 반짝거리고 살아 있었다.

오늘 우리 반 아이들은 어떤 이야기를 남겼는가?
무엇을 궁금해했는가?
내가 준비한 이야기에 빠져들었는가?
그렇다면 이제 교사는 무엇을 준비해볼까?

놀이와 교육과정을 고민하며 인간의 기억력은 너무나 형편없으며, 오늘의 조각이 어떤 모습이었는지를 남겨놓지 않으면 흩어져버린다는 것을 알았다. 어제 내가 남긴 조각은 많은 질문을 던져주었고, 내일의 조각들을 생각해보게 했다.

이제 우리는 교육과정을 계획대로 이행하는 사람이 아니라, 함께 만들어가는 사람이 되어보기로 했다. 미리 준비한 교육과정이 있어도 아이들과 함께 가다 보면 다른 길로 갈 수 있음을 인정했다. 불안정해 보였던 교육과정은 아이들의 아이디어와 생각이 들어갈 틈이 생겼

교사의 학급 기록–우리 반 일기

을 때 더욱 커지고 통통 튀어 올랐으며 우리의 아드레날린을 증가시켰다.

그것은 고스란히 기록으로 남겨져 어제와 오늘을 다시 뒤적여보는 재미있는 스토리가 되었다. 하루 동안 아이들의 배움과 성장, 교사로서의 고민과 열정 등이 '온두루 우리 반 일기' 수첩에 고스란히 남겨지게 되었다. 물론 습관적으로 기록을 할 수 있기까지는 많은 전초작업이 따랐다. 업무 경감과 합리화를 위한 노력들, 회의 시간과 횟수의 감소까지….

많은 교사들이 수업을 마친 후 업무 포털부터 열어본다. 우리는 되도록 '온두루 우리 반 일기'부터 열어보자고 했다. 그것이 습관이 될 때까지는 많은 시간과 노력이 필요했다. 누구는 강제로라도 그렇게 해보자고 했고, 누군가는 자연스럽게 그렇게 될 수 있다고 믿었다. 분명한 것은 천천히 자리 잡아가고 있다는 것이다. 누군가가 시켜서가 아닌 필요성에 의한 힘은 훨씬 강력했다.

두루유치원 유아평가에는 체크리스트가 없다. 양적 데이터에 아이의 발달이 도달했는지 그렇지 않았는지를 단순히 평가하는 방법은 우

리의 교육철학과 어긋난 것이라 생각했고, 아이를 제대로 바라보는 데에는 교사의 기록이 더 중요하다고 생각했다.

물론 기록은 쓰는 이에 따라 주관적이고, 여러 상황에 따라 다르게 표현되기도 한다. 그러나 가만히 따져보자면 체크리스트 역시 객관성을 담보하기에는 무리가 있다. '온두루 우리 반 일기' 수첩에는 교육과정에 대한 기록, 유아에 대한 기록, 학부모 상담 기록, 교사로서의 성장 기록이 담겨 있기에 이제 무엇보다 의미 있고, 소중한 자료가 되었다.

한 해를 보내고, '온두루 우리 반 일기'는 아이들과 너무 먼 곳을 바라보았다거나, 아이들의 삶과 관계없는 것에 대해 고민하고 있지 않았나 싶은 교육과정 평가 자료로도 사용하며, 가까이는 다음 주, 멀리는 다음 학기나 다음 학년도 교육과정을 계획할 때 참고 자료로 활용했다. 오늘 아이들과 나눈 이야기, 아이들의 관심과 흥미, 아이가 살아가고 있는 주변의 세계에 교사는 확실히 민감해져야 한다. 그 작은 움직임 속에서 교사는 유아에게 흥미로운 놀이를 통한 경험을 나눌 수 있다.

이상하게도 유치원 교육과정은 해가 갈수록 복잡해지는 것 같다. 교육과정 속의 하루가 아이와 가깝지 않은 먼 세계일 때 아이의 놀이에 대한 흥미와 반짝이는 눈동자를 잃게 한다. 앞으로 우리 아이가 살아갈 시대는 더 이상 지식 중심의 시대가 아니다. 우리 아이가 살아갈 미래는 더 협력적이고, 타인과 공감해야 하며, 의사소통에 원활하고, 창의적인 인재를 요구한다고 한다. 유치원 교사에게는 이러한 시대에 대한 이해가 더욱 필요할지도 모른다. 유치원 교육과정은 교사가 어떤 생각과 교육철학을 가지느냐에 따라 타 급별의 교육과정보다 더욱 유연하고, 적절하게 구현시킬 수 있기 때문이다.

이 글을 쓰며 지난 3년에 가까운 시간, 혁신유치원으로 어떤 변화와 시도를 해왔는지 되돌아보았다. 그중에는 많은 고민과 시련, 아픔도 있었고, 성취감과 기쁨도 있었다. 항상 하는 말이지만 교사로서 만장일치로 혁신유치원을 시도하고 경험해볼 수 있는 시간이 얼마나 있으랴.

대나무는 매년 자라면서 진한 마디를 만든다. 혁신유치원을 하며 우리 교직원의 마음속에 아픔과 고민의 진한 마디가 한 개씩 자라나 있을 것 같다. 물론 그 마디 속에는 아픔과 함께 두루유치원 아이들과 학부모들의 지지와 사랑도 들어 있다. 함께 갈 수 있다고 믿었고, 함께 가려 했던 모두의 노력이 있었다.

우리 안의 고민과 성장이 이제는 두루유치원을 넘어 세종시 3개의 혁신유치원으로 퍼져나간 것이 참 기쁘고 자랑스럽다. 그들도 이런 과정을 겪고 성장해갈 것이라 믿는다.

유치원 혁신을 꿈꾸고 있지만 용기 내어 도전하지 못하는 유치원 선생님들에게 힘을 실어주고 싶다.

"물을 바라보는 것만으로는 바다를 건널 수는 없다"는 말을 전하며.

한빛유치원은
2017년 3월 2일 개원한 7학급의 단설유치원입니다.
'더디 가도 함께 가는 한빛교육공동체'라는 비전 아래,
스스로 배우고 자라는 유아, 함께 노력하고 성장하는 교사,
사랑과 신뢰로 동행하는 학부모,
교육 3주체가 배움·성장·나눔의 행복한 교육을 실현해나가고 있습니다.

한빛유치원(2018년 지정 운영)

혁신 새내기,
한빛유치원의 소소한 이야기

김은숙

1. 혁신의 첫걸음을 내딛다

2017년 2학기가 막 시작할 무렵,

"우리도 혁신유치원 신청해보면 어때요?"

혁신유치원 선정에 대한 공모가 있음을 알게 되었다. 개원 첫해였고, 아직 업무에 익숙지 않은 신규 교사가 절반을 차지했다.

"혁신 유치원이요? 아직은 힘들지 않을까요?"

처음 찬반 여부는 50:50이었다. 혁신유치원 공모에 선뜻 동조할 순 없었다. 이유는 다양했다. 기존 유치원 문화 개혁의 어려움, 또 하나의 업무가 될 불안함, 끊임없는 연구와 시간 투자 등.

새로움과 변화를 찾아 도전하기에는 두려움이 앞섰다.

시간을 갖고 생각한 후 결정할까요?

개원 첫해 전문적학습공동체 선도학교로 지정되었다. 다양한 연수, 독서토론, 선진 유치원 탐방, 워크숍 등에 참석했다. 학기 초 무작정 따라가던 연수에서 새로운 의미를 찾기 시작했다. 서로의 생각을 듣고, 정리하는 시간이 되었다. 시간이 지날수록 혁신유치원에 대한 생각들도 점차 긍정적으로 변해갔다. 어느새 우리들이 꿈꾸는 유치원의 이상을 그리고 있었다.

"혁신을 통해 우리가 만들어가자."

그 후 세 차례의 협의를 했다. 최종 결과는 만장일치였다. 모두 함께 원했기에 도전할 수 있었다.

새로운 마음으로 시작!

드디어 혁신유치원으로 지정되었다. 부푼 희망을 안고 첫해를 맞이하는 순간, 교사들의 이동이 있었다. 함께 준비했던 교사의 전출과 동시에 혁신유치원으로 자원한 교사들이 전입했다. 또 열정 가득한 신규 교사도 있었다.

앞으로 함께하기 위해서는 기존 혁신 마인드를 공유하고 온전히 우리 모두의 것으로 만드는 과정이 필요했다. 이것은 그해 2월, 2박 3일간의 '혁신학교 지정교 합동 워크숍'에서 어느 정도 충족되었다. 새롭게 혁신학교로 지정된 4개교가 혁신학교 비전 정립, 전문적학습공동체 활성화 방안, 교육 3주체의 참여 등에 대해 깊이 있게 고민하는 시간이었다.

이렇게 우리는 혁신유치원으로 첫걸음을 내디뎠다.

2. 우리가 함께 있기에 내가 있다

'혁신유치원'을 생각하면 가장 먼저 떠오르는 말은?

특색 있는 교육과정 구성, 업무 간소화, 학부모 학교 참여, 민주적 교육공동체 문화 형성 등.

개원 첫해, 아직 갖추어지지 않은 물리적 환경과 교육공동체의 합의점 도출에 대한 방법적 미숙함으로 크고 작은 갈등을 겪었다. 서로 조율하는 과정들이 필요했고, 그것으로 인한 에너지 소모가 컸다. 모두에게 긍정적인 유치원 문화가 제일 절실했다.

우리에겐 무엇이 가장 필요할까? 협력, 배려, 소통, 따뜻함 등 모두의 의견이 모여 '더디 가도 함께 가는 한빛교육공동체'라는 비전이 정해졌다. 조금 늦더라도 서두르지 않고, 끝까지 함께할 수 있는 유치원을 꿈꿨다. '함께함'에 가장 큰 의미를 두었다.

하지만 현실에서는 잘 이루어지지 않았다. 서로의 입장을 살피느라 자신의 소신을 말하지 못하는 경우가 많았다. 작은 노력들이 있었지만 표면적인 부분만 표현이 될 뿐 하나가 될 만한 구심점을 찾지 못하고 있었다.

업무 다이어트

개원 후 바쁘게 보내온 1년, 주변을 돌아볼 여유가 충분치 않았다. 쌓여가는 공문, 처리해야 할 업무가 스트레스로 다가왔다. 전문적학습공동체 시간을 방해 받거나, 수업 연구 시간을 빼앗기기 일쑤였다. 2018년 우리는 혁신학교로 선정됨에 따라 교무행정사 한 명이 더 배치되었고, 원감 선생님 중심으로 업무지원팀을 구성했다.

여러 차례 회의를 거쳐 '자신의 업무 들여다보기', '업무 재구조화'의 업무 다이어트를 실시했다. 불필요한 평가 공문은 가급적 생산하지 않고, 형식도 최대한 간소화했다. 모든 부서가 교육활동 중심의 업무 경감을 위해 노력했다.

수업이 끝난 후 교사들이 공문을 보는 시간보다 수업을 계획하고 준비하는 시간이 많아졌다. 작년에 비해 맡은 업무들이 현저히 줄어들었다. 하지만 여전히 보완해야 할 부분이 있기에 시기마다 지속적인 평가를 하며, 업무 경감을 위해 노력하는 중이다.

우분투! 우분투!

또 하나의 큰 업무로 다가온 것은 잦은 회의였다. 작년, 개교 준비에서 시작해 새롭게 계획하고 결정해야 하는 부분들이 많았다. 교육 계획 수립, 실내·외 환경 구성, 학사 업무 등 많은 협의를 거쳐 함께 결정하는 것은 큰 의미가 있었다. 하지만 어느 정도 안정이 된 이후에도 잦은 회의는 변함이 없었다. 회의가 시작되면 안건이 꼬리에 꼬리를 물며 오후 시간을 모두 할애하는 경우도 허다했다. 주 1회 전교직원 회의, 잦은 간부 회의 및 교사 회의 등이 지금 당장 중요한 것을 놓치게 만드는 원인이 되었다.

이제는 변화가 필요했다. 3월부터 주 1회 전체 회의가 월 1회로 바뀌었다. 회의는 가급적 정해진 시간 안에 마무리하도록 정했다. 하지만 전체회의가 갑자기 월 1회로 바뀌다 보니, 곳곳에서 교육활동이나 행사 추진에 어려움을 토로했다. 협의 끝에 월 2회 실시하기로 하고, 매월 첫 주는 전교직원 회의, 셋째 주는 전교직원 회의 및 '우분투 협

우분투 협의회

의회'를 개최하기로 했다.

'우분투'는 아프리카 반투족의 말로, 짧은 일화에 담긴 '우리가 함께 있기에 내가 있다'라는 의미이다. '우분투 협의회'는 다양한 주제(예: 서로에게 한 걸음 다가가기, 소통과 공감의 교직원 문화 만들기, 교육철학과 비전 나누기 등)로 진행하며, 전 교직원이 참석하여 모두가 발의하고 합의적 과정에 참여하는 열린 회의가 이루어진다.

이 시간을 통해 우리 모두는 하나가 되어 합의점을 찾아가고 있으며 더디 가도 함께 가는 본원의 비전을 실현해나가고 있다. 앞으로도 함께 만들어가는 공동체 문화 형성에 최선을 다하고자 한다.

따뜻하고 민주적인 유치원 문화 만들기

우리는 모두가 따뜻하고 민주적인 분위기에서 생활하기 원한다. 이러한 유치원 문화는 혼자만의 힘으로는 절대 만들 수 없다. 작년에는 신규 교사의 비율이 높았고, 상부의 지시에 거의 수용적인 태도로 임했다. 딱딱한 분위기의 전달식 회의가 대부분이었다. 회의를 통해 함께 내린 결정이 번복되는 경우도 있었다.

다양한 연수를 받으며 우리도 보다 열린 협의 문화로 바뀌가길 원했다. 필요한 업무에 대한 전달은 메신저를 사용하거나 최대한 간략하게 진행했다. 점차 토론식 협의로 바뀌었고, 아래로부터 나온 의견들은 대부분 수용되었다. 지위의 고하를 막론하고 자신의 의견도 보다 자유롭게 발언하였다.

분위기 조성을 위한 환경도 한몫했다. 공동체 회의를 위한 공간이 마련되었다. 소소하게 즐길 수 있는 간식거리를 준비함으로써 한결 편안한 환경이 만들어졌다. 토킹 스틱을 돌리며 발언하는 모습에서 이진보다 여유로움이 느껴졌다.

따뜻한 공동체를 만들기 위해서는 서로를 대하는 태도가 매우 중요하다. 부족한 부분을 채워나가기 위해 감정 코칭 연수를 실시했다. 1학기 연수는 스스로를 돌아보게 했고, 배려와 존중의 언어들로 상대를 대하도록 도와주었다.

우리는 7개월 남짓을 함께 달려왔다. 우리만의 유치원 문화 형성을 위한 첫 단계이지만 작년보다 훨씬 긍정적으로 변화됨을 느꼈다. 모두가 마음을 열고 노력함에 감사했다.

3. 친친 자연 놀이터(한빛 전문적학습공동체)

세종은 각 학교마다 전문적학습공동체를 운영하고 있다. 전문적학습공동체란 학교 비전을 구현하는 교육과정, 수업, 평가를 공동으로 기획·실천·성찰하는 교원의 학습공동체이다.

본원도 매주 화요일은 연령별 모임, 매주 수요일은 전체 모임으로 전문적학습공동체(이하 전학공)를 운영하고 있다. 연령별 모임시간에는 주안 협의와 연령별 교육과정의 나눔, 전체 모임시간에는 독서토론, 주제 연수, 수업 나눔 등을 한다. 교사들은 전학공을 통해 함께 성찰하고 성장해나간다.

개원 첫해 전문적학습공동체 선도학교로 지정이 되었다. 처음에는 정확한 의미조차 모르고 시작했으므로 운영에 작은 시행착오가 있었다. 하지만 한 해 동안 다양한 연수, 워크숍, 나눔의 시간을 보내며 교사 스스로가 많은 배움과 성장을 느꼈다. 작년 전학공에 대한 값진 경험들이 올해는 부푼 기대감을 갖게 하는 시발점이 되었던 것 같다.

2018년 첫 모임시간 우리 모두가 바라는 전문적학습공동체를 만들기 위해 공동의 약속을 정했다. 가장 먼저 화두에 오른 것은 전학공 시간을 온전히 보장받는 것이었다.

액션러닝을 통해 협의한 결과 업무나 회의에 구애받지 않고, 정해진 시간도 엄수하기로 했다. 이 시간을 교사들이 먼저 기다리고, 열린 마음으로 참여하길 바랐다. 전학공이 추가적인 업무가 되는 것이 아니라 모두에게 배움과 채움이 있는 시간이 되자고 다짐했다.

작년에는 '생태 교육'을 주제로, 올해는 '수업 혁신'에 초점을 맞추어 진행했다. 두 번째 모임에서는 전학공 연간 계획에 대해 고민했고 의견을 수렴하여 1년의 계획을 세웠다. 하지만 이는 단지 계획일 뿐 추후에도 희망하는 주제나, 필요와 요구에 따라 변경하여 보다 융통성 있게 운영하고자 했다.

함께함으로 인한 성장은 두 배!

교사에게 수업은 늘 고민거리이다. 누구나 수업을 잘하는 교사가 되길 희망한다. 올해 수업 혁신을 전학공 주제로 삼은 만큼 모두가 간절했다. 아이들과 함께 만들어가는 교육과정을 운영하면서, 이를 반영한 수업의 변화가 필요했다. 매일형 아침 산책과 주 1회의 숲 활동이 일회성 활동으로 끝나지 않도록 고민했고, 주도권이 아이들에게 있는 수업이 이루어지길 원했다.

전학공 시간 공동 연구로 참관 수업을 계획한 것은 굉장히 의미 있었다. 이전과 같이 1년에 한 번인 보여주기 식의 참관 수업으로 끝날 수도 있었다. 하지만 이번에는 달랐다. 교사가 제일 자신 있는 수업이 아니라 아이들이 가장 하고 싶어 하는 수업을 하길 원했다. 모든 초점이 아이들에게 맞추어졌다.

'소중한 가족이 유치원에 온다면?' 아이들은 열심히 고민했다. 하고 싶은 것들이 마구 쏟아졌다. 아이들과 협의하고 투표한 결과 '요리 활동'이 최종 결정되었고, 숲 활동과 아침 산책 때 큰 관심사였던 '쑥'이 재료가 되었다. 활동명은 '소중한 가족을 위한 쑥떡 만들기'였다. 일주일 동안 다양한 사전 활동이 이루어졌다. 쑥 관찰, 쑥 캐기 대회, 쑥 다듬기, 삶기, 쑥 그림, 선물 컵 꾸미기 등등.

참관 수업 날, 학부모들은 활동이 전개된 과정을 보고, 보다 의미 있는 활동이 진행되고 있음에 만족스러워했다. 아이들 또한 스스로 계획하고 준비한 활동이어서인지 더 즐거워했다. 어찌 보면 간단한 수업이었지만, 아이들의 삶과 연계된 교육을 위해 함께 노력한 결과이기도 했다.

학부모 참관 수업

아이들이 중심인 수업 나눔

본원은 학기마다 모든 교사가 '수업 나눔'을 한다. 경력과 무관하게 자신의 수업을 공개한다는 것은 부담감이 따른다. 작년과 다름이 있다면, 연 1회의 동료 장학으로, 의무성을 갖고 준비하는 것이 아니라 교사의 자발적 참여로 인해 정해졌다는 점이다. 많은 수업자료를 준비하는 대신 아이들의 관심과 흥미에 더 귀 기울이려고 노력했다. 교사의 일방적 계획이 아닌 아이들과 함께 계획하고 아이들이 주도권을 갖는 수업인지를 고민하고 사전에 협의했다. 수업 나눔은 교사들의 희망대로 수업 영상 촬영 후 진행했다. 수업자는 다양한 측면에서 동료 교사들에게 요청할 수 있었다. '배움이 일어난 순간은?', '흥미를 확장시키기 위해 어떤 도움이 필요할까?', 개별 유아에 대한 관찰까지. 기존 수업 평가라는 이름으로 교사 중심의 수업 내용, 교수 기술에 대한 피드백에서는 가급적 벗어나고자 했다. 교사보다는 아이들을 바라보려고 했다.

교사 A 긴장되긴 했지만 요청에 의한 나눔이어서 인지 부담감은 조금 내려놓을 수 있었어요. 무엇보다 저 스스로 배울 점을 찾게 되고, 이 상황에서 아이들에게 어떤 도움을 주면 좋을지 한 번 더 고민하게 되는 것 같아요.

교사 B 제가 생각하지 못하고 놓쳤던 부분을 다시 보게 되었고 아이들을 또 다른 시선으로 바라볼 수 있었어요. 수업 나눔을 통해 새롭게 알게 된 부분을 저희 반에서도 적용해보고 싶네요.

전문적학습공동체 수업 나눔 및 연수

배움이 있는 수업 나눔, 함께하는 독서토론, 성장을 위한 연수 등의 전학공 시간은 우리에게 항상 함께 고민해야 할 물음표를 던져준다. 우리는 오늘도 고민 중이다. 함께하며 느끼게 된 전학공이 주는 가장 큰 유익은 집단지성을 통한 동반 성장인 듯하다.

4. 함께하는 한빛교육공동체

3주체 교육공동체 생활협약식

3월 말, '교육공동체 생활협약식'을 진행하였다. '교육공동체 생활협약'은 교육의 3주체인 유아, 학부모, 교직원이 행복한 유치원을 위해 스스로가 필요한 약속을 정하고 함께 지켜나가는 것을 말한다.

생활협약을 만들기 위해서는 3주가량의 준비 과정이 필요했다. 초·중·고의 경우, 의견 수렴과 조율의 과정을 위해 많은 시간을 투자해야 하는 것으로 안다. 반면 유아의 경우 각 학급에서 진행하였기 때문에 보다 수월한 점이 있었다. 각 학급에서 정한 약속은 연령별 공유한 후 투표를 통해 최종 결정되었다.

'내가 할 수 있는 일은 스스로 하겠습니다', '친구와 사이좋게 놀이하겠습니다' 등 아이들 스스로 함께 정했기에 의미 있었다. 놀이 중 다투는 친구를 보면 "우리 싸우지 않기로 약속했잖아"라고 먼저 말하는 아이가 있을 만큼 지키려 노력하는 모습도 볼 수 있었다. 유아의 생활협약이 완성되는 동안 학부모와 교직원도 사전 설문을 통해 의견을 수렴하였다.

교육공동체 생활협약식은 3월 29일(목) 오후 6시 30분 본원 강당에서 워크숍 형식으로 진행하였다. 비록 많은 학부모가 참석하진 못했지

3주체 교육공동체 생활협약

만, 사전 수렴된 의견을 바탕으로 약속은 제정되었다. 서로가 만든 약속을 숙지하며 함께 선포하고 꼭 지켜야 한다는 다짐으로 협약식을 마무리하였다.

생활협약 내용은 원아 수첩과 원내에 부착하여 함께 공유하였다. 이는 교육 3주체가 함께 만들어가는 공동체 형성을 위한 첫 디딤돌이 되었다.

으라차차! 학부모 숲 체험 도우미

2018년 교육과정 계획·수립 시, 학부모 운영위원을 중심으로 몇몇 학부모가 함께 참여하였다. 학부모의 아침 산책이나 숲 활동에 대한 피드백은 굉장히 긍정적이었다. 더불어 숲 활동 시 학부모도 함께 참여하고 싶다는 의견을 제시했다. 숲에서는 도움의 손길이 많이 필요하기 때문에 적극 환영이었다.

전체 학부모를 대상으로 숲 체험 도우미 신청을 받았고, 15명 정도 모집되었다. 신청 학부모와 교직원을 대상으로 두 차례의 밧줄 연수를 실시했다. 학부모들은 연수의 부족함을 보완하기 위해 가정이나 유치원 근처에서 자발적으로 연습하였다. 연수 이수 후 '으라차차 학부모

으라차차 학부모 숲 체험 도우미

숲 체험 도우미'로 위촉되었다. 위촉장의 문구는 전학공 시간 교사들이 머리를 맞대어 정성스레 만들었다.

한 달에 한 번, 학부모들은 숲 활동을 위해 애써주고 있다. 아이들이 마음껏 놀이할 수 있도록 밧줄을 설치하고, 안전 지도를 도와준다. 교사들은 보다 아이들에게 집중할 수 있었고, 안전사고의 위험 부담도 조금은 덜 수 있었다. 이 외 맞벌이 가정의 모든 학부모들이 참여할 수 있는 기회를 열고자 '2학기 참여 수업'은 숲에서 진행할 예정이다.

학부모 텃밭 동아리 활동

학부모를 위한 본원 1층 교육공동체실은 항상 개방한다. 동아리 외에도 학부모 도서 대여 운영, 교육과정반의 공동 육아 장소로 유용하게 활용되고 있다. 물리적 공간이 조성되자 학부모들은 동아리를 자체적으로 만들고 활동하고자 했다.

작년에는 '비치 맘의 초록 놀이터'라는 이름으로 폐품을 활용한 아름다운 유치원 가꾸기, 자녀와 함께하는 만들기 활동 등 학부모가 직접 계획하여 진행했다.

올해는 학기 초, 신청서를 통해 참여 인원을 모집하고 활동을 선정했다. 모임은 동아리 회장을 중심으로 3월 말부터 시작했다. 학부모의 의견에 따른 동아리 활동은 '텃밭 가꾸기'였다. 각 학급에서도 텃밭 활동을 하지만 텃밭은 손이 많이 가고 지속적으로 가꾸는 누군가의 노력이 필요하다.

매주 수요일 학부모들은 일일 선생님이 되어 아이들과 함께 텃밭을 가꾸었다. 모종 심기, 씨 뿌리기, 고정대 연결하기, 잡초 뽑기, 물주기 등 학부모들과 함께하는 날은 아이들에게 조금 더 특별했다. 시간이 지나 상추, 고추, 방울토마토, 가지, 비트, 참외 등 다양한 소산물을 수확했다. 학부모들은 아이들과 직접 수확하는 기쁨을 누리며 함께 탐색하기도 했다.

가정과의 연계를 위하여 수확물은 연령별로 각 가정에 보내기도 했다. 각 학급에서는 상추쌈, 샐러드, 가지전, 카나페 등 다양한 요리 활동으로 재탄생되기도 했다. 학부모 동아리 내에서도 수확한 작물로 샌드위치, 샐러드 등 간단한 요리를 만들고 함께 나누는 시간도 가졌다.

텃밭 동아리 활동은 힘들지만, 만족도는 높았다. 2학기에는 텃밭 활

학부모 동아리 활동

동 외에도 학부모의 요구가 반영된 다양한 동아리 활동이 진행될 예정이다. 적은 인원이지만, 공동의 관심사를 함께 나누며, 정보를 공유하고, 배움이 일어나는 유익한 시간이 되길 소망한다.

아빠와 함께하는 행복한 시간

학기 초 몇몇 학부모들이 참여 수업, 교육 기부, 가족축제 외에도 아버지와 함께하는 교육활동을 희망하였다. 학부모 학교 참여 대상이 대부분 어머니의 몫이라 생각하고, 실제로도 어머니들이 많이 참여하기에 아버지들에게 특별한 기회를 주면 좋겠다는 의견이었다. 아버지회가 구성되고 활성화되면 너무나 좋겠지만, 올해는 아빠와 함께할 수 있는 시간만이라도 만들어보자고 의견을 모았다.

1학기에는 '아빠와 함께하는 목공놀이'로 진행했다. 시간은 물론 6시 이후로 계획했다. '많은 분들이 참여하실까?' 하는 우려와 달리 정말 많은 분들이 아이들과 함께해주셨다. 아이들은 엄마를 위한 트레이를 만들며 정말 즐거워했다. 아빠와 함께한다는 자체가 아이들에겐 커다란 기쁨과 행복을 주는 듯했다.

2학기에는 세종과학예술영재학교와 함께하는 별 관측을 통해 또 하나의 가족의 장을 만들어줄 예정이다. 지속적인 아버지 참여 활동을 통해 아버지회 자치활동이 시작되길 기대해본다.

5. 아이들과 함께 만들어가는 교육과정

새롭게 바꾸어보자

새 학기를 준비하며, '만들어가는 교육과정'에 대해 많은 이야기를 나누었다. 일상생활의 경험을 통한 배움이 일어나는 교육, 아이들과 교사가 함께 채워나갈 여백 있는 교육이 아닐까?

작년 교육과정을 다시 살펴보고, 수업의 모습도 생각하며 고민했다. 올해는 작년보다 아이들에게 더 많은 주도권을 주자고 의견을 모았다. 기존 누리과정에 빼곡히 수록되어 있던 연간 교육 계획안은 아이들의 흥미를 반영하기 힘든 구조였다.

이번에는 연령별 교육과정을 계획할 때 누리과정에 제시되어 있던 주제들을 과감하게 없애고 예상되는 주제 선정 등 큰 틀만 정했다. 세종형 학력 및 인성 교육을 중점으로 필요한 예상 주제를 선정하고 이후 포괄적인 주제를 잡았다. 하지만 유아의 흥미나 요구, 상황에 따른 변화 가능성을 항상 열어두었다.

이전의 '주간교육계획안'은 활동 예고를 위한 안내문이라는 생각을 했다. 따라서 유아 중심의 교육활동이 전개되는 과정을 학부모와 공유하고, 가정 연계를 도모하고자 기존의 틀을 바꾸었다. '행복교육디딤돌'로 이름도 바꾸었다.

아이들의 관심사가 다르기 때문에 각 학급별로도 교육과정은 차이가 날 수밖에 없다. 같은 주제로 시작하지만 각 학급 실정에 따라 다르게 전개되는 경우가 많았다. 이는 연령별 전학공을 통해 충분히 공유하였다.

학기 초에는 의견을 말하고, 무언가를 결정하는 것에 있어 소극적인 유아들도 시간이 지날수록 적극적으로 참여하는 모습을 보게 되었다. 서로 간에 좋은 모델링이 되어 긍정적인 자극을 주고 있었다. 또 이를 통해 아이들이 느끼는 성취감, 만족감도 높았다.

이렇게 우리는 아이들 스스로 배움을 발견하고, 흥미를 확장시키는 교육과정을 전개하기 위해 새롭게 시작하고 있다.

하루 일과의 시작은 아침 산책!

한빛 아이들은 매일 아침 산책을 나간다. 작년부터 시작한 아침 산책은 아홉시 등원과 동시에 이루어진다. 등원 시간을 지키지 않던 학부모들도 혹여 우리 아이가 산책을 가지 못할까라는 염려에 앞다투어 아이들을 보내고 있다. 때론 부모님들이 산책 장소까지 직접 아이들을 데려다주는 경우도 종종 보게 된다. 산책 모자를 쓰고 에코백에 물통을 챙겨 넣으면 산책 준비 끝! 오늘의 산책 장소는 아이들 스스로 결정한다. 아침 산책 장소에 갈 때마다 무언가 목적을 가지고 나가지 않는다. 자유롭게 놀이가 이루어지고, 넓은 공간에서 자연을 느끼는 시간을 충분히 갖는다.

마음껏 뛰어놀며 체력과 면역력이 강해지고, 스트레스가 해소된다.

아침 산책

느림보 캠페인   교육청 물놀이

조화로운 자연에서 놀이하며 서로를 이해하고 배려하는 마음을 지니게 된다. 아침 산책을 통해 아이들은 나날이 성장하는 중이다.

수변 공원 외에도 산책을 하며 종종 주변 공공기관을 방문하기도한다. 어떤 날은 시청에 방문하여 우리 마을 소식에 대해 알아보기도하고 로비에 전시되어 있는 전시물들을 관람하기도 했다. 지역 유관기관을 활용한 활동으로 작년에 이어 2년째 교육청 연못에서 여름 물놀이를 하였다. 연못을 관리하시는 분은 청결한 물놀이 환경을 위해아침마다 깨끗한 물을 틀어주셨다. 작년에 풀어 놓은 다슬기가 새끼를 쳤고, 하나씩 잡는 재미도 최고였다.

하루는 아침 산책 때 길가에 버려진 쓰레기를 발견하고선 깨끗이청소해주자며 한 아이가 먼저 이야기를 꺼냈다. 이후 아이들의 생각이모여 환경 정화를 위한 '느림보 캠페인'을 실시하였다. 보람동 주민센터로부터 쓰레기봉투와 집게 등을 지원 받았고 모두 협력하여 깨끗한우리 동네를 만들고자 열심히 쓰레기를 주웠다.

매일 아침 산책을 통해 아이들은 곳곳에서 즐거운 놀이터를 발견할뿐만 아니라 우리 동네를 아끼고 소중히 여기는 마음을 갖게 된다.

숲에서 놀아요

매주 화요일이면 한빛 아이들은 원수산 숲으로 간다. 작년 한 달에2번 숲 체험을 처음 시작하며, 교사들은 안전 문제와 차량으로 이동하는 체험활동이라는 이유로 부담감을 느꼈다. 숲에서 무언가 흥미로운 활동을 하거나, 숲 해설가처럼 어떠한 지식을 전달해야 할 것 같다는 고민도 있었다. 그때마다 원장 선생님은 "아무것도 하려 하지 마세요. 아이들이 스스로 놀이하는 모습을 바라봐주세요"라고 말씀하셨다.

숲 활동이 거듭될수록 아이들의 성장과 발달이 눈에 띄게 변화하고 있음을 느꼈다. 한 주, 한 달, 한 학기가 지날수록 교사들의 부담감은 줄어들었다. 그리고 어떻게 하면 숲에서 자유롭게 놀이할 수 있는 환경을 지원해줄 수 있을지를 고민하게 되었다.

한 학기 동안 같은 장소의 숲으로 가면서 계절에 따라 새롭게 변화하는 것들을 세세하게 관찰할 수 있었다. 입구에서부터 향기로운 아까시나무가 우리를 반기는 그곳. "안녕? 우리 왔어. 들어가도 되니?"라고 반갑게 인사하며 아이들은 숲으로 들어갔다. 숲의 주인은 우리가 아니라 동식물이라는 것! 생명을 존중하는 마음과 생태적 감수성이 증진된다. 자연과 친구가 되며, 탐구해야 할 새로운 것들을 매주 새롭게 발견하게 된다. 아이들끼리 무수한 의사소통의 기회도 만들어진다.

숲은 우리에게 주는 먹거리도 많았다. 진달래 화전, 아까시꽃 튀김, 보리수 잼, 쑥차, 쑥떡, 매실청 등 요리 활동을 통해 입안 가득 즐거움을 느꼈다. 텃밭과 달리 숲은 자연이 길러낸 풍부한 먹거리를 우리에게 선물한다. 아이들은 함께 나누어 먹으며 자연을 아끼고 사랑하는 마음을 갖게 된다.

숲에서는 아이들의 놀이에 제약이 없다. 모든 것이 놀잇감이 된다. 온 몸으로 자연 느끼기, 자연물을 이용한 만들기, 소꿉놀이, 나무집 짓기, 전래놀이, 흙놀이, 오르막 내리막길 미끄럼틀, 밧줄놀이 등등 아이들이 만드는 놀이는 무한대였다. 계획하여 준비된 활동보다는 즉흥적으로 만들어진 놀이들이 대부분이었다. 숲에서 놀이할 때 필요한 것이 있다면 아이들은 교사에게 도움을 요청한다. 끈이나 흰 천 등을 가지고 꽃 물들이거나, 커다란 나무 사이 줄을 매달아놓고 게임을 하기도 했다.

숲 체험활동

식물도감 만들기   보리수잼 만들기

무엇보다 숲에서의 관심은 교실로도 이어진다. 자연물 공간, 식물도감 만들기, 세밀화 그리기, 동요, 동극 등 다양한 창작 활동으로 연계하여 진행된다. 어느 날 싹이 난 도토리를 발견하고 교실로 가져와 화분에 심었다. 아이들은 싹이 점차 자라는 모습을 보며 상상의 나래를 펼쳤다. "커다란 도토리나무가 교실을 숲으로 만들면 어떻게 하지?" "나무 미끄럼틀을 타면 좋겠다." "난 도토리가 가득한 다람쥐 집을 만들어줄 거야." 아이들의 재잘거림에 설렘이 묻어 있었다.

반면 숲에서는 안전사고 예방에 신경을 써야 하는 부분도 많다. 모기나 진드기, 벌, 뱀 등의 위험에 노출될 수 있기 때문이다. 긴팔, 긴바지, 양말, 운동화의 착용은 필수이고 벌레 퇴치제는 항상 구비되어 있어야 한다. 때론 미세먼지로 인해 학부모로부터 우려의 목소리를 듣기도 한다.

하지만 이러한 것들을 감안하고도 숲이 아이들에게 주는 교육적 효과는 훨씬 크기 때문에 우리는 매주 숲으로 간다.

유아 자치활동

아이들에게 부여된 기회와 자율성에 따라 성장의 폭과 속도가 다름을 교육을 통해 느낀다. 혁신을 통해 우리가 꿈꾸는 아이들의 모습은 스스로 배우고, 스스로 자라남이다. 작년부터 우리는 아이들의 소리에 귀 기울이려고 노력했다.

아침 산책 장소 정하기, 학급마다 아이들이 하고 싶은 활동 진행하기, 구매가 필요한 놀잇감 결정하기, 먹고 싶은 급·간식 정하기, 와글와글 게시판을 통해 유치원에 바라는 점 이야기하기 등 아이들의 의견을 가장 우선시하기 위해 노력했지만, 상황에 따라 실행되지 않는 부분들도 있었다.

올해는 아이들에게 '내가 다니는 한빛유치원'이 아닌 '우리가 만들어가는 한빛유치원'이 되길 희망한다.

3월부터 각 반에서 '학급 다모임'이 시작되었다. 각 학급 약속이나, 학급에서 일어나는 갈등 상황은 다모임을 통해 풀어갔다. 어린 연령(만 3세)의 경우 학급 다모임 자체가 힘들 것 같았지만 간단한 약속에서부터 시작하여 이끌어갔다. 방법은 학급 투표, 토킹 스틱 활용, 짝 활동 등 다양하게 진행하였다.

때론 학급 다모임이 전체 학급의 협력 활동으로 전개되기도 한다. 예로 만 3세 학급에서 유치원에서 영화를 보고 싶다는 의견이 나왔다. 이후 전체 연령으로 공유되었고, '한빛 영화관'을 오픈하기로 결정하였다. 보고 싶은 영화는 전체 투표를 통해 정해졌다. 만 5세는 영화 관람을 예고하는 포스터를 만들어 유치원 곳곳에 붙였다. 만 4세는 영화표를 만들어 형님, 동생들에게 나누어 주었다. 영화 상영 당일, 영화표를 내고 줄을 서서 입장했다. 한빛 매점에서 나눠 준 맛있는 팝콘과 요구르트도 먹었다. 함께 만들어낸 영화 관람이었기에 보다 의미 있고 커다란 즐거움을 준 값진 경험이었다.

성장 중심 평가

교육과정 계획-수업-평가-기록의 일체화에 대한 중요성은 익히 잘 알고 있다. 많은 연수를 통해 우수 사례도 접하게 되었다. 생각한 것보다 기록화의 필요성은 컸고, 어렵더라도 함께 시도해보기로 했다. 본원은 성장 중심 평가를 위해 관찰을 통한 짧은 기록화를 남기고, 이를 세종형 학력을 반영하여 해석하기로 했다.

먼저, 기록하기 쉽도록 간단한 틀의 메모지를 주문 제작하였다. 교육활동 시간 관찰이 이루어질 때 상황을 객관적으로 기록하였다. 교육 목표로 삼았던 지성, 심성, 시민성의 세종형 학력들이 반영된 순간들을 포착하기 위해 노력했다. 스스로의 배움이 일어나는 순간들도 기록하였고, 이를 공유하였다.

하지만 여전히 관찰과 기록, 평가와 관련된 부분은 교사들에게 부담감과 어려움으로 다가오고, 고민해야 할 과제로 남아 있다.

6. 앞으로 우리는⋯

1학기 교육과정평가회 시간, 본원의 유치원 문화에 대해 자유롭게 발언하는 시간이 주를 이루었다. 교육공동체의 일원으로 함께하고 있는지, 어떤 변화가 필요한지, 우리가 이루고자 했던 것들에 대한 아쉬움은 없는지 스스로에게 물음표를 던지는 시간이었다. 비록 7개월 남짓이었지만 우리가 꿈꾸던 혁신을 위해 끊임없이 도전하는 날들을 보냈다. 많은 것을 시도했고, 이로 인해 기쁨과 행복, 때론 아픔과 좌절감도 느꼈다. 아직은 걸음마를 시작하는 새내기 혁신학교이기에 어쩌면 이 모든 것이 당연하리라 생각한다.

올 한 해 한빛유치원은 긍정적 혁신 문화의 정착을 목표로 나아간다. 함께 노력하고 연구하는 전문적학습공동체, 자율과 협력의 학부모회, 스스로 배우고 자라며 주체적으로 놀이에 참여하는 어린이, 교육 3주체가 함께하는 신명 나는 교육이 이루어지도록 해야 할 것이다. 또한 전 교직원이 하나 되어 참여하는 긍정적인 마인드도 필요하다.

다행스럽게도 지금 본원의 교직원들은 모두가 하나 된 마음으로 유치원 운영에 참여하고 있다. 매일 아침 원장 선생님을 비롯한 원감 선생님, 간호사, 행정실장, 계장 등의 교직원들이 자발적으로 원아 맞이를 위해 애쓰고 있다. 숲 체험과 아침 산책 시에도 보조교사로 활동하기도 하고, 밧줄 설치나 안전 지도를 위한 도우미 역할도 마다하지 않는다. 교육 현장에서 도움의 손길이 필요하다고 판단되면 언제라도 도와줄 준비가 되어 있다.

'더디 가도 함께 가는 한빛유치원'이라는 비전 아래 교육공동체의 자발적 참여, 소통과 협력의 유치원 문화를 형성하고자 하는 우리의 바람은 서서히 이루어지고 있다. 벌써 2학기가 기대된다.

'스스로 배움과 성장이 있는 유치원'
'배려와 존중, 함께하는 따뜻함이 있는 유치원'

한빛교육공동체가 꿈꾸는 행복한 유치원을 위해 모두 함께 노력할 것이다.

보람유치원은
2016년 4월 1일 개원하였으며,
2018년 3월 1일 혁신유치원으로 발을 내디뎠다.
현재 서로 나누고 배려하며 사랑 배우는
180명의 아이들이 함께 잘 자라고 있다.
'자유롭게 소통하며 함께 성장하는 행복한 유치원'을 꿈꾸며
모두가 함께 지혜와 힘을 모아 한 걸음 한 걸음 나아가고 있다.

보람유치원(2018년 공모 지정 운영)

함께라서 더 행복한 보람유치원 이야기

곽순일

2016 보람유치원의 시작을 되돌아보다

보람유치원은 2016년 4월 1일에 개원하였다. 나는 그해 3월 1일 자로 타 시도에서 세종시로 전입하였는데, 그해 나와 같은 지역에서 세종으로 전입한 교사 중 나만 신설로 발령이 나서 운이 없다고 생각했다. 공사 중인 신설로 발령이 난 게 처음이라 어디로 인사를 하러 가야 하는지도 몰라 기다리고 있는데 양지고등학교로 오라는 전화를 받고 의아했다.

3월에 유치원 공사가 진행 중이어서 3주 정도 양지고등학교에서 개원 준비를 하다가 개원을 일주일 정도 남겨두고 유치원으로 입주해야 했다. 그 당시 양지고등학교의 교실 한 칸에서 우리는 많은 개원 준비를 하였다. 교직원이 모두 한마음으로 생각과 힘을 모았다. 그때부터 나는 우리가 보람 드림팀이라고 생각했다.

교육철학 공유, 교육 비전 수립부터 시작해서 유치원의 상징과 학급명 정하기, 교육과정 계획, 추가 원아 모집, 교육과정설명회 및 입학식 계획, 물품 주문 등등…. 서로 의견을 나누고 하나하나 결정해나가는 과정이 힘들고 시간이 오래 걸렸지만 재미있었다.

누군가 의견을 내면 교육적 가치가 있는지 함께 고민해본 후 실행 계획을 세웠다. 해보고 싶은 것도 많고 열정이 가득했다.

한 예로 입학식 협의를 하다가 아이들이 친숙해하는 캐릭터 인형 탈을 쓰고 환영해주면 어떻겠냐는 의견이 나왔는데 영양사가 선뜻 본인이 해주겠다고 한 것이다. 또 타임캡슐에 소원을 적은 종이를 넣어 두었다가 몇 년 후 꺼내 보면 어떻겠냐는 아이디어도 있었는데, 의미 있는 활동이라고 여겨져 실제로 하게 되었다. 의견이 반영되니 신이 나서 여러 가지 아이디어가 샘솟고 말도 자유롭게 했다.

입학식 기념 식수　　　　　　　　　꿈을 담은 타임캡슐

처음에는 교실 한 칸에서 모두 근무하는 게 열악하다고 생각했는데 그때 서로를 더 이해하고 친밀해진 계기가 되었다. 소통하고 협력하는 문화는 그때부터 많이 형성되었다고 느껴진다. 유치원에 입주해서는 교실 정비, 교육과정설명회, 입학식 준비로 바쁘게 지냈다. 새로 만나게 될 아이들을 생각하며 먼지도 들이마시고 땀도 뻘뻘 흘리면서 몸을 사리지 않고 준비했다.

3월 말 교무행정사, 간호사, 신규 선생님들까지 발령이 났다. 원장 선생님의 제안으로 모두 한자리에 모여 동그랗게 서로 마주 보고 자기소개를 하며 인사를 나누었다. 요즘에는 흔한 일일 수도 있지만 그

때는 아주 신선하게 다가왔다. 그전에 경험한 첫인사는 기존에 있던 교직원은 앉아 있고 새로 전입한 교직원은 앞에 일렬로 서서 소개하는 경우가 대부분이었기 때문이다.

원가는 배려반 유아들과 담임 선생님이 함께 지은 노랫말에 배려반 유아 이모님이 재능 기부로 만들어준 곡을 붙여 완성되었다.

첫해 우리의 노력만큼 유치원이 빠르게 자리를 잡아갔다. 어쩌면 그때 모두의 행복을 찾아가는 혁신유치원 보물 지도의 밑그림이 그려진 것인지도 모르겠다. 처음에는 나의 불운이라고 여겨졌던 보람유치원으로의 발령이 행운이 되어 돌아왔다.

2017 혁신유치원의 길을 찾다

개원 첫해가 지나고 2017학년도에는 전문적학습공동체 선도 유치원을 운영하게 되었다. 교사들이 함께 배우고 싶어 하는 '숲 생태교육' 연수도 듣고, 관련 도서도 읽어보았다. 수업, 생활지도, 학급 운영에 대해 더 고민해보며, 공동 연구-실행-성찰-나눔을 일상화하고자 노력했다

그해 처음으로 만 3세 담임을 맡게 되어 걱정되었는데 동료 교사들

이 있어 서로 돕고 함께 의지하며 잘해나갈 수 있었다.

학급에서 있었던 일을 이야기 나누고 생활지도와 수업 등에 관한 생각을 나누며 함께 성장해갔다. 마치 셋이 힘을 모아 퍼즐을 맞추는 것처럼 함께 이야기를 나누다 보면 생각이 모여서 아주 훌륭한 계획이 세워졌다. 신규 선생님의 표현을 빌리자면 "둘은 부족하지만 셋은 충분하다!"

가장 기억에 남는 활동은 '패션쇼'였다. 처음 계획은 학부모 참여 수업 때 각 반에서 부모님과 함께 티셔츠를 만들어보고 교실에서 패션쇼를 해보는 것이었다.

그러다 신규 선생님의 아이디어로 우리 연령 교실들이 있는 2층 복도에서 하는 걸 고려해보다가 강당에서 하자고 의견이 모이게 되었다. 티셔츠도 똑같은 기법으로 만드는 것보다 패션쇼에서 다양한 티셔츠를 감상할 수 있게 하려고 반별로 다른 기법으로 만들기로 하였다.

그날 각 반에서 유아들은 부모님과 함께 만든 티셔츠를 입고, 가정에서 준비한 소품으로 멋을 내어 귀엽고 멋진 어린이 모델들로 변신하였다.

생애 최초 패션쇼 데뷔 무대에서 아이들은 저마다 자기의 개성을

사랑반 패션쇼

뽐냈다. 걷는 모습, 포즈 취하는 모습 등 어느 하나도 같은 아이가 없었다. 부끄러워하는 아이도 있었지만, 끝까지 걷고 수줍게 포즈를 취하며 해냈다.

부모님과도 함께 런웨이를 밟고 멋진 워킹과 포즈를 선보이기도 했다. 성취감과 자신에 대한 자랑스러움으로 아이들이 더 성장하게 된 기회가 되었을 것으로 생각한다. 훗날 아이들이 자랐을 때 소중한 추억으로 기억되기를 소망해본다.

전체 교사협의회에서 기억에 남는 것은 2회 졸업식에 대한 협의였다. 1회 졸업식 때는 졸업생이 35명이었는데 2회 때는 75명으로 늘어난 상황이었다. 참고로 전체 교사협의회 때는 원장, 원감 선생님도 일원으로 참여한다.

졸업식을 어떤 방식으로 실시할 것인지 그동안 당연하게 여겼던 일들을 새로운 시각으로 바라보며 생각해보았다. 장소는 어디에서 할지, 시간은 3학급이 동시에 할 것인지 시차를 두고 할 것인지, 입장하는 방식은 어떻게 할지, 복장은 어떻게 할지, 상장 문구는 누가 작성할지, 상장과 졸업장은 누가 주고 수여하는 동선은 어떻게 할지, 감동이 있는 축하 공연을 할지 등등….

교사들이 지혜를 모은 내용을 토대로 학부모님께 협조를 구해 상장 문구 작성을 부탁드리고, 아이들은 어떤 졸업식을 원하는지 이야기를 나눈 후 최종 결정하기로 했다.

그렇게 해서 2018년 1월 31일에 실시된 보람유치원 졸업식은 1부 축하의 마당, 2부 감동의 마당으로 구성되었다.

1부 축하의 마당은 교육감님과 우리 유치원 동생반(만 3세와 만 4세)의 졸업 축하 영상을 시작으로 졸업장과 학부모가 주는 상장 수여가 있었다. 졸업장은 원장 선생님이 유아가 서 있는 곳으로 다가가서 수

졸업장 수여   졸업 축하 공연

여했다. 학부모가 주는 상장은 학부모가 자녀를 사랑하는 마음을 담아 직접 작성한 것으로 서로 마주 보고 수여했다.

2부 감동의 마당은 가족들의 졸업 축하 공연, 부모님과 함께 노래 부르기, 담임선생님의 졸업 축하 메시지로 진행되었다. 가족들의 축하 공연 속에는 감사와 사랑, 웃음이 넘쳐났으며 축하 공연 내내 아름다운 하모니에 마음이 따뜻해졌다. 이어서 학부모와 유아가 두 손 맞잡고 서로 바라보며 마음으로 부르는 합창 시간에는 참석자들 모두에게 사랑과 감동이 가득했다. 마지막으로 담임선생님이 전하고 싶은 말을 끝으로 졸업식이 마무리되었다.

항상 하던 형식적인 졸업식이 아닌 유아, 교사, 학부모 모두 하나가 되어 사랑과 따뜻함, 감동을 나눈 시간이었다. 한 명 한 명 모두가 주인공이 되어 함께 참여하는 의미 있는 졸업식이었다.

교사들의 동료성 구축을 위해 한 달에 한 번 전문적학습공동체 성장·나눔의 날에는 유치원이 아닌 곳에서 협의회를 실시했다. 12월에는 마니토 활동을 했다. 12월 삼 주 동안 일상 속 비밀친구에게 몰래 호의를 베풀며 긴장감과 즐거움을 느꼈다. 비밀친구 공개의 날 손편지도 준비해서 읽어주고, 서로 토닥여주며 더 가까워졌다.

전문적학습공동체 선도 유치원을 운영하며 서로 소통하고 협력하는 문화 속에서 행복을 느꼈다. 그리고 내 옆에 있는 동료 교사들을 만난 것이 감사했다.

2018 혁신유치원으로 발을 내딛다

2017년 8월 혁신유치원 공모를 두고 고민을 하게 되었다. '우리는 스스로 변화하고 있는데 혁신유치원 타이틀이 꼭 필요한가?'라는 고민이었다. 기존의 업무에 혁신 업무가 더 늘어나고, 혁신유치원이면 뭔가 성과를 내야 할 것이라는 두려움도 있었다.

여러 차례의 협의회, 그 과정에서 많은 이야기를 나누었고, 의견을 모으기까지 어려움도 있었다. 그러다 더 나은 변화를 위해 혁신유치원에 도전해보기로 했다.

다음은 '왜 혁신유치원을 원하는가'에 대한 교사들의 인터뷰 내용이다.

교사 1 나는 교사로서 꿈이 있다. 아이들이 즐거운 놀이 속에서 성장과 배움이 일어날 수 있도록 연구하며 성찰하는 교사가 되는 것이다. 보람유치원은 전문적학습공동체를 통해 서로 소통하고 협력하며 집단지성을 발휘하는 문화가 형성되었다. 더 나아가 민주적 유치원 문화를 정착시키고, 업무 간소화를 통해 수업에 몰입하여 그 꿈을 이루고 싶다.

교사 2 교사에게 유치원이란 배움을 나누는 곳이다. 이러한 장소에서 각종 공문서 처리로 인하여 배움을 나누지 못하고 일방적인 가르침의 시간으로 채워야 함이 안타깝다. 교사의 책임감으로 혁신학교를 통해 배움을 나누는 변화를 꿈꾸고 싶다.

교사 3 '한 아이를 키우려면 온 마을이 필요하다'라는 아프리카 속담처럼 유아, 학부모, 교직원, 지역사회의 구성원이 상호 존중과 협력하는 학교문화를 만들고 싶다.

교사 4 4차 산업혁명 시대를 이끌고 주역이 될 유아들을 위해 세종형 학력인 지성, 심성, 시민성을 바탕으로 놀이, 생태, 숲 교육을 통해 아이다움교육과정을 교육공동체의 집단지성을 통해 협력하여 설계, 실천하고 싶다.

교사 5 전문적학습공동체 선도 유치원을 해보니 바빠서 협의하는 기회가 부족할 때도 있어 아쉬운 점도 있었지만 서로 소통하고 나누고 협력하는 문화가 형성되었고 행복감을 느꼈다. 교사들이 느낀 행복을 혁신학교 운영을 통해 유치원의 모든 구성원과 함께 공유하고 싶다.

교사 6 유치원에 매일매일 가고 싶어 하고 즐겁게 다니는 유아, 유치원을 신뢰하고 협력하는 학부모, 열정을 가지고 끊임없이 연구하는 교사, 모두가 행복한 유치원! 혁신학교를 통해 그 꿈을 이루고 싶다.

교사 7 4차 산업혁명 시대에 걸맞게 아이들이 스스로 즐길 수 있고, 창의성이 살아 있는 주도적 학습 능력을 키워, 아이들이 행복한 유치원이 되었으면 한다.

교사 8 한 아이 한 아이가 행복한 유치원, 한 명도 소외되지 않고 모두가 행복하게 성장하도록 돕는 교사가 되고 싶다.

2017년 10월 세종혁신학교 신규 선정 공모 신청서 제출과 11월 심층 면접 후 2018 신규 세종혁신유치원으로 선정되었다.

　모두가 더 행복해지고 싶은 마음, 함께라면 할 수 있겠다는 믿음으로 혁신학교로 발을 내디딘 만큼 더 나은 변화를 위한 우리들의 도전은 앞으로도 계속될 것이다.

희망을 품고 함께 발맞추어 가다

　2017년 12월 초에 모든 유치원의 교사들을 대상으로 이틀 동안 유치원 교육과정 설계 직무연수가 있었다. 『교육과정에 돌직구를 던져라』의 저자 정성식 선생님의 강의가 있었는데 교육과정에 관한 생각의 전환을 하는 데 큰 도움이 되었다. 유치원별 공동체의 철학이 담긴 교육과정 수립 활동 시간도 있었는데 긴 시간 동안 몰입하여 시간 가는 줄 몰랐다. 서로의 교육자로 사는 삶에 대해 이해하고, 교육과정에 대해 다시 고민해보았다. 유아상, 교사상, 유치원상 등에 대해 의견을 모으고 유치원의 비전을 수립하였다.

　유아상은 자유롭게 함께 행복한 어린이, 교사상은 사랑과 열정으로

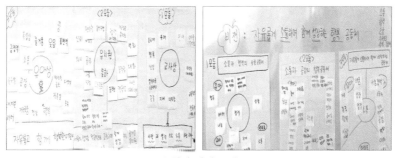

유치원 비전 수립

소통하는 교사, 유치원상은 서로의 생각을 적극적으로 표현하며 함께 성장하는 즐거운 유치원이다.

유치원의 비전은 열띤 협의 끝에 '자유롭게 소통하며 함께 성장하는 행복한 유치원'이라고 정했다. 비전을 만들 때 생각을 자유롭게 표현하고, 의견을 조율하여 만드는 과정이 행복했다. 함께 만든 비전을 바탕으로 2018학년도에 풀어나갈 유치원의 이야기들이 기대되었다. 다음에는 유아, 학부모님과도 함께 비전을 세우면 더 좋겠다는 생각을 해본다.

2017년 9월과 12월 두 차례에 걸쳐 혁신학교 이해를 위한 컨설팅을 신청했다. 2018년 2월에는 『혁신학교란 무엇인가』의 저자 김성천 선생님과 만남의 시간을 가졌다. 점점 혁신학교에 대해 이해하게 되었고, 생각이 변화했다. 그중 인상 깊었던 것은 '익숙한 것을 낯설게, 낯선 것을 익숙하게 보자'라는 것이었다. 그리고 좋은 학교의 특성으로 '빼기와 더하기의 철학이 있다', '공간과 시간, 관계, 수업, 교육과정을 재구조화한다', '학생의 삶을 성장시키는 데 유익한가를 중심에 놓고 판단한다', '해법을 학교 안에서 찾는다' 등이었다.

이렇게 혁신유치원을 시작하면서 무엇을, 어떻게 실천할 것인지 마음에 담게 되었다.

교육 3주체 생활약속을 하다

2018년 2월 초에는 2018학년도 세종혁신학교 신규 지정교 합동 워크숍이 있었다.

3일 동안 이루어진 워크숍을 통해 철학 및 운영 방향을 이해하고,

학교 혁신의 내용과 방법에 대해 알고, 서로 소통하고 공감하며 앞으로 우리가 나아갈 방향을 다짐하는 시간을 가졌다.

가장 기억에 남는 활동은 '학생자치와 학부모자치 조성 방안'이었다. 그 연수 내용에서 학교 혁신의 목적지는 교육 3주체가 자신의 역할에 맞게 함께 참여하고 성장하는 것이라고 하였다. 또 혁신학교가 이룩한 학교문화를 기반으로 내실 있는 자치학교로 발전해야 한다는 것이었다.

자치활동에 관한 많은 실천 사례들을 접하면서 자치활동이 가진 큰 의미와 필요성에 대해 깨닫게 되었다. 그중에서 교육 3주체 생활약속에 대해서는 빨리 해보고 싶은 생각이 들었다. 워크숍에서 우리 교사에게 필요한 중요 가치를 선정해보고 유치원에 돌아와 협의하여 교사 생활약속을 수립했다.

| 중요 가치 선정 | 전체 교사 협의 |

2018년 2월 24일에 실시된 보람유치원 교육과정설명회에서 학부모의 약속을 정해보았다. 우선 모둠별 자녀에 대한 약속, 교사에 대한 약속, 학부모에 대한 약속을 정했다. 모둠별로 가장 꼭 지키고 싶은 약속 1개씩을 선정하여 참석하신 모든 학부모님이 투표했다.

입학식 때 학부모와 교사의 생활협약을 통해 모두 한마음으로 서로

모둠별 생활약속 협의　　　　　　　　학부모 생활약속 투표

의 약속을 다짐하는 시간이 되었다.

　아이들에게는 3월 한 달 동안 새로운 학급에 적응하고 민주적인 학급 문화를 형성한 후 여유롭게 생활약속을 정해보기로 했다. 3월 말부터 4월 초까지 유아들의 힘으로 '유아 생활약속'을 수립했다.

　만 5세 유아들이 학급별로 나와 친구에 대한 약속, 부모님께 드리는 약속, 선생님께 드리는 약속을 모둠별 토의 활동을 통해 생각을 모았다. 모둠별 의견을 학급별로 투표하여 대상별 한 가지씩 약속을 선정한 후 만 3세, 4세 동생들과 함께 투표를 했다.

　이렇게 유아들의 생각을 모으고 유치원 전체 아이들이 투표함으로

모둠별 생활약속 토의　　　　　　　　유아 생활약속 투표

써 유아들의 힘으로 스스로 정했다. 주변에서 유아들이 할 수 있겠냐는 의문을 품기도 했지만 우리 아이들은 해낸 것이다.

유아들이 주체적인 참여와 민주적인 의사결정 과정을 경험했고 이로써 2월에 수립한 학부모, 교사의 약속과 함께 '보람 3주체 생활협약'이 완성되었다. 이를 중심으로 각 교육 주체가 함께 실천하는 문화를 만들고자 한다. '보람 생활약속'이 잘 지켜지고, 교육 3주체가 서로 존중하고 협력하는 문화가 굳건히 자리 잡기를 바라본다.

교육 주체 모두가 주인의식을 가지고 서로 존중하고 협력하며 함께 성장하고 있다. 우리가 함께 내딛는 한 걸음 한 걸음이 행복하고 앞으로 올 변화도 기대된다.

서로 소통하며 공감하다

2018학년도에는 '소통'을 가장 중요한 가치로 삼고, 교육 주체들이 서로 민주적 의사소통을 하며 성장하고자 노력하고 있다.

유아들은 학급 다모임에서 원활한 대화와 소통을 통해 감정을 교감하고 신뢰 관계를 형성하고 있다. 둥글게 모여 앉아 서로를 마주 보고 기분을 이야기 나누기, 주제에 관한 생각 모으기, 함께 하고 싶은 활동을 정해보기, 문제 상황에 대한 해결 방법을 생각해보기 등 다양한 활동을 하고 있다. 예로 급훈 정하기, 학급 규칙 만들기, 친구가 제대로 사과하지 않아 속상해하는 상황이 발생하여 그에 대한 약속 정하기 등을 함께 해보았다.

교사는 유아와 서로 존중하는 언어를 사용하고, 서로의 말에 귀 기울이고 공감하며 지내고 있다. 유아 내면의 긍정적인 부분을 마음으

유아 다모임 활동

로 듣는 의사소통을 하려고 노력하고 있다.

교직원 간에도 민주적인 의사소통을 위해 교직원 협의 때 지켜야 할 약속을 함께 정하여 실천하고 있다. 의사소통과 관계회복 연수를 듣기도 했다.

학부모와 교사 간 서로 믿고 서로의 관점에서 생각해보며 소통하려고 노력하고 있다. 필요할 때마다 전화나 대면을 하여 정보를 공유하고, 학교종이앱을 통해서 유치원 생활을 알리는 등 말이다.

교육은 소통과 관계, 협력이 매우 중요하다. 교사와 학부모, 학부모 간 서로 소통하는 기회도 마련하고자 올해는 그동안 해오던 학기 초 학부모 개별 면담이 아닌 학부모 집단 면담을 하였다. 이름하여 '같이 있어 가치 있는 학부모 소통의 날'이다. 각 학급이 어떻게 운영되고 있는지를 이야기하고, 아이에 관한 정보를 공유하며 원활한 소통이 이루어졌다.

아이에 관해 이야기를 나누고, 경청하는 학부모님들! 서로의 이야기에 공감하는 학부모님들의 모습이 참 인상적이었다. 다른 사람들 앞에서 나의 마음속 이야기를 꺼낸다는 것이 쉬운 일은 아닐 텐데 용기를 내주신 학부모님들에게 박수를 보내고 싶다.

의사소통과 관계회복 연수   학부모 소통의 날

    교육은 혼자가 아니라 함께하는 것이기에 우리가 서로 소통하고 경청하는 시간을 가져보기를 정말 잘했다는 생각이 들었다. 교사와 학부모님, 학부모와 학부모님들 간 공감대를 형성하고 존중받는 경험을 하는 의미 있는 시간이었다.

    유아와 학부모의 깊은 소통을 하는 시간도 가졌다. 학부모 참여 수업 날 유아와 부모님의 소통을 주제로 '가족과 함께 마음을 나누어요' 활동을 하였다. 유아들은 자신의 감정을 인식하고 적절히 표현하거나 가족과 함께 서로 올바르게 소통하는 데 어려움을 느끼는 경우가 많다. 가족과 함께 신체 접촉을 하고, 감정을 적절한 방법으로 표현하며 소통하는 경험을 통해 친밀감 및 안정감, 사랑을 느낄 기회가 되기를 바랐다.

    사전 활동으로 아이들과 『집 나가자 꿀꿀꿀』 동화를 함께 읽어보고 가정에서 속상했던 경험이 있는지 이야기를 나누었다. 모둠별로 상황극 대본도 만들고 역할도 정했다. 한 유아는 가족의 행복한 이야기도 만들고 싶다고 했다. 다른 아이들도 동의했고, 같은 상황에서 감정을 적절하게 말로 하는 장면도 넣어 우리 반만의 멋진 이야기가 완성되었다.

처음에는 부모님과 함께 우리가 만든 이야기로 동극을 할 건지 물어보았더니 쑥스러운 모양이었다. 모두 참여하기에는 시간과 장소 등 여러 가지 어려움도 예상되어 아이들과 동영상을 찍어두었다. 아이들이 부모님이 오시면 드릴 선물도 만들고 싶다고 해서 저마다 부모님을 생각하며 쓴 문구가 들어 있는 감사패도 만들었다.

우리가 찍은 〈동물 가족들의 이야기〉 동영상을 보고 난 후 아이와 부모님이 마주 보고 화가 나거나 속상한 마음 표현해보기, 행복한 마음, 고마운 마음 표현해보기, 미안한 마음 표현해보고 위로하기 활동을 해보았다. 이어서 감사패를 전달하고 노래도 불러드렸다. 평소에도 가족에게 자신의 감정을 어떻게 표현하고 소통하면 좋을지 실천 의지를 다지며 마무리했다.

아이들은 부모님과 함께하는 시간이 좋았고, 학부모님들은 아이의 마음을 더 알 수 있는 소중한 시간이었다고 한다. 그리고 평소에는 하기 힘든 이야기를 하며 서로 소통하고 공감하는 행복한 시간이 되었다고 한다.

학부모 참여 수업의 날

세상에 하나뿐인 감사패

교사의 꿈이 실현되다

"누구에게나 꿈이 있듯이 나에게도 꿈이 있다. 그것은 바로 유치원 선생님이 되는 것이다. 그런데 유치원 선생님 중에서도 어떤 유치원 선생님이 되고 싶은지 눈을 감고 나 자신에게 물어보았다. 눈 감은 어둠 속에서도 선명하게 보이는 미래의 내 모습이 있다. 아이들에게 둘러싸여 환하게 웃고 있는 모습, 어느 한 아이에게 치우치지 않는 사랑을 나누어 주는 선생님, 항상 아이들의 말에 귀 기울여 아이들이 편안하게 말할 수 있는 선생님, 아이들이 억지로 마지못해서 하는 것이 아니라 진정 마음에서 자발적으로 원해서 할 수 있도록 하게 해주는 선생님, 성급하게 재촉하기보다 온화한 미소로 기다려주는 선생님, 함께 놀아주는 선생님, 아이들을 믿어주고 꼬옥 안아주는 선생님의 모습 등 짧은 순간에도 내 머릿속에서는 수천 가지의 장면이 떠올라 저절로 웃음이 지어진다."

대학교 1학년 시절 제출했던 나의 교사론 보고서의 내용 중 일부이다. 다른 보고서는 다 버렸는데 그것만은 간직하고 있다. 항상 초심을 간직하고 꿈을 이루고 싶은 마음에서다.

교사가 되면 온전히 아이들과 수업에 몰입하여 아이들이 성장할 수 있도록 도울 수 있을 줄 알았다. 하지만 현실은 수업 연구나 준비보다 공문서와 업무에 치중하는 시간이 많았다. 꿈은 활짝 펼쳐보지도 못하고 가슴 한구석에 넣어둔 채 하루하루 바삐 살았다.

이제 다시 꿈을 꾼다. 아이들이 즐겁게 놀이하며 성장과 배움이 일어날 수 있도록 돕는 교사가 되겠다고 말이다. 그 꿈은 나만의 꿈이 아닌 동료 교사들도 꾸는 꿈일 것이라고 생각한다. 그리고 혼자의 노력으로 이루기보다는 함께 노력할 때 더 잘 이룰 수 있다는 것을 안다.

우리 유치원 교사들은 전문적학습공동체를 매일 운영하기를 원했다. 수요일 전체 교사협의회, 수요일을 제외한 다른 요일에는 유아 연령별 교사협의회를 하자고 의견을 모았다. 어떤 업무보다 가장 중요하다고 여겨 바쁠 땐 짧은 시간 동안이라도 실천하고 있다.

유아 연령별 교사협의회를 통해 연령별 빛깔 있는 교육과정을 계획하였다.

- 만 3세: 동요를 통한 인성교육
- 만 4세: 자연 체험활동을 통한 인성교육
- 만 5세: 극놀이를 통한 창의성교육

그리고 날마다 교실 속에서 일어난 배움에 관한 이야기, 예상 배움 활동, 활동 후 성찰 등에 관해 나누고 있다.

전체 교사협의회에서는 한 아이 한 아이가 사랑받고 존중받으며 잘 성장할 수 있도록 돕기 위해 유아 지도 사례를 나누고 있다. 동료 교사의 지도 사례를 듣고 각자의 경험과 지혜를 나눈다. 어떤 교사는 자신의 이야기에 경청해주고 공감해주는 것만으로도 많은 힘을 얻는다고 한다.

활동 동영상을 찍어 수업 나눔을 실시하기도 했다. 수업 나눔을 할 때는 배움이 일어나는 상황, 교실에서의 관계 등에 초점을 두고 관찰한 후 협의하여 유아의 성장을 지원한다.

교육과정설명회, 입학식, 학부모 소통의 날과 같은 중요한 행사는 모든 선생님의 지혜를 모아 계획하고 실시했다.

올해 선생님들과 전문적학습공동체 계획을 세우면서 독서토론을 할 것인지 협의하다가 함께 연수를 듣는 것으로 의견이 모였다. 1학기에는 함께 배우고 싶은 주제로 『비고츠키, 관계의 교육학』을 선정했다. 비고츠키의 교육학은 핀란드 교육과정, 배움의 공동체, 혁신학교 운동 등의 토대가 되는 이론이다. 연수를 수강한 후에는 어떤 배움을 얻었는지 공유했다. 2학기에는 '유아 기록화' 연수 주제를 선정했고, 계획 중이다.

전문적학습공동체 전체 교사 협의

교사 동아리 활동을 운영해보자고 협의하다가 한 가지씩 서서히 해보기로 했다. 현재 만장일치로 결정된 '휴' 요가 동아리를 운영하고 있다.

서로 나누고 배려하며 열정을 가지고 도전하는 우리 선생님들과 함께여서 행복하다. 우리의 꿈은 실현되어가고 있다.

교원의 전문성 강화와 학교 혁신을 위해 지원을 많이 해주는 세종특별자치시교육청이 있어 든든하고 감사하다. 처음에 전문적학습공동체가 뭔지도 몰랐던 나는 관련 연수와 워크숍, 연구회 활동 등을 통해 많이 배우게 되었다.

앞으로 모두 함께 꿈을 이룰 수 있도록 전문성을 갖추어 동료 교사들을 돕고 싶다. 그리고 아이들의 목소리에 귀 기울이고 모두 한마음으로 협력하여 유아의 성장을 돕는 교사가 되겠다고 다짐해본다.

배움중심활동을 통해 아이들 스스로 배우다

'어떻게 하면 모두가 배움의 주인공으로 진정한 배움이 일어나도록 할 수 있을까?' 고민하며 배움의 공동체 서적을 탐독하고, 관련 연수, 학술대회, 세미나에 참석하는 등 교사들은 계속 배워나가고 있다. 우리는 "배움중심활동이란 유아들의 특징, 경험, 흥미, 요구 등을 고려하여 자발적인 배움이 일어나도록 하는 활동이다"라고 정의를 내리고, 배움중심활동 계획안 및 기록 서식도 함께 만들었다.

올해에는 작년까지 써오던 주간교육계획안을 벗어나 월별 배움중심활동 계획안을 작성하기로 하였다. 유아가 주인공이 되어 함께 만들어가는 활동을 하기 위함이었다. 유아들이 알고 싶어 하는 것을 토대로 교사들은 예상 배움활동을 준비하고, 교실 속에서 일어난 배움중심활동, 배움활동에 대한 성찰 등을 나누고 있다.

예로 유치원 텃밭에 아이들이 직접 수박 모종을 심고, 자라나는 과정을 관찰해봄으로써 수박에 관해 관심이 높아졌으며 궁금하고 알고 싶은 것도 많이 생겼다. 그래서 수박을 주제로 활동을 하기로 하고, 수박에 대한 이전 경험 표현해보기, 생각 모으기, 궁금한 점을 조사하고 탐구하는 등의 활동을 했다.

수박의 모양과 색깔을 궁금해서 다양한 색과 모양의 수박이 있음을 알아보았다. 이전 경험 표현해볼 때 빨갛고 둥근 수박만 그렸던 아이들이 노란 수박, 빨간 수박, 두 가지 색깔 수박, 네모 수박, 세모 수박, 하트 수박 등 다양하게 그릴 수 있게 되었다. 수박을 탐색해보고 맛보고 수박을 가지고 다양한 놀이도 해보며 수박이 주는 이로움과 즐거움을 느껴보게 되었다. 수박이라는 재료를 이용하여 요리를 만들어보았는데 수박 주스와 수박바를 만들어 맛도 보면서 둘의 공통점과

'수박밭과 친구들' 동극 활동

차이점도 비교해보았다.

'수박과 들쥐' 명화 감상 후에는 우리 반만의 동화를 만들었다. 처음에 아이들이 모둠별로 동화를 만들고 싶어 해서 그렇게 하였다. 그러다 너무 힘들었는지 함께 하나로 만들자고 하였다. 그렇게 '수박밭과 친구들' 동화가 만들어졌다.

그 동화로 동극을 해보았다. 아이들이 모둠별로 스스로 역할을 정해보고 머리띠를 만들었다. 수박도 만들어보고, 친구들과 협력하여 동물들의 집을 다양한 블록으로 구성했다. 아이들이 집에다 누구네 집이라고 쓰고 싶다며 글씨까지 써서 붙이니 더 그럴듯했다. 선생님들과 동생들까지 초대하여 멋진 동극을 하고, 친구의 동극을 즐겁게 관람하며 얼굴에 웃음꽃이 가득 피어났다.

그런 경험을 하며 아이들은 서로 협력하며 함께 자라나고 있다. 앞으로도 협력적이고 의미 있는 배움으로 아이들이 살아가는 힘을 기르고 저마다 꿈을 이루며 행복하게 지내기를 바라본다.

학부모, 지역사회와 나누고 협력하다

전년도까지 유치원 도서대여일에 학부모님들이 오셔서 도서대여를 해주시거나 현장체험학습, 아나바다 행사 때 함께해주시는 등의 학부모 교육 기부를 운영해왔다.

올해 변화한 점은 학부모 동아리 운영을 시도해본 것이다. 학부모님들께 다양한 활동을 통한 자기계발의 기회를 제공하고, 학부모님들이 만남과 소통을 통해 서로 정보를 공유하며 함께 성장할 수 있도록 동아리를 운영하고자 했다.

학부모 신청을 받아 어머니 동아리와 아버지 동아리가 꾸려졌다. 어머니 동아리는 '보그맘', 아버지 동아리는 '보람파파'라고 동아리 이름을 짓고, 동아리 활동 내용 및 방법을 협의하여 운영하고 있다.

어머니 동아리는 매주 1회 모이기로 계획을 세우고, 캘리그라피, 모기 퇴치제, 천연 비누 만들기, 요리 활동, 종이접기 등을 주제로 다양한 활동을 하고 있다. 캘리그라피 작품을 모아 작은 전시회도 열고, 아이와 함께하는 요리 활동도 이루어졌다.

아버지 동아리는 1학기에는 친목 모임도 하고 생명을 키우는 호탄

'보그맘' 어머니 동아리 활동

'보람파파' 아버지 동아리 활동

리 보람유치원 가족 텃밭을 가꾸고 있다. 온라인 밴드를 통해 서로 정보도 교환하고 있다. 2학기에는 함께 부모 교육 강좌를 듣고, 소방서 견학, 숲 체험, 봉사활동, 단체 영화 관람도 할 계획이라고 한다.

학부모님들이 전해주신 소감문에 동아리가 소통하고 함께 성장하는 좋은 모임이라는 의견이 많았다. 자발적으로 동아리를 구성하고, 추진 계획을 세우고 열심히 활동 중이신 학부모님들께 감사와 응원하는 마음 전하고 싶다.

아이들은 지역사회와도 함께 어울리며 잘 자라고 있다.

작년에 기억에 남는 활동은 김치를 담그고, 그 김치를 동네의 경로당에 선물한 것이다. 아이들의 고사리 같은 손으로 만든 김치를 건네받고 어르신들이 매우 좋아하고 고마워하셨다. 아이들도 그 기억을 오래 간직하고 따뜻한 마음을 지니며 자랄 것이다.

올해 변화한 점은 연령별 빛깔 있는 교육과정과 배움 주제에 따라 연령별로 체험활동을 더욱 다르게 실시한 것이다.

도예 체험, 축구교실 체험, 천연염색 체험, 공연 관람 등 지역공동체와의 협력을 통해 다양한 경험과 재능을 유아에게 나누어 주어 유아들이 꿈꾸며 성장하고 있다. 딸기밭 체험, 산책, 텃밭 활동, 숲 해설사

체험활동

와 함께하는 숲 체험 등 자연의 신비함과 고마움을 느끼며, 자연과 친구 되어 함께 살아가는 힘을 기르고 있다. 찾아오는 성폭력 예방 인형극, 교통안전교육, 이동식 안전행복버스 체험 등 소중한 아이들을 안전하게 지켜주기 위해 유관 기관과 협력하여 안전의식을 강화하고 있다. 문화적 차이와 다양성을 존중하도록 세종마을교사와 협력하여 다문화 이해교육도 하였다.

모두가 함께 어울리며 힘을 모으니 우리 아이들이 바르고 건강하게 잘 자라고 있다. 앞으로도 행복하게 지내며 다른 사람과 자연을 존중하고 배려하는 사람, 세상에 선한 영향을 미치는 사람이 되어 밝은 세상을 만들어갈 것이라고 믿는다.

무엇을 마음에 담고 나아갈 것인가

7월에 2018 1학기 교육과정 및 혁신유치원 운영 평가회가 있었다.

연령별 협의회를 통해 연령별 교육과정 운영 평가를 했다. 1학기에 연령별 교육과정 운영의 잘된 점, 부족한 점, 2학기에 바라는 점을 협의하였다. 연령별로 심도 있는 성찰이 이루어졌다.

혁신유치원 중간평가 워크숍에서 먼저 프리즘 카드를 활용한 자신의 감정을 이야기 나누며 서로의 이야기에 경청하고 공감하는 시간을 가졌다. 그 후 모둠별 나누고 싶은 주제에 대해 협의하였다.

주제는 '전학공을 하며 느낀 점, 배운 점, 더 해보고 싶은 점', '현재 보람유치원의 문화는? 더 행복한 유치원 문화를 위해서는?', '교사 생활약속 잘 지켜졌는가?'였다. 한 학기 운영에 대해 성찰하고 나누어 2학기에 반영할 내용을 도출하였다.

1학기 자체 평가 워크숍

유아 생활약속 실천 평가

교직원 교육과정 운영 평가

　교육과정 운영 평가를 위해 유아들과는 1학기에 즐거웠던 일, 생활약속을 잘 지켰는지에 대해 이야기 나누었다. 예를 들어 축구가 가장 재미있었고, 2학기에는 야구를 하고 싶다는 의견이 있었다.

　학부모님들과는 7월 학부모 상담 및 학교종이앱 설문을 통해 소통하였다. 교직원 교육과정 운영 평가회는 모든 교직원이 함께하기 위해 오후 다섯 시에 실시하였다. 1학기 동안의 유치원 운영에 대하여 진솔한 이야기를 나누었다. 작년 2학기에 처음 시도해본 방식인데 올해는 먹는 즐거움까지 더해졌다.

　우리 유치원은 이제 6개월 정도 된 초보 혁신유치원이다. 그럼에도 혁신유치원 운영으로 인한 구성원들의 만족도가 높은 편이었다. 부족한 점도 많다. 앞으로 더 행복한 유치원이 되기 위해 모두의 목소리에 귀 기울이고 마음에 담았다.

우리는 함께 손을 맞잡고 한 걸음 한 걸음 천천히 가고 있다. 우리가 가는 길이 맞는 건지 항상 의문을 가지고 교육의 정상화, 교육의 본질 회복이라는 방향성을 잃지 않으려고 노력하고 있다. 간혹 길을 헤맬 때도 있을 것이다. 하지만 혁신유치원에 도전하길 잘했고, 우리는 함께할수록 더 성장하고 행복해질 것이란 걸 확신한다. 〈싱Sing〉 영화에서 나온 내 마음에 울림을 준 명대사들을 전하며 이야기를 마무리한다.

"두려움 때문에 좋아하는 것을 포기하지 마."

"넌 걱정하지 마. 네가 헤맬 때 내가 옆에 있어줄 테니."

"우린 답을 찾을 거야. 늘 그랬듯이."

삶의 행복을 꿈꾸는 교육은 어디에서 오는가?

미래 100년을 향한 새로운 교육 `혁신교육을 실천하는 교사들의 필독서`

▶ 교육혁명을 앞당기는 배움책 이야기
혁신교육의 철학과 잉걸진 미래를 만나다!

한국교육연구네트워크 총서

 01 핀란드 교육혁명
한국교육연구네트워크 엮음 | 320쪽 | 값 15,000원

 02 일제고사를 넘어서
한국교육연구네트워크 엮음 | 284쪽 | 값 13,000원

 03 새로운 사회를 여는 교육혁명
한국교육연구네트워크 엮음 | 380쪽 | 값 17,000원

 04 교장제도 혁명
한국교육연구네트워크 엮음 | 268쪽 | 값 14,000원

 05 새로운 사회를 여는 교육자치 혁명
한국교육연구네트워크 엮음 | 312쪽 | 값 15,000원

 06 혁신학교에 대한 교육학적 성찰
한국교육연구네트워크 엮음 | 308쪽 | 값 15,000원

 07 진보주의 교육의 세계적 동향
한국교육연구네트워크 엮음 | 324쪽 | 값 17,000원

 08 더 나은 세상을 위한 학교혁명
한국교육연구네트워크 엮음 | 404쪽 | 값 21,000원

한국교육연구네트워크 번역 총서

 01 프레이리와 교육
존 엘리아스 지음 | 한국교육연구네트워크 옮김
276쪽 | 값 14,000원

 02 교육은 사회를 바꿀 수 있을까?
마이클 애플 지음 | 강희룡·김선우·박원순·이형빈 옮김
356쪽 | 값 16,000원

 **03 비판적 페다고지는
세상을 변화시킬 수 있는가?**
Seewha Cho 지음 | 심성보·조시화 옮김 | 280쪽 | 값 14,000원

 04 마이클 애플의 민주학교
마이클 애플·제임스 빈 엮음 | 강희룡 옮김 | 276쪽 | 값 14,000원

 05 21세기 교육과 민주주의
넬 나딩스 지음 | 심성보 옮김 | 392쪽 | 값 18,000원

 **06 세계교육개혁:
민영화 우선인가 공적 투자 강화인가?**
린다 달링-해먼드 외 지음 | 심성보 외 옮김 | 408쪽 | 값 21,000원

 혁신학교
성열관·이순철 지음 | 224쪽 | 값 12,000원

 행복한 혁신학교 만들기
초등교육과정연구모임 지음 | 264쪽 | 값 13,000원

 서울형 혁신학교 이야기
이부영 지음 | 320쪽 | 값 15,000원

 혁신교육, 철학을 만나다
브렌트 데이비스·데니스 수마라 지음
현인철·서용선 옮김 | 304쪽 | 값 15,000원

 혁신교육 존 듀이에게 묻다
서용선 지음 | 292쪽 | 값 14,000원

 다시 읽는 조선 교육사
이만규 지음 | 750쪽 | 값 33,000원

 대한민국 교육혁명
교육혁명공동행동 연구위원회 지음 | 224쪽 | 값 12,000원

 대한민국 교사, 어떻게 가르칠 것인가?
윤성관 지음 | 320쪽 | 값 15,000원

 아이들을 어떻게 가르칠 것인가
사토 마나부 지음 | 박찬영 옮김 | 232쪽 | 값 13,000원

 모두를 위한 국제이해교육
한국국제이해교육학회 지음 | 364쪽 | 값 16,000원

 경쟁을 넘어 발달 교육으로
현광일 지음 | 288쪽 | 값 14,000원

 독일 교육, 왜 강한가?
박성희 지음 | 324쪽 | 값 15,000원

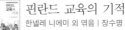 **핀란드 교육의 기적**
한넬레 니에미 외 엮음 | 장수명 외 옮김 | 456쪽 | 값 23,000원

 한국 교육의 현실과 전망
심성보 지음 | 724쪽 | 값 35,000원

▶ 비고츠키 선집 시리즈
발달과 협력의 교육학 어떻게 읽을 것인가?

생각과 말
레프 세묘노비치 비고츠키 지음
배희철·김용호·D. 켈로그 옮김 | 690쪽 | 값 33,000원

성장과 분화
L.S. 비고츠키 지음 | 비고츠키 연구회 옮김
308쪽 | 값 15,000원

도구와 기호
비고츠키·루리야 지음 | 비고츠키 연구회 옮김
336쪽 | 값 16,000원

의식과 숙달
L.S 비고츠키 | 비고츠키 연구회 옮김
348쪽 | 값 17,000원

어린이 자기행동숙달의 역사와 발달 I
L.S. 비고츠키 지음 | 비고츠키 연구회 옮김
564쪽 | 값 28,000원

분열과 사랑
L.S. 비고츠키 지음 | 비고츠키연구회 옮김
260쪽 | 값 16,000

어린이 자기행동숙달의 역사와 발달 II
L.S. 비고츠키 지음 | 비고츠키 연구회 옮김
552쪽 | 값 28,000원

관계의 교육학, 비고츠키
진보교육연구소 비고츠키교육학실천연구모임 지음
300쪽 | 값 15,000원

어린이의 상상과 창조
L.S. 비고츠키 지음 | 비고츠키 연구회 옮김
280쪽 | 값 15,000원

비고츠키 생각과 말 쉽게 읽기
진보교육연구소 비고츠키교육학실천연구모임 지음
316쪽 | 값 15,000원

연령과 위기
L.S. 비고츠키 지음 | 비고츠키 연구회 옮김
336쪽 | 값 17,000원

비고츠키와 인지 발달의 비밀
A.R. 루리야 지음 | 배희철 옮김 | 280쪽 | 값 15,000원

수업과 수업 사이
비고츠키 연구회 지음 | 196쪽 | 값 12,000원

교사와 부모를 위한 비고츠키 교육학
카르포프 지음 | 실천교사번역팀 옮김 | 308쪽 | 값 15,000원

비고츠키의 발달교육이란 무엇인가?
비고츠키교육실천연구모임 지음 | 412쪽 | 값 21,000원

▶ 창의적인 협력 수업을 지향하는 삶이 있는 국어 교실
우리말 글을 배우며 세상을 배운다

중학교 국어 수업 어떻게 할 것인가?
김미경 지음 | 340쪽 | 값 15,000원

이야기 꽃 1
박용성 엮어 지음 | 276쪽 | 값 9,800원

토론의 숲에서 나를 만나다
명혜정 엮음 | 312쪽 | 값 15,000원

이야기 꽃 2
박용성 엮어 지음 | 294쪽 | 값 13,000원

토닥토닥 토론해요
명혜정·이명선·조선미 엮음 | 288쪽 | 값 15,000원

인문학의 숲을 거니는 토론 수업
순천국어교사모임 엮음 | 308쪽 | 값 15,000원

어린이와 시
오인태 지음 | 192쪽 | 값 12,000원

수업, 슬로리딩과 함께
박경숙·강슬기·김정욱·장소현·강민정·전혜림·이혜민 지음
268쪽 | 값 15,000원

▶ 4·16, 질문이 있는 교실 마주이야기
통합수업으로 혁신교육과정을 재구성하다!

 통하는 공부
김태호·김형우·이경석·심우근·허진만 지음
324쪽 | 값 15,000원

 내일 수업 어떻게 하지?
아이함께 지음 | 300쪽 | 값 15,000원
2015 세종도서 교양부문

 인간 회복의 교육
성래운 지음 | 260쪽 | 값 13,000원

 **교과서 너머 교육과정 마주하기**
이윤미 외 지음 | 368쪽 | 값 17,000원

 수업 고수들 수업·교육과정·평가를 말하다
박현숙 외 지음 | 368쪽 | 값 17,000원

 도덕 수업, 책으로 묻고 윤리로 답하다
울산도덕교사모임 지음 | 320쪽 | 값 15,000원

 체육 교사, 수업을 말하다
전용진 지음 | 304쪽 | 값 15,000원

 교실을 위한 프레이리
아이러 쇼어 엮음 | 사람대사람 옮김 | 412쪽 | 값 18,000원

 마을교육공동체란 무엇인가?
서용선 외 지음 | 360쪽 | 값 17,000원

 교사, 학교를 바꾸다
정진화 지음 | 372쪽 | 값 17,000원

 함께 배움
학생 주도 배움 중심 수업 이렇게 한다
니시카와 준 지음 | 백경석 옮김 | 280쪽 | 값 15,000원

 공교육은 왜?
홍섭근 지음 | 352쪽 | 값 16,000원

 자기혁신과 공동의 성장을 위한
교사들의 필리버스터
윤양수·원종희·장군·조경삼 지음 | 280쪽 | 값 14,000원

 함께 배움 이렇게 시작한다
니시카와 준 지음 | 백경석 옮김 | 196쪽 | 값 12,000원

 함께 배움 교사의 말하기
니시카와 준 지음 | 백경석 옮김 | 188쪽 | 값 12,000원

 교육과정 통합, 어떻게 할 것인가?
성열관 외 지음 | 192쪽 | 값 13,000원

 미래교육의 열쇠, 창의적 문화교육
심광현·노명우·강정석 지음 | 368쪽 | 값 16,000원

 주제통합수업, 아이들을 수업의 주인공으로!
이윤미 외 지음 | 392쪽 | 값 17,000원

 수업과 교육의 지평을 확장하는 수업 비평
윤양수 지음 | 316쪽 | 값 15,000원
2014 문화체육관광부 우수교양도서

 교사, 선생이 되다
김태은 외 지음 | 260쪽 | 값 13,000원

 교사의 전문성, 어떻게 만들어지나
국제교원노조연맹 보고서 | 김석규 옮김 392쪽 | 값 17,000원

 수업의 정치
윤양수·원종희·장군 지음 | 280쪽 | 값 14,000원

 학교협동조합,
현장체험학습과 마을교육공동체를 잇다
주수원 외 지음 | 296쪽 | 값 15,000원

 거꾸로교실,
잠자는 아이들을 깨우는 수업의 비밀
이민경 지음 | 280쪽 | 값 14,000원

 교사는 무엇으로 사는가
정은균 지음 | 292쪽 | 값 15,000원

 마음의 힘을 기르는 감성수업
조선미 외 지음 | 300쪽 | 값 15,000원

 작은 학교 아이들
지경준 엮음 | 376쪽 | 값 17,000원

 아이들의 배움은 어떻게 깊어지는가
이시이 준지 지음 | 방지현·이창희 옮김 | 200쪽 | 값 11,000원

 대한민국 입시혁명
참교육연구소 입시연구팀 지음 | 220쪽 | 값 12,000원

 교사를 세우는 교육과정
박승열 지음 | 312쪽 | 값 15,000원

 전국 17명 교육감들과 나눈
교육 대담
최창의 대담·기록 | 272쪽 | 값 15,000원

 들뢰즈와 가타리를 통해
유아교육 읽기
리세롯 마리엣 올슨 지음 | 이연선 외 옮김 | 328쪽 | 값 17,000원

동양사상에게 인공지능 시대를 묻다
홍승표 외 지음 | 260쪽 | 값 15,000원

학교 민주주의의 불한당들
정은균 지음 | 276쪽 | 값 14,000원

학교 혁신의 길, 아이들에게 묻다
남궁상운 외 지음 | 272쪽 | 값 15,000원

교육과정, 수업, 평가의 일체화
리사 카터 지음 | 박승열 외 옮김 | 196쪽 | 값 13,000원

프레이리의 사상과 실천
사람대사람 지음 | 352쪽 | 값 18,000원

학교를 개선하는 교장
지속가능한 학교 혁신을 위한 실천 전략
마이클 풀란 지음 | 서동연·정효준 옮김 | 216쪽 | 값 13,000원

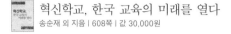
혁신학교, 한국 교육의 미래를 열다
송순재 외 지음 | 608쪽 | 값 30,000원

공자뎐, 논어는 이것이다
유문상 지음 | 392쪽 | 값 18,000원

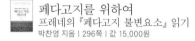
페다고지를 위하여
프레네의 『페다고지 불변요소』 읽기
박찬영 지음 | 296쪽 | 값 15,000원

교사와 부모를 위한
발달교육이란 무엇인가?
현광일 지음 | 380쪽 | 값 18,000원

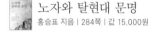
노자와 탈현대 문명
홍승표 지음 | 284쪽 | 값 15,000원

교사, 이오덕에게 길을 묻다
이무완 지음 | 328쪽 | 값 15,000원

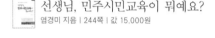
선생님, 민주시민교육이 뭐예요?
염경미 지음 | 244쪽 | 값 15,000원

낙오자 없는 스웨덴 교육
레이프 스트란드베리 지음 | 변광수 옮김 | 208쪽 | 값 13,000원

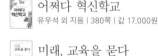
어쩌다 혁신학교
유우석 외 지음 | 380쪽 | 값 17,000원

끝나지 않은 마지막 수업
장석웅 지음 | 328쪽 | 값 20,000원

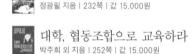
미래, 교육을 묻다
정광필 지음 | 232쪽 | 값 15,000원

대구, 박정희 패러다임을 넘다
세대열 엮음 | 292쪽 | 값 20,000원

대학, 협동조합으로 교육하라
박주희 외 지음 | 252쪽 | 값 15,000원

경기꿈의학교
진흥섭 외 지음 | 360쪽 | 값 17,000원

입시, 어떻게 바꿀 것인가?
노기원 지음 | 306쪽 | 값 15,000원

학교를 말한다
이성우 지음 | 292쪽 | 값 15,000원

촛불시대, 혁신교육을 말하다
이용관 지음 | 240쪽 | 값 15,000원

행복도시 세종, 혁신교육으로 디자인하다
곽순일 외 지음 | 392쪽 | 값 18,000원

▶ 교과서 밖에서 만나는 역사 교실
상식이 통하는 살아 있는 역사를 만나다

전봉준과 동학농민혁명
조광환 지음 | 336쪽 | 값 15,000원

교과서 밖에서 배우는 역사 공부
정은교 지음 | 292쪽 | 값 14,000원

남도의 기억을 걷다
노성태 지음 | 344쪽 | 값 14,000원

팔만대장경도 모르면 빨래판이다
전병철 지음 | 360쪽 | 값 16,000원

응답하라 한국사 1·2
김은석 지음 | 356쪽 ·368쪽 | 각권 값 15,000원

빨래판도 잘 보면 팔만대장경이다
전병철 지음 | 360쪽 | 값 16,000원

즐거운 국사수업 32강
김남선 지음 | 280쪽 | 값 11,000원

영화는 역사다
강성률 지음 | 288쪽 | 값 13,000원

즐거운 세계사 수업 김은석 지음	328쪽	값 13,000원	**친일 영화의 해부학** 강성률 지음	264쪽	값 15,000원
강화도의 기억을 걷다 최보길 지음	276쪽	값 14,000원	**한국 고대사의 비밀** 김은석 지음	304쪽	값 13,000원
광주의 기억을 걷다 노성태 지음	348쪽	값 15,000원	**조선족 근현대 교육사** 정미량 지음	320쪽	값 15,000원
선생님도 궁금해하는 한국사의 비밀 20가지 김은석 지음	312쪽	값 15,000원	**다시 읽는 조선근대교육의 사상과 운동** 윤건차 지음	이명실·심성보 옮김	516쪽	값 25,000원
걸림돌 키르스텐 세룹-빌펠트 지음	문봉애 옮김 248쪽	값 13,000원	**음악과 함께 떠나는 세계의 혁명 이야기** 조광환 지음	292쪽	값 15,000원
역사수업을 부탁해 열 사람의 한 걸음 지음	388쪽	값 18,000원	**논쟁으로 보는 일본 근대교육의 역사** 이명실 지음	324쪽	값 17,000원
진실과 거짓, 인물 한국사 하성환 지음	400쪽	값 18,000원	**다시, 독립의 기억을 걷다** 노성태 지음	320쪽	값 16,000원

▶ 더불어 사는 정의로운 세상을 여는 인문사회과학
사람의 존엄과 평등의 가치를 배운다

밥상혁명 강양구·강이현 지음	298쪽	값 13,800원	**좌우지간 인권이다** 안경환 지음	288쪽	값 13,000원
도덕 교과서 무엇이 문제인가? 김대용 지음	272쪽	값 14,000원	**민주시민교육** 심성보 지음	544쪽	값 25,000원
자율주의와 진보교육 조엘 스프링 지음	심성보 옮김	320쪽	값 15,000원	**민주시민을 위한 도덕교육** 심성보 지음	500쪽	값 25,000원 2015 세종도서 학술부문
민주화 이후의 공동체 교육 심성보 지음	392쪽	값 15,000원 2009 문화체육관광부 우수학술도서	**교과서 밖에서 배우는 인문학 공부** 정은교 지음	280쪽	값 13,000원
갈등을 넘어 협력 사회로 이창언·오수길·유문종·신윤관 지음	280쪽	값 15,000원	**오래된 미래교육** 정재걸 지음	392쪽	값 18,000원
동양사상과 마음교육 정재걸 외 지음	356쪽	값 16,000원 2015 세종도서 학술부문	**대한민국 의료혁명** 전국보건의료산업노동조합 엮음	548쪽	값 25,000원
교과서 밖에서 배우는 철학 공부 정은교 지음	280쪽	값 14,000원	**교과서 밖에서 배우는 고전 공부** 정은교 지음	288쪽	값 14,000원
교과서 밖에서 배우는 사회 공부 정은교 지음	304쪽	값 15,000원	**진실 인의 진체 시고 속의 시고** 김우창의 인문학을 읽다 현광일 지음	320쪽	값 15,000원
교과서 밖에서 배우는 윤리 공부 정은교 지음	292쪽	값 15,000원	**카스트로, 종교를 말하다** 피델 카스트로·프레이 베토 대담	조세종 옮김 420쪽	값 21,000원
한글 혁명 김슬옹 지음	388쪽	값 18,000원	

▶ 남북이 하나 되는 두물머리 평화교육
분단 극복을 위한 치열한 배움과 실천을 만나다

10년 후 통일
정동영·지승호 지음 | 328쪽 | 값 15,000원

선생님, 통일이 뭐예요?
정경호 지음 | 252쪽 | 값 13,000원

분단시대의 통일교육
성래운 지음 | 428쪽 | 값 18,000원

김창환 교수의 DMZ 지리 이야기
김창환 지음 | 264쪽 | 값 15,000원

▶ 평화샘 프로젝트 매뉴얼 시리즈
학교 폭력에 대한 근본적인 예방과 대책을 찾는다

학교 폭력 어떻게 만들어지는가
문재현 외 지음 | 300쪽 | 값 14,000원

아이들을 살리는 동네
문재현·신동명·김수동 지음 | 204쪽 | 값 10,000원

학교 폭력, 멈춰!
문재현 외 지음 | 348쪽 | 값 15,000원

평화! 행복한 학교의 시작
문재현 외 지음 | 252쪽 | 값 12,000원

왕따, 이렇게 해결할 수 있다
문재현 외 지음 | 236쪽 | 값 12,000원

마을에 배움의 길이 있다
문재현 지음 | 208쪽 | 값 10,000원

젊은 부모를 위한 백만 년의 육아 슬기
문재현 지음 | 248쪽 | 값 13,000원

별자리, 인류의 이야기 주머니
문재현·문한뫼 지음 | 444쪽 | 값 20,000원

우리는 마을에 산다
유양우·신동명·김수동·문재현 지음 | 312쪽 | 값 15,000원

▶ 살림터 참교육 문예 시리즈
영혼이 있는 삶을 가르치는 온 선생님을 만나다!

꽃보다 귀한 우리 아이는
조재도 지음 | 244쪽 | 값 12,000원

선생님이 먼저 때렸는데요
강병철 지음 | 248쪽 | 값 12,000원

성깔 있는 나무들
최은숙 지음 | 244쪽 | 값 12,000원

서울 여자, 시골 선생님 되다
조경선 지음 | 252쪽 | 값 12,000원

아이들에게 세상을 배웠네
명혜정 지음 | 240쪽 | 값 12,000원

행복한 창의 교육
최창의 지음 | 328쪽 | 값 15,000원

밥상에서 세상으로
김흥숙 지음 | 280쪽 | 값 13,000원

북유럽 교육 기행
정애경 외 14인 지음 | 288쪽 | 값 14,000원

우물쭈물하다 끝난 교사 이야기
유기창 지음 | 380쪽 | 값 17,000원

▶ 출간 예정

근간 **한국 교육 제4의 길을 찾다**
이길상 지음

근간 **교육과정, 수업, 평가 일체화로 만들어가는 학교교육과정**
박승열 지음

근간 **마을교육공동체 운동의 역사와 미래**
김용련 지음

근간 **언어던**
정은균 지음

근간 **교육이성 비판**
조상식 지음

근간 **식물의 교육학**
이차영 지음

근간 **콩도르세, 공교육에 관한 다섯 논문**
혁명 프랑스에 공교육의 기초를 묻다
니콜라 드 콩도르세 지음 | 이주환 옮김

근간 **일제강점기 한국 철학**
이태우 지음

근간 **신채호, 역사란 무엇인가?**
이주영 지음

근간 **학교는 평화로운가?**
따돌림사회연구모임 지음

근간 **민·관·학 협치 시대를 여는 마을교육공동체 만들기**
김태정 지음

근간 **민주주의와 교육**
Pilar Ocadiz, Pia Wong, Carlos Torres 지음| 유성상 옮김

근간 **미국의 진보주의 교육 운동사**
윌리엄 헤이스 지음 | 심성보 외 옮김

근간 **민주시민교육을 위한 역사수업 어떻게 할 것인가?**
황현정 지음

근간 **혁신학교, 다함께 만들어가는 강명초 5년 이야기**
이부영 지음

근간 **라운디 스터디**
교사의 배움을 액티브하게 하는 수업연구
이시이 에이신 지음 | 백경석 옮김

근간 **우리 안의 미래 교육**
정재걸 지음

근간 **평화교육, 무엇을 가르칠 것인가?**
이기범 외 지음

근간 **선생님, 페미니즘이 뭐예요?**
염경미 지음

근간 **경남 역사의 기억을 걷다**
류형진 외 지음

근간 **인성교육의 철학과 방법**
박제순 지음

근간 **교사 전쟁**
Dana Goldstein 지음 | 유성상 외 옮김

근간 **나는 거꾸로 교실 거꾸로 교사**
류광모 · 임정훈 지음

근간 **자유학기제란 무엇인가?**
최상덕 지음

근간 **교실 평화를 말하다**
따돌림사회연구모임 지음

근간 **한국 교육 어디서 와서 어디로 가는가?**
이주영 지음

근간 **삶을 위한 국어교육과정, 어떻게 만들 것인가?**
명혜정 지음

근간 **마을수업, 마을교육과정!**
서용선 · 백윤애 지음

근간 **즐거운 동아시아 수업**
김은석 지음

참된 삶과 교육에 관한
생각 줍기